KB088768

검은 턴테이블 위의 영혼들

검은 프레임을 위한 변주곡

박형주 지음

힙합으로 본
흑인운동의
결정적 장면

나름북스

차례

일러두기

노래·시는 " ", 앨범·신문·잡지·영화·연극·방송 등은 < >, 단행본은 『 』 안에 표기했다.

서문

힙합은 1970년대 미국 뉴욕의 소수인종 거주지 파티에서 탄생한 문화다. 힙합의 탄생과 초기 발전에 기여한 주요 인물과 사건은 대부분 복수의 기록과 증언으로 확인된다. 힙합 음악에 한정해 말하면, 디제이 쿨 허크*DJ Kool Herc*와 코크 라 록*Coke La Rock*에서 시작하는 디제이와 래퍼의 계보를 작성하는 것도 그리 어려운 일은 아니다. 가난한 흑인들이 거리에서 사회에 대한 불만을 늘어놓던 것이 랩과 힙합의 기원이라는 통념은 사실이 아니며, 힙합이 본질적으로 사회 비판적인 예술이라는 주장은 더욱더 터무니없다. 쿨 허크의 파티에서 흥을 돋운 엠시*MC* 코크 라 록의 랩에도, 힙합을 최초로 세상에 알린 슈거힐 갱*The Sugarhill Gang*의 "Rapper's Delight"(래퍼의 즐거움)에도, 힙합 최초의 히트곡 커티스 블로우*Kurtis Blow*의 "The Breaks"(브레이크)에도 사회에 대한 불만을 토로하거나 저항을 촉구하는 내용은 들어 있지 않다.

그러나 힙합이 그저 즐거움을 표현하는 데만 적합한 단순한 예술이었다면, 그 유행은 그리 오래가지 못했을 것이다. 사람들은 점차 힙합이 파티의 즐거움뿐 아니라 자신들을 둘러싼 환경에 대한 불만도 표현할 수 있는 도구임을 알아챘다. 곧 다른 대부분의 예술 장르와 마찬가지로 힙합에도 정치와 사회에 관해 이야기하는 예술가들이 등장했고, 그들은 하나의 전통을 만들며 힙합 안에 확고히 자리를 잡았다.

특히 힙합의 황금기로 불리는 1980년대 후반부터 1990년대 중반에 등장한 주요 힙합 음악인들은 정치적이고 사회적인 주제를 표현하는 데 관심이 많았다. 이 시기에는 퍼블릭 에너미*Public Enemy*와 케이알에스 원*KRS-One*처럼 랩으로 사람들을 일깨우고자 한 음악인들이 등장해 힙합의 주제 의식을 한 차원 더 높은 곳으로 끌어올렸고, 이후 모든 래퍼에게 절대적인 영향을 미쳤다. 심지어 폭력 미화와 여성 비하 등의 이유로 사회적 비난에 휩싸인 갱스터 랩*gangsta rap*도 정치와 무관하지 않았다. 허구와 사실이 교묘하게 섞인 갱스터 랩의 가사는 결코 바람직한 내용은 아니었지만 분명 미국 백인 사회의 규범을 완전히 거부하는 것이었고, 미국의 인종차별과 경찰 폭력에 가장 공격적으로 대응한 문화적 전통을 만드는 데 성공했다. 가장 유명한 갱스터 랩 곡인 N.W.A의

"Fuck Tha Police"(경찰 X까)는 어쩌면 힙합 역사상 가장 중요한 정치적 힙합곡이라고도 평할 수 있을 것이다.

힙합이 정치와 사회를 다룬다면, 그 방식은 어떤 것이었을까? 이를 이야기하기 위해서는 힙합의 두 가지 특성을 살펴봐야 한다. 첫 번째는, 힙합이 아프리카계 미국인 공동체를 중심으로 발전했다는 점이다. 당연해 보이는 이 특징에는 사실 좀 더 생각할 점이 있다. 힙합에는 아프리카계 미국인의 문화적 전통과 구별되는 부분이 명백히 존재하기 때문이다. 대표적으로 미국의 히스패닉 음악인들은 힙합이 태어나고 자라날 때부터 세계로 퍼져 나갈 때까지 늘 힙합 문화 안에 존재했고, 백인과는 달리 힙합 문화의 창작자로 나설 때 인종적 자격 문제가 제기되지도 않았다. 또한 힙합을 창조한 쿨 허크가 자메이카 출신 이민자라는 사실이 단적으로 보여주듯, 힙합에는 늘 카리브해 문화의 영향이 녹아들어 있었다. 그리고 힙합이 세계적인 문화가 된 이후에는 아프리카계 미국인의 문화와 직접적인 관련이 없는 힙합 음악들이 세계 곳곳에서 독자적인 전통을 만들고 있다.

그렇지만 힙합이 대도시의 아프리카계 미국인 공동체를 중심으로 발전한 이상, 그 공동체의 특유한 문제들이 힙합에 고스란히 반영됐다. 공공주택의 낙후된 주거환경, 경찰의 폭력과 일상적인 인종차별, 값싼 마약의 유행이 낳은 폐해, 일상적인 교도소 수감 경험 등은 힙합이 탄생하고 발전한 1970년대 이후의 미국 대도시 아프리카계 미국인 공동체에서 나타난 특유한 사회 문제였고, 힙합은 바로 이런 문제들에 적극적으로 대답하고자 한 예술이었다.

　　두 번째는, 힙합이 과거의 유산을 적극적으로 차용하는 작법을 가진다는 점이다. 파티에서 디제이가 곡의 간주에 해당하는 브레이크*break* 부분을 반복 재생한 기법은 샘플링*sampling*이라는 힙합의 핵심적인 작법으로 발전해 나갔다. 비슷하게 래퍼들은 늘 다른 래퍼의 가사 중 일부를 인용해 창의적으로 표현하는 경향이 있는데, 물론 래퍼들의 인용 대상이 다른 래퍼의 가사에만 한정될 이유는 없었다. 랩에 정치적 내용을 담으려는 래퍼들은 자신이 영향받은 과거의 정치적 유산들을 적극적으로 소환했다. 힙합 프로듀서들이 제임스 브라운*James Brown* 밴드의 드럼 루프를 수없이 샘플링했듯, 래퍼들은 부모에게 듣고 책에서 읽은 맬컴 엑스*Malcolm X*와 블랙팬서당*Black Panther Party*의 유산들을 계속해서 불러냈다.

　　이 책은 이런 배경을 염두에 두고 아프리카계 미국인 힙합 음악인들이 자신들의 역사를 받아들인 방식을 살펴본다. 그중에서도 특히 힙합 음악이 20세기에 나타난 급진적 흑인운동의 전통을 받아들인 방식에 주목했다. '급진적'이라는 수식어는 여러 의미로 사용될 수 있지만, 여기서는 흑인을 억압하는 체제와 타협하지 않고 맞선 운동을 가리킨다. 주의할 점은, 여기서 다루는 급진적 흑인운동이 급진적 아프리카계 미국인의 운동을 의미하지는 않는다는 것이다. 이 책에 등장하는 인물들은 대부분 세계 흑인의 해방을 위해 싸운 이들이었고, 항상 국적이나 지역을 초월해 생각하고 활동하면서 때로는 피부색이나 인종을 뛰어넘어 억압받는 집단의 단결과 연대를 강조했다.

이 책에서 다루는 급진적 흑인운동의 전통에는 크게 두 가지의 사상적 경향이 두드러진다. 흑인에 대한 억압에 저항하기 위해 인종적 단결을 강조한 경향과 인종을 넘어선 억압받는 민중의 단결을 강조한 경향이다. 전자에는 범아프리카주의, 후자에는 사회주의가 운동에 강한 영감과 동력을 제공했다. 범아프리카주의는 인종, 피부색, 아프리카라는 지리, 노예제나 식민지화 같은 역사적 차별 경험 등을 매개로 세계 각지의 흑인을 단결시키고자 한 느슨하면서도 강력한 사상이자 운동이다. 사회주의는 세계 각지에서 인종차별과 식민주의에 대항하는 운동을 지원했고, 많은 흑인운동이 기꺼이 자신들의 동맹자인 사회주의자들의 세계관과 운동 노선을 받아들였다. 급진적 흑인운동에 나타난 이 두 가지 경향은 서로 대립하기도 했지만, 많은 경우에 균형을 이루며 공존했다. 범아프리카주의적이면서도 사회주의적인 특징이 동시에 나타나는 점이 이 책에서 다루는 급진적 흑인운동의 특징이다.

　　이 책에서 다루는 주제는 모두 급진적 흑인운동의 전통에서 중요한 위치를 차지하는 인물과 사건이다. 이 책의 등장인물들은 사망한 지 오래된 옛사람부터 여전히 왕성하게 활동하는 인물들까지 다양하다. 맬컴 엑스처럼 대단히 유명한 사람이 있는가 하면, 한국에는 거의 알려지지 않은 인물도 있다. 하지만 이들은 모두 두려움 없이 열정적으로 흑인을 억압하는 체제와 맞선 용기 있는 인물들이다. 그리고 그들의 활동은 세대를 뛰어넘어 오늘날의 래퍼들에게 영향을 주었다. 래퍼들이 영향을 받은 방식도 다양하다. 책에서 알게 되거나 가족의 이력으로 연결된 경우도 있고, 함께 활동하며 인연을 맺은 경우도 있다. 분명한 것은, 힙합은 늘 급진적 흑인운동에서 영감을 얻었고, 그 영감이 힙합에 미친 영향은 흔히 알려진 것보다 더 깊다.

　　다만 이 책은 급진적 흑인운동과 힙합의 관계 중 극히 일부만을 다룬다. 20세기 급진적 흑인운동의 주요 인물과 사건 중 상당수는 미국 힙합 음악과의 충분한 연결점을 찾지 못해 포함하지 않았다. 대표적으로 트리니다드 토바고 출신의 사상가 C.L.R. 제임스*Cyril Lionel Robert James*, 1980년대 부르키나파소 혁명 정부의 대통령 토마 상카라*Thomas Sankara*, 가나의 초대 대통령 콰메 은크루마*Kwame Nkrumah*, 남아프리카 공화국의 인종차별 정책인 아파르트헤이트 반대 투사 넬슨 만델라*Nelson Mandela* 등은 대단히 중요한 인물들이지만, 다루지 않거나 충분히 언급되지 않았다. 또 미국의 가장 중요한 흑인운동 지도자인 마틴 루서 킹*Martin Luther King Jr.*과 맬컴 엑스의 활동은 이 책에서 언급한 것보다 훨씬 자세히 다뤄질 가치가 있다. 흑인 페미니즘의 전통 또한 마찬가지다. 카리브해와 아프리카의 힙합, 특히 프랑스어권의 힙합은 미국의 힙합에 못지않게 급진적 흑인운동의 전통과 직접적인 연관이 있지만, 언어와 정보의 제약으로 검토할 수 없었다. 미국의 힙합 음악인 가운데 부츠 라일리*Boots Riley*, 패리스*Paris*, 임모탈 테크닉*Immortal Technique*, 노네임*Noname* 등은 더 중요하게 연구되어야 할 정치적 래퍼다.

힙합 음악의 정치·사회적 의미를 다루는 연구는 매우 많지만, 이 책은 기존 책이나 논문의 구성과 설명 방식을 따르진 않았다. 학술적 분석 대신 생소한 주제를 대중적으로 소개하는 것이 책의 목적이므로, 등장하는 운동가와 음악인의 이력과 활동을 간략히 소개하고 둘 사이의 연결점은 최대한 구체적인 사례를 들어 설명하고자 했다. 이를 위해 학술서와 논문, 자서전, 잡지와 뉴스 기사, SNS 게시물 등 설명에 도움이 되는 것은 무엇이든 참고했다. 가장 중요한 소재인 랩 가사의 경우, 앨범 속지에 가사를 싣지 않는 음악인 힙합의 가사를 듣고 적으며 인터넷에 데이터베이스화해 공유한 사람들의 노력, 특히 지니어스(genius.com)에서 랩 가사의 의미를 상세히 분석해온 많은 사람의 노력 덕분에 관련된 내용을 폭넓게 검색하고 인용할 수 있었다. 이 책이 힙합 음악이 표현해온 역사와 사회에 대한 메시지를 이해하고 즐기는 데 조금이라도 도움이 되었으면 한다.

W.E.B. 듀보이스 (1868~1963)

나스가 하버드대학에서 상을 받은 이유

힙합 역사상 최고의 작사가 중 한 명인 나스*Nas*는 2015 년 특별한 상을 받았다. 하버드대학에서 수여하는 'W.E.B. 듀보이스 메달*W.E.B. Du Bois Medal*'로, 이 대학 출신인 아프리카계 미국인 학자 윌리엄 에드워드 버가트 듀보 이스*William Edward Burghardt Du Bois*의 이름을 딴 상이었다. 이 상은 아프리카인과 아프리카계 미국인의 문화 및 사상에 기여한 인물에게 주어지며, 나스는 래퍼로서는 처음으로 수상자 명단에 이름을 올렸다. 같은 해 수상자로는 나스 외에 전설적인 흑인 권투선수 무하마드 알리*Muhammad Ali* 도 있다.

나스는 힙합의 예술적 가치를 인정하는 상을 처 음으로 받을 자격이 충분했다. 그는 힙합 역사에 남을 걸 작 앨범으로 꼽히는 <Illmatic>(일매틱)으로 1994년 데뷔

해 20년 이상 여러 명곡을 남기며 꾸준히 활동했기 때문이다. 나스를 시작으로, 여성 래퍼들을 위한 길을 연 엠시 라이트*MC Lyte*, 뉴 스쿨*new school* 힙합의 초기 개척자 엘엘 쿨 제이*LL Cool J*, 페미니즘과 아프리카적 요소를 적극적으로 도입한 퀸 라티파*Queen Latifah* 같은 존경받는 베테랑 래퍼들도 이 상을 받았다.

그런데 중학교를 중퇴한 래퍼 나스와 하버드대학에서 박사학위를 받은 지성 듀보이스의 관계는 이것이 처음이 아니다. 나스는 이미 여러 번 자신의 가사에서 듀보이스를 자신에게 영감을 주는 흑인 사회의 지도자로 언급한 바 있다. "Stay Chisel"(늘 다듬어진 상태로)에서 그는 보잘것없는 랩을 너무 많이 듣지 말고 듀보이스 같은 중요한 흑인 저자들의 책을 읽으라고 권했다. 공권력에 의한 흑인 사망에 항의하는 곡 "Chains"(쇠사슬)에서는 20세기 중반의 위대한 복서 슈거 레이 로빈슨*Sugar Ray Robinson*, 19세기 말 흑인운동의 대표적 지도자 부커 워싱턴*Booker T. Washington*과 듀보이스처럼 이제 자신이 흑인을 대표해 정치인들에게 소리치고 있다고 언급했다.

Reduce fat rap, no calories in my mentality
지방 낀 랩을 듣는 건 줄여, 내 정신엔 영양을 못 주는 것

들이지

(...)

Reading everything, books and body language

뭐든 읽어, 책과 보디랭귀지 말이야

Du Bois, Baldwin, and Chavis

듀보이스, 볼드윈, 차비스

Assata, John Hope Franklin, Angela Davis

아사타, 존 호프 프랭클린, 앤절라 데이비스

– **나스, 라지 프로페서***Large Professor*, "Stay Chisel(Solo Version)", 2012

I am Sugar Ray Robinson, Booker T. Washington

난 슈거 레이 로빈슨, 부커 T. 워싱턴

W.E.B. Du Bois, I'm the modern one

W.E.B. 듀보이스야. 오늘날의 그들이지

Yelling at Senators, Presidents, Congressmen

상원의원, 대통령, 하원의원에게 소리쳐

We got a problem that needs some

acknowledgement

우리는 분명히 해둘 문제가 있거든

I am no prison commodity, not just a body you throw

in a cell

나는 감옥의 상품이 아니야, 그저 네가 독방에 던져 넣을 몸뚱이가 아니라고

– 나스, 어셔*Usher*, "Chains", 2015

항상 교육의 중요성과 공동체에 대한 책임 의식을 강조한다는 점에서 나스는 분명 듀보이스를 닮았다. 2013년 그는 하버드대학 듀보이스 연구소와 함께 자신의 이름을 딴 힙합 장학제도*Nasir Jones Hiphop Fellowship*를 개설하기도 했다. 이처럼 사망한 지 반세기가 지난 후에도 랩스타에 의해 수차례 이름이 소환되는 듀보이스는 과연 누구인가?

1868년 매사추세츠주 그레이트 배링턴에서 태어난 듀보이스는 당대 아프리카계 미국인 중 최고의 엘리트였다. 그는 흑인으로 살았지만, 비교적 밝은 피부색과 복잡한 유럽식 이름이 드러내듯 아프리카인뿐 아니라 프랑스인, 네덜란드인, 영국인 등 다양한 유럽인 조상을 가졌다. 그가 태어난 시기에 대다수 미국 흑인은 차별과 폭력이 일상적이던 남부에서 막 노예에서 해방된 가난한 농민으로 살아가고 있었다. 반면, 그는 비교적 인종차별이 덜한 북부의 흑인 자유민 가정에서 자랐고, 고등교육을 받은 극소수의 흑인에 속했다.

듀보이스는 무엇보다 다양한 학문 분야를 넘나

든 뛰어난 학자였다. 그는 19세기 미국의 몇 안 되는 흑인 대학 중 하나인 피스크대학을 졸업하고 독일 베를린 대학에서 유학 생활을 했으며, 1895년 하버드대학에서 아프리카계 미국인으로서는 처음으로 박사학위를 받았다. 이후 오랫동안 흑인 대학인 애틀랜타대학 교수로 역사학과 사회학, 경제학을 가르치면서 미국과 아프리카의 역사와 문화에 관한 선구적인 연구를 남겼다. 특히 『흑인의 영혼*The Souls of Black Folk*』(1903)과 『미국의 흑인 재건*Black Reconstruction in America*』(1935) 등은 오늘날까지도 미국의 인종문제를 다룬 중요한 책으로 널리 인용된다.

　　학자로서의 명성만큼이나 듀보이스를 유명하게 만든 것은 평생에 걸쳐 식민주의와 인종주의에 맞선 운동가로서의 업적이다. 그가 유럽과 미국에서 조직한 기구들은 20세기의 저항운동에서 중요한 위치를 차지한다. 그의 주도로 1900년 런던에서 열린 제1차 범아프리카회의*Pan-African Conference*는 이후 대서양 양쪽의 아프리카인을 결집하는 수많은 반식민주의 운동의 원형이 되었다. 그는 1920년대까지 범아프리카회의의 핵심 기획자로 기여했고, 1930년대부터는 더욱 좌파적인 반식민주의 조직인 아프리카문제협의회*Council on African Affairs*에서 오랫동안 중요한 역할을 맡았다.

　　미국에서 듀보이스의 활동은 인종차별에 맞서

모든 사람의 평등한 권리를 요구하는 운동이었다. 그는 우선 몇몇 동료와 1905년 아프리카계 미국인의 완전한 시민권 보장을 요구하며 나이아가라 운동-*Niagara Movement*을 출범시켰다. 완전한 평등이라는 이 운동의 목표를 위해 듀보이스에게는 더욱 본격적인 조직이 필요했다. 이를 위해 그는 1910년 미국의 가장 대표적인 인종 평등 관련 시민운동 단체로 지금까지 활동하는 전미유색인지위향상협회*NAACP*를 설립했다. 단체명에 '흑인*black*' 대신 '유색인*colored*'이라는 단어를 사용한 것은 시민권 운동이 흑인뿐 아니라 피부색에 의해 차별받는 모든 사람을 위한 것이어야 한다는 그의 의지가 반영된 결과다.[1] 그는 1910년부터 1934년까지 약 24년간 NAACP 기관지 <크라이시스*The Crisis*>의 편집자로 재임하면서 당시 시민권 운동의 가장 중요한 대변자로 영향력을 행사했다.

흑인에게 완전히 평등한 정치적 권리와 더 많은 기회를 요구하는 듀보이스의 주장은 1900년대 당시에는 백인 사회뿐 아니라 흑인 사회에서도 상당히 앞선 것이었다. 당시 흑인운동 내에서는 차별적 현실을 당분간

---

1   David Levering Lewis, *W.E.B. Du Bois: Biography of a Race 1868-1919* (New York: Henry Holt and Co., 1993), 405.

1905년 나이아가라 운동의 설립자들. 가운뎃줄 오른쪽에서 두 번째가 듀보이스.
출처: Wikimedia Commons

인정하고, 실용적 기술 교육을 통해 흑인의 먹고사는 문제를 개선하는 것이 우선이라는 부커 워싱턴의 타협적 노선이 더 대중적이었다. 듀보이스는 한때 워싱턴의 주장과 성과를 높게 평가했지만, 곧 그의 노선을 비판하며 더욱 급진적인 주장을 내세웠다. 듀보이스는 인문학과 고등교육으로 흑인 사회를 이끌 "재능있는 10%*talented tenth*"를 육성해야 하며, 이 소수의 흑인 엘리트가 흑인 대중의 지위를 향상할 수 있도록 그들에게 정치적 권한을 줘야 한다고 보았다.[2] 이처럼 진보적이면서도 엘리트주의적인 그의 주장은 이 젊고 유능한 흑인 지식인이 살아온 날들을 충실히 반영하고 있었다.

그러나 듀보이스의 사상과 행동은 거기서 멈추지 않았다. 그의 기대와는 달리 동시대의 다른 흑인 엘리트들은 더 많은 권한을 가질수록 정부에 협조적인 미국인으로 길들었다. 반면 듀보이스는 현실의 벽에 부딪힐 때 기존 노선을 고수하거나 타협하는 대신 더욱 날카롭게 자신의 사상을 발전시켰다. 1914년 제1차 세계대전이 발발하자 그는 이 전쟁의 근원에 아프리카 수탈을 위

---

2   황혜성, "다시 보는 부커 워싱턴과 윌리엄 두보이즈", 「미국사연구」 제44집(2016), 79-83.

한 제국주의 열강의 경쟁이 있음을 재빠르게 간파했다.**3**
그러면서도 그는 식민주의 종식과 세계 유색인의 권리
증진을 위해서는 미국 흑인이 민주주의를 위해 싸우는
동료 백인 시민과 "좁은 대열"로 어깨를 나란히 하고 미
국의 전쟁 수행에 협력해야 한다고 선전했다.**4**

　　이때까지만 해도 그는 미국의 주류 정치인에 대
한 기대를 놓지 않았다. 20세기 초 미국의 대표적인 사
회주의자 유진 뎁스*Eugene V. Debs*가 이끌던 사회당*Socialist
Party of America* 당원이면서도 뎁스가 출마한 1912년 대통
령 선거에서 민주당 후보 우드로 윌슨*Woodrow Wilson*을 지
지한 것이 대표적 사례다.**5** 그러나 윌슨의 당선, 흑인의
전시 협력, 미국의 전쟁 승리라는 듀보이스의 바람이 차
례로 달성된 후에도 흑인의 처지는 개선될 기미가 없었
다. 크게 좌절한 듀보이스에게 과거와는 다른 시각과 접
근법이 필요했고, 그는 이후 마르크스주의를 진지하게 받
아들이며 확신을 가진 사회주의자로 변화했다. 1935년

3　　　　　W.E.B. Du Bois, "The African Roots of War", *Atlantic
Monthly* 115(May 1915), 707-714.

4　　　　　W.E.B. Du Bois, "Close Ranks", *Crisis* 16, no. 3(July
1918), 111.

5　　　　　Gerald Horne, *W.E.B. Du Bois: A Biography* (Santa
Barbara: Greenwood Press, 2010), 68.

발표한 대표작 『미국의 흑인 재건』에서 그의 관심사는 흑인 엘리트가 아닌 노예에서 해방된 흑인 노동자계급이었다.

이제 듀보이스는 미국과 유럽의 자본주의 체제 바깥에서 식민주의와 인종주의를 극복할 대안을 찾아 나섰다. 그가 처음 눈을 돌린 곳은 1917년 혁명 이후 사회주의 실험에 착수한 소련이었다. 그는 1920년대 중반 소련에 방문한 이후 그곳의 여러 문제점을 지적하면서도 사회주의 체제가 인종 평등에 더욱 기여할 것이라는 이유로 소련을 긍정적으로 평가했다. 또 일찍부터 일본을 비서구 국가의 모범적 발전 사례로 주목했고, 1936년 만주국과 일본을 방문해 환영받으면서 깊은 인상을 받았다. 일본을 백인 지배에 대항하는 세력으로 판단한 그는 일본의 제국주의적 만행을 알았음에도 제2차 세계대전이 끝난 이후까지 일관되게 일본을 옹호했다.[6] 일본 제국의 패망 이후 80대 노인이 된 그는 마지막으로 1949년 탄생한 중화인민공화국에 아시아와 아프리카의 희망을

---

[6]　듀보이스의 일본에 대한 태도는 하영준, "일본제국과 범아프리카주의의 '트랜스-퍼시픽 커넥션': W.E.B. 듀보이스와 C. L. R. 제임스의 동아시아 담론을 중심으로", 「호모 미그란스」 제18집(2018), 159-170 참고.

1918년 50세의 듀보이스.
출처: Wikimedia Commons

걸었다.

듀보이스의 말년은 평온하지 않았다. 1950년대 그는 미국의 한국전쟁 개입과 핵무기에 반대하며 평화운동에 앞장섰고, 이로 인해 큰 고초를 겪었다. 반공주의 열풍 속에서 소련 스파이로 지목되어 기소되기도 했는데, 그가 1950년 새롭게 설립한 반전운동 단체인 평화정보센터*Peace Information Center*가 공산주의 단체임에도 불구하고 정부에 등록하지 않았다는 혐의였다. 공산주의 동조자라는 의혹을 감수하며 듀보이스 편에 선 사람들은 거의 없었고, 저명한 흑인 지식인들과 NAACP처럼 자신이 관여한 단체들마저 그를 외면했다. 세계적인 물리학자로 온건한 사회주의자였던 알베르트 아인슈타인*Albert Einstein* 등의 도움으로 우여곡절 끝에 기소가 취하됐으나, 1958년까지 여권 발급이 거부됐다. 공산주의자가 아니라는 서약을 거부했기 때문이다.

듀보이스는 1959년 소련에서 수여하는 레닌 평화상*Lenin Peace Prize*을 받았고, 1961년에는 공산주의 단체의 정부 등록을 의무화해 그를 괴롭혀온 매캐런법*McCarran Act*을 대법원이 합헌 판결하자 이에 항의해 미국 공산당에 가입했다. 얼마 후에는 자신의 오랜 꿈이던 '아프리카 대백과' 편찬을 맡아 달라는 콰메 은크루마 대통령의 초청에 응해 아프리카의 신생 공화국 가나로 이주했다. 미국 정부가 여권을 연장해주지 않자 그는 가나 국적을 취득했다.

힙합계에서 듀보이스는 시대를 풍미한 흑인 지도자로 자주 언급된다. 미국의 크리스천 힙합 아티스트 쇼 버라카*Sho Baraka*는 2013년 듀보이스의 영향력이 곳곳에서 드러나는 앨범 <Talented 10th>(재능있는 10%)를 발매했다. 늘 날카로운 사회의식을 보여주는 래퍼 루페 피아스코*Lupe Fiasco*는 "All Black Everything"(모든 게 검은색)에서 차별과 억압이 없는 미국의 역사를 상상하며 그곳의 헌법 작성자로 듀보이스를 꼽았다. 피아스코가 시민권 운동가, 범아프리카주의자, 공산주의자에 이르는 듀보이스의 다양한 모습 중 어디에 더 공감하는지는 알 수 없으나, 듀보이스를 미국 흑인을 대표할 만한 지성이라고 평가하는 것만큼은 분명했다.

> We ain't work for free, see they had to employ it
> 우리는 공짜로 일하지 않으니 백인들은 돈을 주고 고용해야 했지
> Built it up together so we equally appointed
> 이 나라를 같이 만들었으니 우리도 평등하게 자리에 올랐어
> First 400 years, see we actually enjoyed it

1951년 평화정보센터 소송을 준비하는 듀보이스(가운데)와 다른 피고들.
출처: Wikimedia Commons

1959년 중국 우한의 별장에서 만난 마오쩌둥과 듀보이스.
듀보이스는 마오쩌둥이 1949년 이후 처음으로 만난 미국인이다.
출처: Wikimedia Commons

첫 400년 동안 우린 정말 즐겁게 지냈지

Constitution written by W.E.B. Du Bois

헌법을 쓴 사람은 W.E.B. 듀보이스

Were no reconstructions, Civil War got avoided

남북전쟁을 피했으니 재건 시대라는 것도 없었어

- 루페 피아스코, "All Black Everything", 2011

　　하지만 더 중요한 사실은 많은 래퍼가 의식하지 못한 채 듀보이스의 유산을 드러낸다는 점이다. '소울 *soul*'이나 '컬러 라인*color line*'처럼 그가 의미를 입힌 단어들은 힙합뿐 아니라 일상에서도 널리 사용된다. 그가 평생 헌신한 범아프리카주의의 가치는 1970년대 중반 이후 초기 힙합 발전을 이끈 줄루 네이션*Zulu Nation*과 1990년대 초 힙합 황금기의 한 축을 담당한 네이티브 텅스*Native Tongues*처럼 힙합계에서 가장 재능있는 음악인들의 긍정적인 가사로 표현됐다.

　　듀보이스는 1963년 8월 27일 가나에서 95세의 나이로 세상을 떠났다. 다음날 미국의 수도 워싱턴에서는 일자리와 자유를 요구하는 흑인들을 중심으로 20만 명이 넘는 시민이 모여 그를 위해 묵념했다. 뒤이어 마틴 루서 킹 목사는 "나에게는 꿈이 있습니다"라는 유명한 연설로 통합과 평등을 외쳤다. 듀보이스가 못다 한

듀보이스의 생일을 기념하는 <블랙팬서> 1972년 2월 26일 자 표지.
"NAACP를 만들고 공산주의자가 되어 아프리카로 죽기 위해 날아간 사람을
잊지 않도록"이라는 기념사가 보인다.
출처: <The Black Panther>

'아프리카 대백과' 사업은 1999년에야 완성됐다. 이 사업의 책임 편집은 이후 나스에게 듀보이스 연구소와 함께 일하자고 권한 하버드대학 헨리 루이스 게이츠*Henry Louis Gates Jr.* 교수가 맡았다. 게이츠는 2009년 자신의 집 현관에서 고장 난 문을 열다 체포되어 전국적인 논란이 됐는데, 체포 당시 백인 경관에게 "왜? 내가 미국에 사는 흑인 남자라서?"라고 쏘아붙였다.**7** 아프리카계 미국인은 항상 미국인이자 흑인이라는 이중 의식을 느낀다는 한 세기 전 듀보이스의 통찰이 여전히 유효한 순간이었다.

---

7   Abby Goodnough, "Harvard Professor Jailed; Officer Is Accused of Bias", *New York Times*, July 20, 2009, https://www.nytimes.com/2009/07/21/us/21gates. html.

마커스 가비 (1887~1940)

우리는 고향으로 가는 블랙스타라인을 타네

I ain't hating, I'm just saying

비난하려는 게 아니라 그냥 말해 두는 거야

If you wanna be a rapper study Malcolm, Garvey,
Huey

래퍼가 되고 싶으면 맬컴, 가비, 휴이를 공부해

– 데드 프레즈*Dead Prez*, "Malcolm, Garvey, Huey"(맬컴, 가비, 휴이),
2010

I'm half Huey, half Malcolm, part Martin

난 휴이와 맬컴이 절반씩, 약간은 마틴 같고

Mixed with Mark Garvey

마커스 가비도 섞인 사람

– 인스펙터 덱*Inspectah Deck*, "The Stereotype"(스테레오타입), 2003

"래퍼가 되고 싶으면 맬컴, 가비, 휴이를 공부해." 가장 좌파적인 미국 힙합 그룹이라고 평가할 만한 듀오 데드 프레즈의 가사다. 언급된 이름들은 20세기 미국 흑인운동의 중요한 지도자들로, 이슬람민족Nation of Islam 설교자로 유명한 맬컴 엑스, 1920년대를 대표하는 범아프리카주의 사상가 마커스 가비Marcus Garvey, 블랙팬서당의 공동 설립자 휴이 뉴턴Huey P. Newton을 가리킨다. 데드 프레즈의 조언은 인종이나 정치성향과 관계없이 래퍼라면 누구나 귀담아들어야 할 것이었다. 이유는 단순하다. 세 흑인 지도자들은 랩 가사에서 가장 자주 언급되는 인물들이기 때문이다.

힙합 역사상 가장 영향력 있는 그룹 중 하나인 우탱 클랜Wu-Tang Clan의 멤버 인스펙터 덱 역시 자신을 설명하는 가사에서 마틴 루서 킹 목사와 더불어 이 세 사람을 언급했다. 도끼 등 한국 래퍼들과 함께 곡을 발표하기도 한 그는 "C.R.E.A.M."이나 "Triumph"(대승리) 같은 우탱 클랜 최고의 곡들을 빛낸 전설적인 래퍼다. 물론 그가 언급한 세 사람의 삶과 사상을 몰라도 힙합 음악을 즐기는 데는 아무런 문제가 없다. 하지만 래퍼가 자기 정체성을 설명하는 가사의 의미를 모른다면, 그가 쓴 다른 가사들도 이해하기 어려울 것이다.

셋 중 가장 옛사람인 마커스 모사이아 가비 주니

어*Marcus Mosiah Garvey Jr.*는 1887년 영국령 자메이카의 세인트 앤스 베이에서 태어났다. 초등학교를 마치고 인쇄공으로 일하던 그는 21세였던 1908년 수도 킹스턴에서 인쇄공 파업을 이끌다 해고됐다. 이 사건을 계기로 그는 영국의 지배와 자메이카 사회의 불평등에 저항하기로 결심했는데, 경제적 어려움 때문에 곧바로 본격적인 정치활동을 시작하기는 어려웠다.

이에 가비는 1910년 일자리를 찾아 코스타리카로 향했다. 그곳에서 그는 미국의 유나이티드 프루트 컴퍼니*United Fruit Company*가 소유한 바나나 플랜테이션의 기록원으로 일했다. 대농장에서 가비가 본 것은 자신과 같은 카리브해 섬 출신 흑인들이 고된 노동에 시달리는 모습이었다. 흑인의 비참한 모습은 뒤이어 방문한 파나마운하 건설 현장에서도, 에콰도르의 담배 농장과 구리 광산에서도 마찬가지였다. 흑인 노동자들의 처우 개선을 고민하며 자메이카로 돌아온 가비는 새로운 활동을 모색하면서 1912년 제국의 중심인 영국 런던으로 향했다. 런던 도서관에서 아프리카 역사와 흑인운동을 공부하고 다른 유럽 국가들을 돌아본 그는 세계의 흑인을 단결시킬 정부와 지도자가 필요하다는 결론에 도달해 자메이카로 돌아왔다.

1914년 가비는 자신의 원대한 계획을 실현하

기 위해 조직을 설립했다. 흔히 UNIA라 불리는 이 조직의 정식 명칭은 세계흑인지위향상협회와 아프리카공동체연맹(Universal Negro Improvement Association and African Communities League, UNIA-ACL)으로, "하나의 목적, 하나의 신, 하나의 운명"이라는 구호를 내걸고 자메이카 흑인의 단결을 호소했다. 흑인의 인종적 순수성과 자부심을 강조하는 독창적인 가비의 주장에 자메이카인들은 반신반의했다. 그곳에서 대단한 성공을 거두지는 못했지만, 그는 개의치 않고 자신의 운동을 이어나갔다.

1916년에는 뉴욕으로 건너와 강의를 열고, 남부에서 이주한 아프리카계 미국인들이 모여 사는 할렘에 UNIA 지부를 출범시키면서 본격적인 활동에 나섰다. 흑인 국가의 행사를 하듯 제복을 입고 군대처럼 행진하는 가비와 UNIA 회원들의 당당한 모습은 북미와 카리브해 연안의 흑인들을 매료시켰고, 가비 자신이 평생 밟지 못한 아프리카에서도 지지자들이 생겨났다. 대표적으로 이후 케냐의 초대 총리가 된 조모 케냐타*Jomo Kenyatta*도 그중 한 명이었다. 특히 1919년 출범한 해운회사 블랙스타라인*Black Star Line*은 아프리카로 돌아가자는 원대한 꿈을 실현할 가비 운동의 상징이 되었다. 사람들은 가비를 "흑인 모세*Negro Moses*"라고 불렀다.

가비의 주장은 명쾌하고 원대했다. 백인에게 평

1920년 할렘의 리버티 홀에서 연설하는 가비.
출처: Wikimedia Commons

1920년 할렘의 UNIA 카 퍼레이드. "새로운 흑인에게 두려움은 없다"라는
피켓이 보인다.
출처: Wikimedia Commons

등을 구걸하지 말고 흑인 스스로 힘을 길러 백인에 맞서자는 것이었다. 가비는 멸시받는 소수임에도 부를 축적해 금융의 힘으로 전쟁을 좌우하며 옛 이스라엘 땅으로의 귀환을 꿈꾸던 유대인을 흑인의 본보기라고 생각했다. 세계 각지의 흑인들도 경제적 힘을 기른 후 아프리카로 돌아가 자신들을 보호해줄 강력한 흑인 정부와 군대를 건설해야 한다는 것이 그의 결론이었다.

가비에게 무엇보다 중요한 것은 인종이었다. 모든 흑인의 단결을 역설하는 그의 주장은 언어와 문화가 다른 세계 각지의 아프리카 출신들에게 호소하는 강력한 힘을 가졌다. 반면 인종을 넘어서는 가난하고 차별받는 사람들의 연합은 그의 구상에 없었다. 동시대의 흑인 급진주의자들을 끌어들인 공산주의도 그에게는 백인의 문제를 해결하기 위한 사상에 불과했다. 가비는 가장 무식하고 편견에 가득 찬 가난한 백인들에게 정부를 맡기는 것이 흑인에게 좋을 리 없다고 생각했다. 오히려 그는 무엇보다 인종을 우선하는 흑인 민족주의자라는 점에서 극우적이었는데, 실제로 자신이 최초의 파시스트이며, 흔히 파시즘의 선구자로 여겨지는 이탈리아 지도자 베니토 무솔리니*Benito Mussolini*가 자기 운동을 모방했다고 주장하기도 했다.[8]

가비의 노선이 늘 환영받은 것은 아니었다. 1922

년 그는 인종적 순수성 보존과 흑백 분리라는 자신의 주장에 동의하는 백인 인종주의자 조직 쿠 클럭스 클랜(Ku Klux Klan, KKK)과 협상을 시도했다. 클랜 지도부는 가비가 현명하고 책임감이 있다고 칭찬했지만, 다른 흑인 지도자들은 경악했다. 이 문제로 시민권 운동을 이끌던 또 다른 범아프리카주의 사상가 듀보이스는 인종 통합 대신 분리를 내세우는 가비를 "미치광이거나 배신자", "미국과 세계 흑인의 가장 위험한 적"이라고 혹평했다.[9] 가비도 지지 않고 듀보이스에게 "백인이 소유한 검둥이"이자 백인 피가 섞인 "흑인 잡종"이라고 응수했다.[10]

이외에도 어려움은 넘쳐났다. 무능하거나 부패한 사람들이 가비의 사업에 엮여 있었고, 미국 연방수사국*FBI*의 전신인 수사국*Bureau of Investigation*에서 위험한 급진주의자들을 감시하던 존 에드거 후버*John Edgar Hoover*가 호

---

8   E. David Cronon, *Black Moses: The Story of Marcus Garvey and the Universal Negro Improvement Association* (Madison: University of Wisconsin Press, 1969), 198–199.

9   W.E.B. Du Bois, "A Lunatic of A Traitor", *Crisis* 28, no. 1 (May 1924), 8.

10   Amy Jacques Garvey, ed., *The Philosophy and Opinions of Marcus Garvey: Africa for the Africans* (London: Routledge, 2013), 312.

1924년의 가비.
출처: Wikimedia Commons

시탐탐 그의 약점을 노렸다. 결국 가비는 보유하지 않은 배를 선전해 돈을 끌어모은 혐의로 기소되어 5년 형을 선고받았고, 블랙스타라인은 막대한 손실을 떠안고 폐업했다. 그는 2년간 복역한 뒤 사면됐으나 자메이카로 추방당했고, 이전만큼의 성공을 거두지 못한 채 1940년 런던에서 사망했다.

가비의 전성기는 길지 않았지만, 그는 이후 모든 흑인운동에 영향을 주었다. 1930년대 자메이카에서 탄생한 흑인 종교 라스타파리*Rastafari* 신자 상당수는 에티오피아 황제 하일레 셀라시에*Haile Selassie*를 재림 예수로 숭배하는데, 그들은 자신들의 종교가 생겨나기 전부터 흑인의 단결을 외친 가비를 예수보다 먼저 온 세례자 요한 같은 선지자로 추앙한다. 오늘날에도 라스타파리의 음악인 레게에서 늘 가비의 이름을 들을 수 있다. 이처럼 자메이카에서 가비는 동전에 얼굴이 새겨진 국가적 영웅인데, 2012년 자메이카 정부는 그의 생일을 국가 기념일로 선포하기도 했다.

자메이카 바깥의 흑인운동들도 늘 가비의 영향을 받았다. 맬컴 엑스의 부모는 UNIA의 지역 활동가였다. 남아프리카 공화국의 투사 넬슨 만델라는 27년 동안의 수감생활을 끝낸 1990년 미국 하원 연설에서 듀보이스, 마틴 루서 킹 등과 함께 가비의 이름을 언급하

가비의 해운회사 블랙스타라인의 홍보물.
사진의 배는 회사 소유가 아니었기 때문에 가비의 사기 혐의를 입증할 증거로 사용됐다.
출처: Wikimedia Commons

며, 이들을 민주주의와 인권을 위한 투사로 추켜세웠다. 만델라가 보기에 이 흑인 지도자들은 조지 워싱턴*George Washington*, 에이브러햄 링컨*Abraham Lincoln*, 토머스 제퍼슨 *Thomas Jefferson* 같은 존경받는 미국 대통령에 비견할 만했 다.**11** 빨강, 검정, 초록으로 구성된 UNIA의 삼색기는 범 아프리카주의 운동의 상징이 되어 오늘날까지도 케냐 와 가나의 국기를 비롯한 곳곳에서 그 흔적을 찾아볼 수 있다.

　　자메이카에서 뉴욕으로 건너온 디제이 쿨 허크 가 창조한 힙합에서도 가비의 흔적을 찾아볼 수 있다. 아 이티의 독립혁명가 투생 루베르튀르*Toussaint Louverture*나 미 국의 노예 반란 지도자 냇 터너*Nat Turner*도 종종 언급되지 만, 가비야말로 흑인을 일깨우고 그들에게 자부심을 불 어넣은 최초의 지도자로 많은 랩 가사에 등장한다. 인스 펙터 덱뿐 아니라 퍼블릭 에너미와 나스 같은 베테랑부 터 켄드릭 라마*Kendrick Lamar*와 조이 배드애스*Joey Badass* 같 은 2010년대 랩 스타들에 이르기까지 흑인의 정체성과 사회 문제를 발언한 래퍼들은 자신을 가비에 비유하거

11　　　　　Nelson Mandela, "Nelson Mandela's Address to the US Congress, June 26, 1990," *Alternatives* 15, no 4 (October 1990), 458.

나 그에게 존경심을 표하는 가사를 써왔다.

우탱 클랜의 리더 르자RZA는 가비가 흑인을 일깨우려 해서 미국에서 추방됐다는 가사를 썼을 때 자신도 그와 같은 일을 하고 있다고 느꼈을 것이다. 늘 힙합을 통해 사람들을 일깨우려는 케이알에스 원은 가비와 맬컴 엑스, 콰메 투레Kwame Ture 같은 흑인 민족주의자들의 사상이 오늘날에도 여전히 필요하다고 말한다.

Exported Marcus Garvey cause he tried to spark us
그들은 가비를 추방했지, 그가 우리를 일깨우려 했거든
With the knowledge of ourselves and our forefathers
우리 자신과 조상에 대한 지식으로 말이야

– 우탱 클랜, "I Can't Go to Sleep"(자러 갈 수가 없어), 2000

I'll never stop speaking about
난 이들에 대해 이야기하는 걸 결코 멈추지 않을 거야
Marcus Garvey, Kwame Ture or Malcolm X all day
마커스 가비, 콰메 투레, 맬컴 엑스에 대해 매일 말하지
Black leadership today is all play
오늘날의 흑인 리더십은 모두 장난 같아

– 케이알에스 원, "Somebody"(누군가는), 2003

야신 베이Yasiin Bey와 탈립 콸리Talib Kweli로 이뤄진 존경받는 힙합 듀오 블랙스타Black Star는 그중에서도 좀 더 특별하다. 가비의 해운회사에서 팀명을 따온 이들이 1998년 발표한 데뷔 앨범에는 가비의 사진과 함께 가비의 증손녀가 전하는 추천사가 실려 있다. 이 앨범에는 피부색에 대한 긍정적 해석, 흑인 사회와 힙합계에 만연한 폭력성에 대한 성찰, 개인의 자각과 흑인의 자결권처럼 가비의 주장과 맥을 같이하는 가사들이 가득하다. 앨범 후반부에 실린 "Thieves in the Night"(어둠 속 도둑)에서 콸리는 "우리는 고향으로 가는 블랙스타라인을 타네"를 반복하며 곡을 마무리하는데, 이 한 줄의 가사가 가비를 언급한 다른 어떤 힙합곡보다 강한 인상을 남긴다.

블랙스타는 1999년 뉴욕 경찰의 총격으로 사망한 기니 출신 이민자 아마두 디알로Amadou Diallo의 죽음에 항의하기 위해 이듬해 수십 명의 래퍼를 규합해 <Hip Hop for Respect>(존중을 위한 힙합)라는 프로젝트 앨범을 발매했다. 여기에 실린 "One Four Love Pt.1"(사랑을 위해 하나로)에서 야신 베이는 UNIA의 구호를 인용해 "하나의 신, 하나의 사랑, 하나의 빛, 하나의 목적, 하나의 목소리, 하나의 싸움"이라는 가사로 흑인의 단합을 촉구했다.

배우로도 알려진 야신 베이는 2013년 관타나모

베이 미군 기지 수용소의 악명 높은 인권 침해를 알리기 위해 고통스러운 강제급식을 직접 체험하기도 했다.[12] 또 콜리는 2011년의 월가 점령 시위와 2014년 미주리주 퍼거슨에서 발생한 흑인 시위에 앞장서 참여했다. 여성 혐오적 가사를 쓰지 않는 극소수 래퍼에 속하는 그는 트위터를 통해 매일같이 인종주의자와 싸우는 것으로도 유명하다.

가비의 강의를 들은 수강생 중에는 뉴욕에서 한국인 민족주의자들과 교류하던 베트남 출신 노동자 호찌민胡志明도 있었다. 그는 전쟁이 한창이던 1967년 여름, 북베트남에서 미국의 흑인 학생운동가 스토클리 카마이클Stokely Carmichael을 만나 이 이야기를 꺼냈다. 호찌민은 가비가 위대한 인물이 될 것으로 생각했고, 가비 운동에 후원금을 내기도 했다며 카마이클에게 "아프리카계 미국인들은 언제 아프리카로 돌아갈 겁니까?"라고 물었다. 가비의 아프리카 귀환 운동을 염두에 둔 이 질문에 카마이클은 "우리는 아직 그곳에 가지 못했지만, 그건

---

12   "Yasiin Bey (aka Mos Def) force-fed under standard Guantánamo Bay procedure – video," *Guardian*, July 8, 2013, https://www.theguardian.com/world/video/2013/jul/08/mos-def-force-fed-guantanamo-bay-video.

최종 목표로 남아 있습니다"라고 답했다.[13] 카마이클은 2년 후 미국을 떠나 아프리카 신생국 기니에 정착했고, 콰메 투레라는 새 이름의 아프리카 혁명가로 살다가 그곳에서 사망했다.

투레가 호찌민에게, 호찌민이 가비에게 영향을 받았듯이, 흑인과 아시아인은 서로에게 영감을 주었다. 가비 역시 아시아인에게 영향을 받았다. 그는 동시대의 다른 흑인과 마찬가지로 일본의 발전상에 깊은 인상을 받았고, 흑인도 일본인처럼 힘을 기르자고 자주 역설했다. 일본인을 흑인의 동맹자로 생각한 미국의 가비 지지자들은 1941년 미국과 일본이 맞붙은 태평양전쟁이 발발하자 일본을 지지하며 흑인들에게 미국의 군인이 되어선 안 된다고 주장하기도 했다.

자칭 '아프리카 임시 대통령' 가비가 일본인을 본받자고 주장하던 그 시기에 상하이의 한국인들은 일본에 맞서기 위해 대한민국 임시정부를 세우고 미국에서 활동하던 이승만을 대통령으로 선출했다. 그로부터

---

13   Stokely Carmichael and Michael Thelwell, *Ready for Revolution: The Life and Struggles of Stokely Carmichael (Kwame Ture)* (New York: Scribner, 2005), 601.

100여 년 후인 2017년 3월 11일, 서울 광화문에서는 힙합 그룹 가리온이 대통령 탄핵을 기뻐하며 한국의 민주주의를 위한 축가를 불렀다. 이날 그들은 축가의 비트로 일본인 프로듀서 디제이 덱스트림*DJ Deckstream*이 만들고 야신 베이가 랩을 한 "Life is Good"(삶은 멋져)을 골랐다. 가리온은 야신 베이의 블랙스타에 직접적인 영향을 받은 그룹이다. 알고 있는 것 이상으로 우리는 복잡하게 연결되어 있고, 죽은 사람들과 끝난 줄 알았던 운동은 예상하기 힘든 곳에서 되살아나 흔적을 남긴다.

폴 로브슨 (1898~1976)

잊힌 세계적 흑인 가수와 퍼블릭 에너미의 연결고리

미국의 힙합 그룹 퍼블릭 에너미의 2012년 앨범 <Most of My Heroes Still Don't Appear on No Stamp>(내 영웅 대부분은 우표로 나오지 않지)의 참여자 목록에는 이례적으로 '영감' 제공자의 이름이 표기되어 있다. 많은 음악인이 앨범에 실린 감사의 말 등에서 영감을 준 이를 언급하지만, 제작자나 참여 음악인을 기록하는 곳에 이름을 올리는 경우는 거의 없다. 그만큼 퍼블릭 에너미는 자신들이 깊은 영감을 받았음을 드러내고 싶었던 것 같다.

그 주인공들은 해리 벨라폰테*Harry Belafonte*와 폴 로브슨*Paul Robeson*이다. 벨라폰테는 1950년대부터 '칼립소의 제왕'으로 이름난 가수이자 배우로, 시민권 운동 시기부터 90세가 넘은 2010년대까지 꾸준히 급진적인 주장을 펼친 활동가로 유명하다. 그는 퍼블릭 에너미와 실제 알고 지내며 그들의 활동을 높게 평가한 인물이다. 반면 로브슨은 좀 더 옛 인물이다. 1976년 사망한 미국의 흑인 가수이자 배우인 로브슨이 힙합 역사상 가장 정치적인 그룹에 어떻게 영감을 줬을까?

퍼블릭 에너미의 리더 척 디*Chuck D*는 한 인터뷰에서 로브슨과 자신들의 연결고리를 설명했다. "폴 로브슨이 벨라폰테에게, 벨라폰테가 밥 딜런*Bob Dylan*과 커티스 메이필드*Curtis Mayfield*에게, 그들이 퍼블릭 에너미에게 영감을 주었다."[14] 로브슨과 벨라폰테처럼 유대계 포크 가수 딜런과 흑인 소울 가수 메이필드도 음악만큼이나 미국의 시민권 운동 등 저항적 사회운동을 열심히 하던 1960년대 예술가였다. 척 디 역시 자신의 그룹을 힙합의 역사뿐 아니라 장르와 피부색을 뛰어넘어 연결된 미국의 저항적 음악인 계보에 넣고자 했다. 퍼블릭 에너미는 1989년 자신들의 대표곡 "Fight the Power"(권력에 맞서 싸워) 뮤직비디오에서 로브슨을 포함한 흑인 지도자

---

14 "Chuck D: 'We battled the mainstream, we battled our label, we fought every goddamn minute'," *Guardian*, November 22, 2015, https://www.theguardian.com/music/2015/nov/22/chuck-d-public-enemy-we-battled-the-mainstream-we-battled-our-company-we-fought-every-goddamn-minute.

들의 사진을 든 시민의 행진 모습을 여러 곳에 삽입한 바 있다. 2013년 척 디는 공동체 문제에 적극적으로 참여하는 학자와 예술가에게 주어지는 '폴 로브슨 상*Paul Robeson "Here I Stand" Award*'을 받기도 했다.

그런데 척 디가 로브슨을 자신에게 영감을 준 인물로 꼽은 것은 매우 특이하다. 아프리카계 미국인 래퍼들의 가사에서 마커스 가비나 맬컴 엑스, 블랙팬서당의 이름은 흔히 찾아볼 수 있지만, 정치적 주제를 다루는 래퍼들조차 로브슨을 언급하는 경우는 거의 없다. 그만큼 오늘날 로브슨의 이름과 활동은 미국에서도 그다지 알려지지 않았는데, 이는 그가 활동할 당시 누린 명성에 비하면 대단히 이상한 일이다. 미국에서 가장 유명한 흑인 지도자들로 기억되는 맬컴 엑스와 마틴 루서 킹이 본격적인 활동을 시작하는 1950년대 중반 로브슨은 세계에서 가장 유명한 아프리카계 미국인이었다고 해도 과언이 아니기 때문이다. 웨일스 광산 노동자들과 남아프리카 민중의 사랑을 받았지만, 동시에 '검은 스탈린'이라는 비난을 받은 폴 로브슨은 과연 어떤 인물인가?

로브슨은 1898년 뉴저지주 프린스턴에서 태어났다. 6살에 어머니를 여의고 장로교 목사 아버지 밑에서 자란 그는 십 대 때부터 학업을 비롯해 연기와 노래, 스포츠 등 다양한 방면에서 재능을 보이며 러트거스대학에 진학했다. 이 학교의 유일한 흑인 재학생이던 그는 미식축구에 열중해 전미대학 미식축구 올스타팀에 2년 연속 선정될 정도로 탁월한 실력을 보였고, 졸업 후에는 내셔널 풋볼 리그NFL에서 15경기를 출장하기도 했다. 그런데 그는 전업 운동선수는 아니었다. 프로 미식축구 선수로 활동하던 시기에 그는 뉴욕대학을 거쳐 컬럼비아대학 로스쿨을 졸업하고 변호사로 일하기 시작했다.

그러나 흑인 변호사가 그리 환영받지 않던 시대적 분위기 때문에 로브슨은 법조인의 길을 포기하고 자신의 또 다른 재능인 노래와 연기로 진로를 바꿨다. 1920년대 중반부터는 흑인 영가를 탁월하게 소화하는 저음의 콘서트 가수로 활동했고, 영화와 연극, 뮤지컬에서도 성공을 거두며 스타로 떠올랐다. 뮤지컬과 영화로 만들어진 〈쇼 보트Show Boat〉와 그 삽입곡 "Ol' Man River"(늙은 강), 윌리엄 셰익스피어William Shakespeare의 연극 〈오셀로Othello〉가 영국과 미국에서 성공을 거두며 그는 세계적인 배우의 반열에 올랐다.

특히 로브슨은 영국판 〈오셀로〉의 성공을 발판 삼아 1943년 미국에서도 같은 작품에 도전했다. 로브슨의 캐스팅은 당시 미국 연극계의 금기를 깨는 도전적인 시도였다. 무엇보다 이 작품은 미국에서 흑인 배우가 검은 피부를 가진 무어인 오셀로 역을 맡은 첫 사례였다.

주인공인 흑인 배우를 다른 백인 배우들이 보조한다는 것도 백인 관객을 불편하게 할 수 있었지만, 더 큰 문제는 오셀로가 상대역인 백인 여성 데스데모나*Desdemona*를 살해하는 장면이 있다는 점이었다. 그때까지 여전히 미국 남부에서는 백인 여성 강간 혐의를 받는 흑인 남성이 린치로 살해당하는 일이 일어났고, 연기라고 해도 진짜 흑인 남성이 백인 여성을 살해하는 장면을 연출할 수는 없었다. 결과적으로 로브슨의 오셀로는 여러 우려를 극복하고 평론가와 대중의 극찬을 받으며 그를 〈오셀로〉 역사에 길이 남을 배우로 만드는 데 성공했다.

그러나 로브슨의 활동은 무대에만 한정되지 않았다. 1930년대 중반부터 시작된 거리낌 없는 정치활동이 그를 더욱 유명하게 만들었다. 그는 급변하는 유럽의 정치 상황을 몸소 겪으며 제국주의와 파시즘에 반대하는 사회주의적 국제주의자로 거듭났다. 흑인 예술가로서 나치 독일에서는 냉대를 겪었으나 소련에서는 열렬히 환영받은 경험이 그의 정치적 각성에 직접적인 영향을 미쳤다. 1934년 소련을 방문한 그는 인종차별이 없는 모습에 감격해 영화감독 세르게이 예이젠시테인*Sergei Eisenstein*에게 소감을 말했다. "여기서 나는 생애 처음으로 인간의 존엄성을 완전히 느끼며 걷고 있습니다. 흑인인 내게 이것이 무슨 의미인지 당신은 상상할 수 없을 겁니

1943년 초연된 미국판 <오셀로>에서 오셀로 역의 로브슨과
데스데모나 역의 우타 하겐*Uta Hagen*.
출처: Wikimedia Commons

다."**15**

　뒤이어 로브슨은 점점 급진화하던 미국의 노학자 듀보이스 등과 함께 국제적인 식민주의 반대 기구 아프리카문제협의회*CAA*를 설립해 의장으로 활동했고, 1936년 스페인에서 내전이 터지자 전장을 방문해 공화파를 위해 투쟁의 노래를 불렀다. 제2차 세계대전 시기에 그는 미국에서 반파시즘 전쟁을 지원하는 곡을 여럿 발표했다. 대표적으로 혈통과 종교를 뛰어넘어 모든 미국인의 단합을 촉구한 10분짜리 대곡 "Ballad for Americans"(미국인을 위한 발라드)를 선보이고, 영어로 동맹국 소련의 국가를 녹음하기도 했다. 그뿐만 아니라 여러 언어를 공부하는 데 관심이 많았던 그는 훗날 중국 국가가 되는 "의용군진행곡(義勇軍進行曲, Chi Lai)"을 중국어로 부르며 중국의 항일전쟁 지원활동에 나서기도 했다. 『대지*The Good Earth*』를 쓴 소설가 펄 벅*Pearl Buck*은 로브슨에게 재미 한국인들의 활동을 소개하며 한국어로 "아리랑"과 "애국가"를 녹음할 것을 제안했지만, 여러 사정으로

15　　Paul Robeson Jr., *The Undiscovered Paul Robeson: An Artist's Journey, 1898-1939* (New York: John Wiley & Sons, 2001), 221.

1942년의 로브슨.
출처: Wikimedia Commons

1942년 9월 캘리포니아주 오클랜드의 무어 항만 노동자 사이에서
미국 국가를 부르는 로브슨.
출처: Wikimedia Commons

성사되지는 않았다.**16** 이 시기 그는 인종 분리 객석에서 공연하지 않는 원칙을 고집하면서도 공연을 성공시키며 절정의 인기와 존경을 누렸다.

　　미국과 소련이 서로 적대시한 냉전이 시작되면서 상황이 바뀌었다. 제2차 세계대전 때는 문제되지 않았던 로브슨의 소련 옹호 발언들이 이제 FBI의 사찰 근거가 되었다. 미국 대통령 해리 트루먼*Harry Truman*은 자신의 면전에서 흑인의 오랜 염원인 린치 금지 입법을 요구하는 로브슨에게 분노를 표출했다.**17** 그 와중에 로브슨의 이미지가 존경받는 애국적 예술가에서 비애국적인 공산주의 동조자로 바뀐 결정적인 사건이 발생했다. 1949년 6월 그는 파리에서 공산주의적 성향의 세계평화회의에 참석해 미국과 소련이 전쟁을 해선 안 된다고 발언했다. 이 발언은 흑인이 억압자인 미국의 편에서 소련과 싸우지 않을 것이라는 내용으로 과장되어 미국 언론에 보도됐다. 2개월 뒤 뉴욕주 픽스킬 근처 공연장에 수

16　　　　Gao Yunxiang, *Arise, Africa! Roar, China!: Black and Chinese Citizens of the World in the Twentieth Century* (Chapel Hill: The University of North Carolina Press, 2021), 77.

17　　　　Gerald Horne, *Paul Robeson* (London: Pluto Press, 2016), 105.

천 명의 백인 군중이 그를 린치하기 위해 몰려들었고, 로브슨은 가까스로 탈출했다.

그런데 미국 언론이 로브슨의 발언을 정확히 옮기지는 않았지만, 의미를 잘못 전달한 건 아니었다. 1950년 6월 28일 로브슨은 뉴욕 매디슨 스퀘어 가든 집회에서 미군의 한반도 개입에 반대하며 다음과 같이 말했다. "전에도 말했지만, 다시 이야기합니다. 흑인들이 자유를 위해 싸워야 할 곳은 여기 이 나라입니다."*18* 미국 정부는 더 이상 이런 모습을 두고 볼 수 없었다. 에드거 후버 FBI 국장은 그의 출국을 막기 위해 재빨리 여권을 말소했고, 공산주의자 색출에 혈안이 된 조사기구인 하원비미국적활동조사위원회*HUAC*는 공산당원이라는 자백을 받아내기 위해 1950년대 내내 그를 압박했다.

로브슨이 공산당원이라는 명백한 증거는 없었지만, 사실 그런 것은 중요하지 않았다. 그는 흑인 공산주의자들과 친하게 지냈고, 소련의 지도자 스탈린*Stalin*의 죽음을 공공연하게 애도하는 등 사회주의적이고 반식민주의적인 견해를 밝히는 데 거리낌이 없었기 때문이다.

---

18   Paul Robeson Jr., *The Undiscovered Paul Robeson: Quest for Freedom, 1939–1976* (Hoboken: John Wiley & Sons, 2010), 212.

Freedom

Where one is enslaved, all are in chains!

Vol. I—No. 12   **DECEMBER, 1951**   178   10c A Copy

Robeson congratulates DuBois on people's victory.

Here's My Story

DuBois' Freedom Spurs Peace Fight

By PAUL ROBESON

Victim
Tobias

GROVELAND, FI
there stands a house
and tar shingles and
three rooms are cover
panes have pasteboard s
stitutes. The sills are pain
white.

In the yard there are s
eral chickens that have
caped the decayed hen h
and the fallen fence desig
to keep them out of the gar
which consists of six ord
wholesome rows of turnip
collard greens. A hole ga
deep and hazardous, mean
become a cesspool, becomes
other note of discord in
theme of poverty.

The steps and porch gi
under one's weight echo
sharp peril of 15 million N

로브슨이 뉴욕에서 발행한 신문 <프리덤>.
로브슨과 듀보이스는 신문의 주요 기고자였다.

그를 좋아했던 흑인 대중을 포함해 대부분 미국인이 그에게 등을 돌린 상황에서 상업적인 연기활동이나 콘서트가 불가능했고, 대학 시절의 미식축구 기록마저 삭제됐다.

이처럼 공산주의자로 완전히 낙인찍혀 공격 대상이 된 와중에도 로브슨은 자신의 주장을 굽히지 않았다. 그가 1950년부터 1955년까지 뉴욕에서 발행한 신문 <프리덤*Freedom*>이 주된 발언 통로였다. 로브슨과 듀보이스처럼 미국의 반공주의와 싸우던 좌파 흑인들이 주로 글을 쓴 이 신문은 미국의 흑인 차별뿐 아니라 세계 각지에서 일어나는 반식민주의 운동을 중점적으로 보도했다. 특히 한반도 민중의 해방 투쟁을 억압하는 미국의 행태에 대한 비판은 대단히 중요한 주제였다.

로브슨의 활동은 신문 발행에 그치지 않았다. 1951년 그는 유엔에 "우리는 집단학살을 고발한다*We Charge Genocide*"라는 이름의 청원을 전달해 미국 정부를 흑인 말살 혐의로 고발했다. 린치 방지법을 입법하지 않는 미국 정부의 태도가 유엔 집단학살 협약*Genocide Convention* 위반이라는 이유였다. 물론 유엔과 미국의 주요 언론은 이 청원을 사실상 무시했지만, 미국 바깥에서는 상당한 화제가 되었다.

사실 로브슨의 편이 전혀 없는 건 아니었다. 미

국의 반공주의적 공격을 온몸으로 받아내고 있다는 사실은 오히려 그의 반식민주의 투사로서의 국제적 명성을 더욱 드높였다. 1952년 그가 소련 스탈린상의 수상자로 결정된 것이 한 사례였다. 이후 노벨문학상을 받은 칠레 시인 파블로 네루다*Pablo Neruda*와 인도 초대 총리 자와할랄 네루*Jawaharlal Nehru*가 일관되게 그를 지지했고, 남아프리카 공화국에서는 젊은 반인종주의 투사 넬슨 만델라를 포함한 대중이 집회에서 그의 노래를 부르며 행진했다.[19] 출국 금지 상황에서 로브슨의 노래는 전화선을 타고 유럽의 공연장을 채운 청중에게 전달됐고, 캐나다의 관객이 들을 수 있도록 미국 국경에서 공연이 열리기도 했다.

수많은 미국인이 공산주의 동조자라는 의심을 받아 일자리를 잃은 매카시즘의 광기가 다소 잦아든 1958년, 우여곡절 끝에 로브슨의 여권이 재발급됐다. 그는 국내외에서 어느 정도는 지지와 존경을 회복했지만, 신념을 포기하지 않은 대가로 직업과 재산, 건강을 희생해야 했다. 그는 1961년 3월 모스크바의 한 호텔에서 손목을 칼로 그은 채 반쯤 정신이 나간 상태로 발견됐다.

---

19 Horne, *Paul Robeson*, 136.

이후 그는 2년 동안 런던에서 전기충격요법과 강한 약물 투여가 동반된 치료를 받았는데, 그의 아들은 이것이 미국 중앙정보국CIA이 비밀리에 수행한 생체실험 공작 MK 울트라와 관련이 있다고 의심했다. 로브슨은 1963년 미국으로 돌아왔으나 정상적인 활동을 할 심신 상태가 아니었기에 곧 은퇴하여 1976년 사망할 때까지 이렇다 할 사회활동을 하지 못했다. 1960년대 미국을 뜨겁게 달군 시민권 운동 시기에는 해리 벨라폰테와 마틴 루서 킹, 맬컴 엑스 등의 젊은 활동가들이 로브슨처럼 타협하지 않는 투사 역할을 수행했다. 로브슨의 장례식에서는 벨라폰테가 관을 들었고, 암살당한 맬컴의 부인도 참석했다.

　　로브슨의 이름은 미국 래퍼들의 가사에 거의 등장하지 않지만, 그럼에도 지적이고 의식 있는 몇몇 힙합 음악인은 로브슨에게 존경심을 표시했다. 시인에 가까운 래퍼이자 영화 "슬램Slam"의 주인공으로도 알려진 사울 윌리엄스Saul Williams는 로브슨의 이름을 딴 곡을 발표하거나 가사에서 로브슨을 인용했다. 시카고 출신의 랩스타 커먼Common과 루페 피아스코도 빼놓을 수 없다. 음악과 연기, 사회활동 분야에서 활발히 활동한다는 점에서 로브슨과 비슷한 커먼은 2012년 힙합 음악인으로는 처음으로 로브슨 상을 받았다. 존경받는 작가이자 시민권 운동의 투사였던 마야 안젤루Maya Angelou와 커먼이 처음 만난 자리에서 나눈 대화 주제도 로브슨이었다.[20] 이는 커먼이 안젤루에게 자신 또한 저항적 흑인 예술가의 전통을 잇고자 함을 표현한 것이었다.

루페 피아스코는 2012년 힙합계에 만연한 여성 혐오를 비판하는 곡인 "Bitch Bad"(비치란 말은 나빠)를 발표해 많은 논쟁을 일으켰다. 이 곡의 뮤직비디오에는 돈과 총을 자랑하는 흑인 남성과 육감적인 몸매를 자랑하는 흑인 여성을 극장에서 보며 즐거워하는 흑인 어린이들이 묘사된다. 무대 뒤에서 흑인 배우들은 스스로 얼굴에 검은 칠을 하고, 백인 사업가는 즐겁게 돈을 센다. 이는 백인이 얼굴을 검게 칠한 '블랙페이스*blackface*'를 하고 우스꽝스럽게 흑인 연기를 한 19세기 미국 공연 민스트럴 쇼*minstrel show*에 빗대어 오늘날의 힙합 음악을 비판한 것이다. 즉 과거에는 백인이 흑인을 조롱하며 돈을 벌었다면, 오늘날에는 흑인이 스스로 부정적으로 굳어진 흑인 이미지를 생산하며, 흑인 아이들은 폭력적이고 선정적인 이미지를 오히려 선망할 만한 것으로 받아들인다는 게 피아스코의 문제의식이었다.

20 "Common: Maya Angelou 'Touched My Soul'," *Daily Beast*, July 12, 2017, https://www.thedailybeast.com/common-maya-angelou-touched-my-soul.

이 뮤직비디오 엔딩에는 미국에서 굴욕적인 블랙페이스 시대를 견뎌온 흑인 배우들을 대표해 로브슨에게 뮤직비디오를 헌정한다는 문장이 나온다. 로브슨은 1935년 영국 영화 〈샌더스 오브 더 리버*Sanders of the River*〉에 출연한 뒤 이 영화가 아프리카와 흑인을 원시적으로 묘사하고 제국주의를 정당화한다며 크게 불쾌해했는데, 어쩌면 피아스코는 이 일화를 알고서 이 뮤직비디오를 바쳤는지도 모르겠다. 아니면 로브슨이 자신의 대표곡 "Ol' Man River"의 원 가사에 있던 흑인 비하 표현이나 절망적인 내용을 늘 당당하고 투쟁적인 가사로 바꿔 부른 사실에 깊은 인상을 받았을 수도 있다.

Ah gits weary, An' sick of tryin'
난 피곤하고 뭘 해볼 기운도 없어
Ah'm tired of livin', An skeered of dyin'
사는 것도 지쳤고 죽기는 두려워
But Ol' Man River, He jes' keeps rolling along!
하지만 늙은 강, 그는 계속 흘러갈 뿐이네
– "Ol' Man River", 1928년의 원 가사

But I keeps laffin', Instead of cryin'
하지만 난 우는 대신 웃어버리지

여권을 취소당한 로브슨의 모습을 몸이 묶인 거인으로 묘사한 <프리덤>의 팸플릿 광고.

I must keep fightin', Until I'm dyin'

난 반드시 죽는 날까지 계속 싸울 거야

And Ol' Man River, He'll just keep rollin' along!

그리고 늙은 강, 그는 계속 흘러가겠지

– "Ol' Man River", 1930년대 중반 이후 폴 로브슨이 바꿔 부른 가사

정부가 정보기관을 동원해 블랙리스트에 오른 예술가를 사찰하고 방해 공작을 펼친 시대에 로브슨은 자신이 누린 모든 것을 포기하고 고결함을 지켰다. 2010년대까지도 예술가 블랙리스트가 존재했던 한국에서 그의 묘비에 새겨진 문장은 여전히 깊은 울림을 준다. "예술가는 자유냐 노예냐를 다투는 싸움에서 편을 정해야만 한다. 나는 선택했고, 다른 길은 없었다."

랭스턴 휴스 (1901~1967)

지연된 꿈에 무슨 일이 일어날까?

랩은 시인가? 물론 이 물음에 정답은 없다. 그렇지만 랩을 시에 비유하는 래퍼들이 한없이 많다는 것만은 분명하다. 이런 표현은 단순히 자신의 실력을 자랑하기 위한 경우가 많다. 하지만 동시에 랩이 오락거리에 불과한 저급한 말장난이 아니라 존중받을 만한 진지한 예술 형식이라고 주장하는 래퍼들의 항변이라고도 볼 수 있다. 힙합 역사상 가장 위대한 래퍼 중 하나인 케이알에스 원도 자신의 그룹 부기 다운 프로덕션스*Boogie Down Productions*의 역사적인 첫 앨범 <Criminal Minded>(범죄자의 마음)에 실린 첫 곡 "Poetry"(시)에서 그런 의도를 분명히 드러냈다.

You seem to be the type that only understand
네가 이해하는 건 하나밖에 없는 것 같아

The annihilation and destruction of the next man

옆 사람을 죽이고 파괴하는 것

That's not poetry, that is insanity

그건 시가 아니라 미친 짓이야

It's simply fantasy far from reality

현실과는 먼 단순한 환상이지

Poetry is the language of imagination

시는 상상력의 언어

Poetry is a form of positive creation

시는 긍정적인 창조의 형태

– 부기 다운 프로덕션스, "Poetry", 1987

공교롭게도 이 곡이 실린 앨범은 거리의 폭력을 본격적으로 묘사한 최초의 시도 중 하나였다. 멤버들이 총을 들고 선 표지나 범죄를 언급한 무서운 제목과 가사는 그때까지의 힙합 앨범에서는 거의 찾아볼 수 없었고, 앨범 발매 이후 그룹 멤버 스콧 라 록*Scott La Rock*의 총격 사망은 이들이 폭력을 묘사하는 것을 넘어 실제 범죄와 연관이 있는 게 아닌지 의심하게 했다.

하지만 그런 의심은 힙합에 대한 전형적인 오해와 편견이었다. 케이알에스 원은 결코 폭력이나 범죄를 미화하는 가사를 쓰는 래퍼가 아니었다. 오히려 그런 일을 해선 안 된다고 지겹도록 설교하는 사람이었다. 그는 "Poetry"에서 자신의 랩이 긍정적인 힘을 표현하는 시이며, 그저 폭력을 묘사하기에 급급한 다른 래퍼들의 가사는 시라고 할 수 없다고 비난했다. 사실 이 곡이 나온 이듬해인 1988년부터 본격적으로 유행한 갱스터 랩의 노골적인 가사에 비하면, 이때 가사가 그리 폭력적인 것도 아니었다. 어쨌든 케이알에스 원은 세간의 비난처럼 저속한 랩이 청소년을 타락시킬 수 있다면, 반대로 긍정적인 변화를 이끌 수도 있다고 확신했고, 랩에 대한 부정적 편견을 반박하기 위해 자신의 랩을 시에 비유했다. '선생님'이라는 별명을 가진 그는 힙합을 통해 사람들을 더 나은 상태로 이끌려는 활동을 30년 이상 지치지 않고 계속하고 있다.

사실 랩과 시의 관계는 더 깊다. "혁명은 TV에 나오지 않는다*The Revolution Will Not Be Televised*"라는 시로 유명한 길 스콧 헤론*Gil Scott-Heron*이나 블랙파워*Black Power* 운동의 급진적 주장을 시에 담은 라스트 포에츠*The Last Poets*는 1960년대 말부터 반복되는 리듬에 격정적으로 시를 읊는 새로운 예술 양식을 보여주었다. 스포큰 워드*spoken-word*라고 불린 이 표현법은 랩의 원형 중 하나로 꼽힌다. 그뿐만 아니라 이들은 수차례 힙합 음악인들과 협업하며 힙합 발전에 많은 영향을 주었다.

또 많은 래퍼가 시를 랩으로 표현하는 것에 큰 관심을 가져왔다. 꾸준히 스포큰 워드 작품을 발표한 사울 윌리엄스, 셰익스피어의 작품을 랩으로 표현한 시도로 유명한 영국의 아칼라*Akala*, 수차례 한국어 시를 랩으로 옮긴 엠시 메타*MC Meta* 등이 대표적이다. 실제로 랩 가사가 아닌 본격적인 시를 쓴 인물도 있었다. 최고의 랩 스타였던 투팍*2Pac*은 래퍼로 데뷔하기 전인 1980년대 말에 많은 시를 남겼는데, 이는 투팍 사후 『콘크리트에서 핀 장미*The Rose That Grew from Concrete*』라는 시집으로 출간됐다. 또 동료 래퍼들뿐 아니라 소니아 산체스*Sonia Sanchez*, 니키 지오바니*Nikki Giovanni* 등 유명 시인들이 참여한 동명의 스포큰 워드 앨범으로 만들어지기도 했다.

그렇다면 미국의 래퍼들이 사랑하는 시인은 누구일까? 나스, 블랙 소트*Black Thought*, 인스펙터 덱, 탈립 콸리처럼 뛰어난 작사가로 인정받는 래퍼들이 공통으로 언급하는 인물이 있다. 미국을 대표하는 흑인 작가 랭스턴 휴스*Langston Hughes*다. 이 외에도 휴스에게 영향받은 래퍼들은 많다. 흑인 여성의 정체성을 담은 작품을 꾸준히 발표한 사록*Sa-Roc*은 "The Who"(누구)에서 "제이지*Jay-Z*가 아닌 랭스턴"이 자신을 만들었으며, 여전히 휴스의 시를 되새긴다고 이야기했다. 또 백인 래퍼 매클모어*Macklemore*는 "Growing Up"(성장)에서 막 태어난 자신의 딸에게 휴스의 작품을 읽으라고 권했다. 시적인 표현과는 별 관련이 없어 보이는 장르인 갱스터 랩의 선구자 아이스티*Ice-T*는 2015년 런던 재즈 페스티벌에서 재즈 밴드의 연주와 함께 휴스의 시를 낭송하기도 했다.[21]

1901년생 제임스 머서 랭스턴 휴스*James Mercer Langston Hughes*는 부모의 이혼으로 캔자스주 마을에서 외할머니 손에 자랐다. 고등학교 시절부터 글을 쓰기 시작한 그는 사회주의자들이 발행하는 잡지에서 클로드 맥케이*Claude McKay* 같은 흑인 시인의 작품을 접했고, 대중 집회에서 20세기 초 미국의 사회주의 정당인 사회당의 지도자였던 유진 뎁스의 반전 연설을 듣는 등 당대 진보적인 사상에도 관심을 가졌다. 그는 1920년 뉴욕 컬럼비아대학에 입학했지만, 학업을 뒤로한 채 남부에서 이주한 흑인들이 모여 살던 뉴욕 할렘의 활기에 빠져들었다. 그리고 17살에 쓴 시 "흑인이 강을 말하다*The Negro Speaks of Rivers*"가 1921년 듀보이스가 편집장을 맡고 있던 NAACP 기관지 <크라이시스>에 실리면서 시인으로서 이름을 알린

---

21   "Ice-T and Ron McCurdy review – a raging, inspired revival that would make Langston Hughes proud," *Guardian*, November 22, 2015, https://www.theguardian.com/music/2015/nov/22/ice-t-ron-mccurdy-review-langston-hughes-project.

1928년의 휴스.
출처: Wikimedia Commons

다. 이 시는 이후 그의 대표작품으로 널리 알려졌다.

20대 초부터 시작한 다양한 여행 경험은 그에게 완전히 새로운 깨달음을 선사했다. 이런저런 직업을 전전하던 휴스는 1923년 화물선 심부름꾼으로 취직해 아프리카로 향했다. 고향으로 돌아가는 것 같아 큰 기대를 품었지만, 서아프리카 항구에서 만난 현지인의 반응에 당황할 수밖에 없었다. 휴스는 자신도 흑인이며, 미국 흑인도 아프리카인과 같은 억압을 겪고 있다고 말을 건넸으나 현지인들은 웃으며 그를 백인이라고 불렀다. 노예 소유자였던 백인 남성의 후예인 휴스의 피부색이 서아프리카 현지인보다 밝긴 했지만, 그가 백인으로 불리는 것은 미국에선 상상도 할 수 없는 일이었다. 더욱이 이 호칭에는 백인의 일을 돕기 위해 아프리카에 오는 대서양 반대편의 흑인이나 혼혈 유색인에 대한 반감이 섞여 있었다.[22]

상상할 수 없는 일에 충격받은 그는 아프리카의 여러 항구를 돌아본 뒤 파리로 가 클럽 문지기, 접시닦이, 웨이터 등을 하다가 뉴욕으로 돌아왔다. 세탁소와 식

---

22   Joseph McLaren, ed., *The Collected Works of Langston Hughes Volume 13, Autobiography: The Big Sea* (Columbia: University of Missouri Press, 2002), 96.

당에서 일하며 다시 학업을 이어나가던 그는 자신이 관찰하고 겪은 흑인의 삶에 관한 시를 썼고, 1920년대 뉴욕 흑인 문예운동인 할렘 르네상스*Harlem Renaissance*의 대표 작가로 주목받기 시작했다.

휴스의 시는 백인의 인종적 편견을 깨부술 뛰어난 흑인상을 원하던 당시 흑인 지식인들의 취향에는 맞지 않았다. 기존의 운율을 무시하며 흑인의 구어체로 민중의 솔직한 감정을 표현하는 그에게 "할렘의 저급 시인"이라는 혹평이 뒤따랐다. 그러나 그는 전혀 개의치 않았다. 그가 쓰고자 한 것은 고상한 중산층 흑인의 삶이 아닌 흑인 혁명의 땅인 아이티에서 본 빈곤이었고, 시 낭송 순회 여행을 하면서 본 미국 남부의 인종차별이었다.

1930년대의 세계 여행은 휴스의 생각과 작품을 더욱 진보적인 방향으로 이끌었다. 1932년 그는 소련으로부터 미국 흑인에 관한 영화를 만들자는 제안을 받고 몇몇 동료와 함께 모스크바를 방문했다. 그곳에서 융숭한 대접을 받았지만, 준비 부족으로 영화 제작이 중단되고 말았다. 그는 미국으로 돌아가는 대신 세계 대공황에도 끄떡없어 보이는 소련을 더 깊이 살펴보고 싶었다. 무엇보다 소련의 인종문제를 들여다보기 위해 아시아계 주민이 거주하는 중앙아시아로 향했다. 그곳은 유럽에 비해 지저분하고 발전되지 않은 곳이었지만, 휴스는 백인과 유색인이 평등하게 사는 모습에 강한 인상을 받았다. 그러나 그가 소련을 떠나고 몇 년 후인 1936년부터는 불행하게도 소련 내 소수민족들이 숙청 대상으로 지목되어 강제이주, 수용소행, 처형 등의 정치적 박해를 겪는다.

미국으로 돌아가는 길에 그는 식민지 조선과 일본, 중국을 방문했다. 일본에서는 자신을 위험한 공산주의자로 간주하는 경찰을 만났고, 중국에서는 백인 전용 호텔의 화려한 모습과 공장에서 노예처럼 일하는 어린이들을 보았다. 그는 일본 영자신문에 보도된 여러 건의 한국인 범죄 기사를 보면서 일제 치하의 한국인이 미국의 흑인과 비슷하다고 생각하며, 차별이 단순히 피부색의 문제가 아님을 느꼈다.

> "일본인과 한국인은 모두 유색인종이다. 하지만 자신이 속하지 않은 집단을 공격하고 모욕감을 주는 기술로 인종을 사용할 때는 피부색이 아무 상관 없음을 분명히 보았다."[23]

---

23   Joseph McLaren, ed., *The Collected Works of Langston Hughes Volume 14, Autobiography: I Wonder As I Wander* (Columbia: University of Missouri Press, 2003), 274-275.

당시 일본은 스스로 세계 유색인종의 구원자로 자처했다. 이 선전 내용은 미국 흑인들에게도 어느 정도 알려졌는데, 휴스는 단 며칠 동안의 방문을 통해 일본이 파시스트 국가이며, 유색인종의 구원자가 아닌 또 다른 압제자라는 결론을 내렸다.

미국으로 돌아온 그는 1937년 흑인 신문 <볼티모어 아프로 아메리칸*Baltimore Afro-American*> 통신원으로 내전에 돌입한 스페인을 방문했다. 그곳에서 그는 프란시스코 프랑코*Francisco Franco*의 반란군에 대항하기 위해 미국에서 건너온 흑인 자원병들이 세계 각지에서 온 여러 인종의 병사와 한 부대에서 싸우는 모습을 보았다. 그 부대는 에이브러햄 링컨 여단*Abraham Lincoln Brigade*으로 알려진 공화파의 제15국제여단이었다. 대대장으로 부대를 지휘하다가 전사한 올리버 로*Oliver Law*를 비롯한 흑인 병사들의 사례는 휴스의 기사를 통해 미국에 전해졌고, 이는 미국의 흑인들을 놀라게 하기에 충분했다. 당시 미군에서 다인종 부대나 그 부대를 지휘하는 흑인 지휘관은 상상하기 어려웠고, 미군 당국은 애초에 흑인의 전투 능력이 부족하다고 생각해 그들을 비전투 병과에 배치하는 것이 일반적이었기 때문이다. 이처럼 1930년대에 세계 각지를 돌아보며 인종차별과 그것을 뛰어넘는 연대를 직접 목격한 휴스가 더욱 급진적인 작품활동과 사회

참여에 열중한 것은 자연스러운 결과였다.

One more "S" in the U.S.A.[24]

U.S.A.에 S 하나 더

Put one more S in the U.S.A.

U.S.A.에 S를 하나 더 넣자

To make it Soviet.

그곳을 소비에트로 만들기 위해

One more S in the U.S.A.

U.S.A.에 S 하나 더

Oh, we'll live to see it yet.

오, 우리는 언젠가 살아서 그걸 보게 되겠지

When the land belongs to the farmers

토지가 농부의 것이고

And the factories to the working men-

공장이 노동자들의 것일 그날

---

24   Arnold Rampersad and David Roessel, eds., *The Collected Poems of Langston Hughes* (New York: Vintage Books, 1994), 176-177.

The U.S.A. when we take control

아메리카합중국은 우리가 관리하는 그때

Will be the U.S.S.A. then.

아메리카소비에트합중국이 되겠지

[중략]

　　하지만 세계적인 작가였던 휴스도 1940년대 말부터 시작된 매카시즘의 반공주의 광기를 피해갈 순 없었다. 그는 공산당원이 아니었으나 사회주의적 작품을 여럿 발표했고, 미국 공산주의자들과도 교분이 있었다. 대표적으로 그가 소련을 방문해 크게 감명받은 후 1934년 미국공산당 기관지 <데일리 워커*Daily Worker*>에 쓴 시에는 미국을 소비에트로 만들자는 내용을 비롯한 혁명적인 문장들이 버젓이 적혀 있었다. 1953년 그는 상원의원 조지프 매카시*Joseph McCarthy*가 주도한 의회 청문회에 불려 나가 자신이 공산주의자가 아님을 주장해야 했고, 감옥에 가지는 않았지만 여러 불이익이 뒤따랐다. 이후 급진적인 시와 거리를 두기 시작해 그를 지지한 좌파로부터 비판받기도 했지만, 1967년 사망할 때까지 존경받으며 계속해서 작품활동을 이어나갔다.

Harlem[25]

할렘

What happens to a dream deferred?

지연된 꿈에 무슨 일이 일어날까?

Does it dry up

like a raisin in the sun?

태양 속의 건포도처럼 말라버릴까?

Or fester like a sore—

And then run?

염증처럼 곪아서 흘러내릴까?

Does it stink like rotten meat?

썩은 고기처럼 악취가 날까?

Or crust and sugar over—

like a syrupy sweet?

시럽으로 만든 사탕처럼 굳어서 설탕이 묻어날까?

---

25   Rampersad and Roessel, eds., *The Collected Poems of Langston Hughes*, 426.

1943년의 휴스.
출처: Library of Congress

Maybe it just sags

like a heavy load.

어쩌면 무거운 짐처럼 무너져 내릴 수도 있겠지

Or does it explode?

아니면 터져버릴지도?

래퍼들이 가장 자주 인용하는 휴스의 시는 "할렘*Harlem*"이다. 1951년 발표한 시집 『지연된 꿈의 몽타주*Montage of a Dream Deferred*』에 실린 이 시는 도시 흑인의 삶에 관한 내용이다. 그는 이 시에서 일자리를 찾아 북부 도시로 향한 많은 흑인의 어려운 생활을 "지연된 꿈"이라 부르며, 좌절한 흑인들이 금방이라도 폭발할 것 같은 상황에 놓여 있다고 묘사했다. 이 시가 발표된 지 반세기가 지나서까지 래퍼들에게 영감을 주는 것은 오늘날 도시 흑인의 삶이 이전과 마찬가지로 폭발하기 직전인 상황이기 때문일 것이다.

So you ask what happens to a dream deferred

지연된 꿈에 무슨 일이 일어날지 물었지요

Langston, well it kills itself... (Atlanta)

랭스턴 씨, 자신을 죽이고 있어요, 애틀랜타에서는요

– 킬러 마이크*Killer Mike*, "Anywhere But Here"(여기 말고 어디든), 2012

"할렘"에 깊은 영감을 받은 뉴욕 출신 래퍼 스카이주*Skyzoo*는 2012년 발표한 앨범 제목을 <A Dream Deferred>(지연된 꿈)로 붙였다. 그리고 휴스만큼이나 진보적이고 날카로운 애틀랜타 출신 래퍼 킬러 마이크는 오늘날 도시 흑인의 삶을 묘사하면서 휴스의 물음에 선택지 하나를 추가했다. 그것은 안타깝게도 대도시 흑인들이 체념하거나 분노해 폭발하는 대신 서로를 죽이는 일에 몰두하고 있다는 내용이다. 랩과 시가 얼마나 비슷한지는 모르겠지만, 위대한 시인 휴스를 떠올리게 하는 위대한 래퍼들이 있다면 그것만으로 충분하지 않을까?

미국의 아들 비거 토머스

네가 날 살인자로 만들었지, 진짜 검둥이의 해방이다

시카고의 흑인 청년 비거 토머스*Bigger Thomas*는 백인 고용주의 딸을 우발적으로 살해한다. 비거는 이 사건을 그녀의 공산주의자 남자친구의 납치극으로 꾸며 돈을 뜯어내려 하고, 자신의 여자친구마저 죽인 후 도주하다 체포된다. 아프리카계 미국인 문학사에서 가장 중요한 작품 중 하나인 『미국의 아들*Native Son*』의 줄거리다. 리처드 라이트*Richard Wright*가 쓴 이 소설에는 충격적인 소재뿐 아니라 이전에 찾을 수 없었던 무서운 시각이 드러나 있었고, 출간과 동시에 미국 사회를 뒤흔들었다.

리처드 너새니얼 라이트*Richard Nathaniel Wright*는 1908년 미시시피주 나체즈 인근 농장에서 태어났다. 그의 어린 시절은 아버지가 가정을 버리고 같이 살던 이모부가 백인에게 살해당하는 등 순탄치 않았다. 일자리를 찾아 북부 도시로 떠난 수많은 남부 흑인처럼 그는 중학교를 마친 후 '미국의 꿈'을 품고 시카고로 이주해 우체국, 보험회사, 병원 등에서 노동자로 일했다. 그러나 1929년부터 시작된 세계 대공황이 덮친 북부 도시에서 가난한 흑인의 삶은 남부에서와 마찬가지로 가혹했다. 그는 일자리가 계속 끊기자 별수 없이 자신의 체험을 바탕으로 도시의 흑인들을 다룬 소설을 쓰기 시작했다.

라이트는 당시 도시에서 활발하게 선전을 벌이던 미국공산당의 활동에도 관심을 두기 시작했다. 1933년부터는 미국공산당이 후원하는 문학인 조직 '존 리드 클럽*John Reed Club*'에 활발히 참여했고, 이를 계기로 곧 당원이 되어 여러 좌파 매체에 혁명적인 내용의 시들을 발표했다. 1937년 뉴욕으로 이주한 그는 미국공산당 기관지 <데일리 워커>의 할렘판 편집인으로 활동하면서 집필을 이어나갔다.

라이트는 그때까지의 흑인 문학이 백인의 미국에 정의를 요구하는 교육받은 흑인의 목소리 정도에 그쳤다고 보고, 그것을 뛰어넘는 작품을 쓰고자 했다. 즉 그가 쓰고 싶은 것은 흑인의 전통에 입각하되 총체적이고 구조적인 시각으로 흑인의 삶을 담아내는 작품이었다. 이런 문제의식에서 그는 1938년 남부의 인종 폭력을 다룬 소설 『톰 아저씨의 후예들*Uncle Tom's Children*』을 발표해 호의적인 평가를 받았다. 그러나 라이트는 이 칭찬을 달가워하지 않았는데, 자신이 "은행가 따님들도 읽고 한바탕 울고 나서 흐뭇한 기분이 들 만한 책"을 쓰는 실수를 저질렀음을 깨달았기 때문이다.[26] 그는 곧 새 작품 집필에 돌입했고, 결국 1940년『미국의 아들』과 비거 토머스를 탄생시켰다.

라이트가 심혈을 기울여 만들어낸『미국의 아들』의 주인공 비거는 이전의 소설에서는 보지 못한 유형의 흑인이었다. 애초 그는 호기롭게 백인 가게를 털기로 모의하고서도 실제로는 친구에게 싸움을 걸어 범행 계획을 무산시키는 두려움 많은 인물이었다. 그가 두려워한 것은 범죄 자체가 아니라 그 대상이 백인이라는 사실이었다. 부유한 백인 가정의 운전기사로 일하게 된 그는 고용주의 딸과 단둘이 있다는 사실을 들키지 않으려다가 실수로 그녀를 살해한다.

이때부터 비거는 전혀 예상치 못한 상황으로 떠밀리며 자신의 새로운 모습을 발견한다. 살인 후 그는 후회나 죄책감이 아니라 처음으로 자유로움과 성취감을

---

26   Richard Wright, *Native Son* (1940), 김영희 옮김, 『미국의 아들』(창비, 2012), 635.

1939년의 리처드 라이트.
출처: Library of Congress

느끼고, 새로운 범죄도 대담하게 실행해간다. 체포된 후 자신을 깊이 성찰한 그는 결국 살인이 자신을 위한 일이었으며, 그 행동이 옳았다는 판단을 내린다. 그를 이해하려 애쓰며 인종차별적 사회구조가 범죄의 한 원인이라고 주장한 비거의 변호인조차 도저히 받아들일 수 없는 결론이었다. 변호인의 반응은 이 소설을 읽은 많은 독자의 반응이기도 했다. 라이트의 집필 의도대로 누구도 이 소설을 읽으며 웃거나 울 수 없었다.

　　라이트는 어려서부터 목격한 수많은 실제 비거를 바탕으로 이 주인공을 창조했다. 그들은 가진 것도 희망도 없이 살아가면서 각종 일탈 행위에서 삶의 낙을 찾는 주변의 흑인들이었다. 아이들을 때리고 장난감을 빼앗으며 행복해하는 소년, 돈 갚을 생각 없이 백인에게 외상으로 물건을 사는 소년, 직업도 없이 인종적 금기를 깨트리는 것을 낙으로 삼은 조울증 환자, 전차의 백인 좌석에 무임승차해 자신을 쫓아내려는 차장을 칼로 굴복시킨 청년 등 이런 유형의 흑인이 너무도 많았다. 이에 흑인 작가 제임스 볼드윈*James Baldwin*은 비거에 대해 "머릿속에 자신만의 비거 토머스가 살지 않는 미국 흑인은 아무

연극 <미국의 아들>(1941)에서 비거가 친구들을 위협하는 장면.
비거는 백인 가게에서 도둑질하지 않기 위해
흑인 친구에게 시비를 걸어 칼로 죽이겠다고 위협한다.
출처: Theatre Arts, Volume 25, 1941

도 없다"고 평할 정도였다.*27*

비거는 흑인만은 아니었다. 라이트는 블라디미르 레닌*Vladimir Lenin*이 런던 망명 시절 웅장한 빅 벤*Big Ben*과 웨스트민스터*Westminster* 사원을 가리키며 소외감을 표현한 글에서 비거를 발견했다. 또 지도자를 열광적으로 따르는 나치 독일의 파시스트들을 보도한 신문을 읽으며 마커스 가비와 같은 강력한 흑인 지도자와 군대를 원하던 시카고 흑인 비거를 떠올렸다. 어긋난 사회의 산물이자 박탈당하고 뿌리 뽑힌 비거들은 모두 긴장과 두려움, 히스테리로 가득 차 있었고, 현상 유지만 제외하고는 무엇이든 택할 수 있는 존재들이었다. 비거는 사이코패스가 아닌 고통받는 민중의 전형이었다.

야신 베이, 탈립 콸리, 블랙쉽*Black Sheep*, 레이지 어게인스트 더 머신*Rage Against the Machine*처럼 지성 있는 미국 음악인들이 가사에서 이 작품을 직접 언급하며 자신을 비거에 비유하기도 했다. 혼란스러운 흑인 남성의 심리를 긴장감 있게 묘사한 사울 윌리엄스의 "The Ritual"(의식)은 비거로부터 직접 영감을 받은 대표적인

---

27   James Baldwin, "Many Thousands Gone," *Partisan Review* 18, no. 6 (1951), 678.

힙합 음악이다. 그러나 소설을 인용하지 않더라도 불안과 분노를 공격적으로 표현하며 죄의식 없이 범죄를 묘사하는 비거와 같은 캐릭터들은 랩 가사에 넘쳐난다. 물론 『미국의 아들』이 대단히 유명한 작품이기는 하지만, 비거와 완벽하게 똑같은 심리를 표현한 래퍼 중 상당수가 이 소설을 읽어 보지 않았을 것이다.

비거는 힙합의 초창기부터 꾸준히 모습을 드러냈다. 흥겨운 파티 대신 무거운 사회적 주제를 다룬 최초의 힙합인 그랜드마스터 플래시 앤 더 퓨리어스 파이브*Grandmaster Flash and the Furious Five*의 곡 "The Message"(메시지)에 이미 빈곤과 절망이 지배하는 환경에서 범죄자를 동경하고 결국 감옥에서 자살하는 인물이 등장한다. 어머니 배 속에서부터 사망할 때까지 끊임없이 세계와 불화했던 투팍 역시 1992년 녹음하고 사후에 발표된 "Changes"(변화)에서 벼랑 끝에 몰린 흑인의 심정을 묘사했다. 중요한 점은 힙합 음악에 등장하는 비거들이 단순히 가난하고 험한 환경에서 살아간다는 사실이 아니라 늘 긴장감과 소외감, 자기혐오를 느끼며 그 스트레스를 공격적이고 자기 파괴적인 욕구로 드러내려 한다는 점이다.

Don't push me 'cause I'm close to the edge

날 떠밀지 마, 이미 가장자리까지 와 있으니

I'm trying not to lose my head

목숨을 잃지 않도록 애쓰고 있거든

It's like a jungle sometimes

정글과도 같으니 가끔은

It makes me wonder how I keep from going under

어떻게 내가 살아남을 수 있었는지 놀라게 돼

– 그랜드마스터 플래시 앤 더 퓨리어스 파이브, "The Message", 1982

I see no changes, wake up in the morning and I ask
myself

모든 게 그대로야. 아침에 일어나 나 자신에게 묻지

Is life worth livin'? Should I blast myself?

사는 게 가치가 있을까? 나를 쏴버려야 하나?

I'm tired of bein' poor and, even worse, I'm black

가난은 지긋지긋하고, 게다가 난 흑인

My stomach hurts so I'm lookin' for a purse to
snatch

속이 쓰려오니 훔칠 지갑을 찾게 되네

– 투팍, "Changes", 1998

이야기체 랩*storytelling rap*의 선구자 슬릭 릭*Slick Rick*
은 1988년 발표한 "Children's Story"(소년 이야기)에서 범
죄에 휘말려 도주하는 소년의 이야기를 풀어냈는데, 이
야기 구조와 주인공의 심리 측면에서 이 곡은『미국의 아
들』의 축약판이라 할 수 있을 정도다. 이 곡의 주인공은
쉽게 범죄를 저지르고 자신을 단속하는 경찰에게 즉시
총을 겨누며 스스럼없이 인질을 잡아 협박할 정도로 폭
력적인 모습을 보인다. 하지만 동시에 그는 총을 쏘는 것,
감옥에 가는 것, 총에 맞아 죽는 것 등 모든 것을 두려워
했기에 무엇 하나 제대로 하지 못하고 불행한 결말을 맞
는다.

몇몇 학자는『미국의 아들』과 랩 가사의 연관성
을 수차례 주목하며, 대도시의 젊고 우울한 흑인의 심리
를 표현한 래퍼 노토리어스 B.I.G*Notorious B.I.G.*의 가사에
서 비거를 발견하려는 연구를 내놓기도 했다.[28] 그가 첫
앨범 <Ready to Die>(죽을 준비 완료)에서 자전적이고도
환상적인 모습으로 그려낸 주인공은 자살을 생각할 만

---

28   Eddie Malone, "Long-Lost Brothers: How Nihilism
Provides Bigger Thomas and Biggie Smalls With a
Soul," *Journal of Black Studies* 46, no. 3 (April 2015),
297–315.

큼 늘 우울감에 시달린다. 그는 이유를 알 수 없을 정도로 집요하게 범죄와 폭력행위에 몰두하고, 그러면서도 계속해서 죽음을 떠올린다.

가장 공격적인 힙합의 비거는 1980년대 중반 등장한 갱스터 랩에서 나타난다. 갱스터 랩의 시대를 연 그룹으로, 자칭 "세상에서 가장 위험한 그룹" N.W.A는 "Express Yourself"(너 자신을 표현해)의 뮤직비디오에서 마틴 루서 킹 목사의 유명한 어구인 "나에게는 꿈이 있습니다"가 적힌 종이를 찢어버리며 등장한다. 경찰을 쏴 죽이겠다는 내용인 "Fuck tha Police"에서 이들은 어떤 머뭇거림이나 죄책감도 드러내지 않는다. '성깔 있는 흑인들*Niggaz Wit Attitudes*'이라는 팀명에 걸맞은 태도였다.

I'm from the CPT

난 콤프턴 출신

Punk police are afraid of me, huh

뭣도 아닌 경찰놈들은 날 두려워하지

A young nigga on the warpath

난 싸울 준비가 된 젊은 흑인

And when I'm finished, it's gonna be a bloodbath

내가 끝장냈을 때 피바다를 보게 될 거야

Of cops dying in LA

LA에서 죽어가는 경찰놈들이 흘린 것

Yo, Dre, I got something to say

드레, 난 할 말이 있어

Fuck the police

경찰 X까

- N.W.A, "Fuck tha Police", 1988

이 곡을 듣고 경악한 FBI는 음반사에 공식적으로 항의했고, 각 지역 경찰들은 N.W.A의 공연을 취소시키거나 공연장의 질서유지 업무를 거부했다. 디트로이트 공연에서 N.W.A는 이 곡을 부르지 말라는 경찰의 경고를 무시했고, 멤버들이 랩을 시작하자 경찰들이 무대로 난입해 공연을 중단시켰다.

스스로는 '사실적 랩*reality rap*'이라 불렀고, 이후 갱스터 랩이라는 이름을 얻은 이들의 가사에는 이처럼 상대를 가리지 않는 욕설과 폭력, 여성비하가 난무했다. 당시 대부분 미국인은 이런 종류의 음악이 가능할 거라고 상상조차 할 수 없었다. 사실 이들의 가사에는 현실과 환상이 교묘하게 섞여 있었다. 가사 중 많은 부분이 상업적 동기로 부풀려졌고, 갱스터임을 자처했으나 가사를 쓴 아이스 큐브*Ice Cube*나 곡을 쓴 닥터 드레*Dr. Dre*는 갱 출신이 아니었다. 이후 그룹이 수익 배분 문제로 해산하자,

리더 이지 이*Eazy-E*는 범죄를 저지른 적도 없으면서 갱스터 흉내를 낸다고 닥터 드레를 공격하기도 했다.

그럼에도 이들이 만들어낸 비거는 실업과 마약, 폭력이 넘쳐나는 LA의 흑인 거주 지역 출신 젊은 남성의 소외감과 분노를 온전히 표현했고, 멀쩡한 백인 중산층 청소년들까지 열광시키는 힘이 있었다. 백인 보수주의자들은 이 저속한 음악에 경악했고, 흑인 사회 내에서도 흑인에 대한 부정적 편견 강화를 우려하는 시각이 많았다. 갱스터 랩은 흑인 사회가 미국에 보내는 위험신호였으나 이 신호는 무시되거나 금지됐고, 그 결과는 불행히도 큰 피해를 낳은 1992년 4월의 LA 폭동으로 나타났다. 이때부터 "Fuck tha Police"는 경찰 폭력에 항의하는 시위에 빠지지 않고 등장하는 역사적인 저항 음악이 되었다. 2020년 대규모 시위로 이어진 조지 플로이드*George Floyd*의 사망 직후에도 발표된 지 32년이 지난 이 곡의 스트리밍 횟수가 폭증했다.*29*

1944년 라이트는 흑인의 평등 요구를 억제하면

---

29   "Streams of N.W.A's 'F-k tha Police' Nearly Quadruple Amid Nationwide Protests," *Rolling Stone*, June 3, 2020, https://www.rollingstone.com/music/music-news/fuck-tha-police-streams-protest-songs-george-floyd-1009277.

서 미국 정부와의 전시 협력을 강조하는 공산당에 불만을 느껴 당을 떠났고, 1946년부터는 프랑스에 정착해 집필활동을 이어나갔다. 이 무렵부터 그는 공산주의를 비판하는 글들을 여럿 발표한다. 그럼에도 그가 남긴 많은 글은 이후의 급진주의자들에게 영감을 주었다. 라이트가 이주한 프랑스에는 카리브해의 프랑스령 마르티니크에서 건너온 젊은 정신의학도 프란츠 파농*Frantz Fanon*이 있었다. 파농은 1952년 라이트에게 깊은 영향을 받아 흑인의 심리와 폭력의 문제를 숙고한 『검은 피부 하얀 가면*Black Skin, White Masks*』을 발표하며 의사가 아닌 반식민주의 사상가로서의 이름을 처음 알리게 된다. 이 책에서 파농은 늘 두려움에 사로잡혀 결국 살인을 저지르고 마는 비거 토머스를 흑인의 한 전형으로 언급한다.[30] 1961년 사망하기 직전 쓴 『대지의 저주받은 사람들*The Wretched of the Earth*』에서도 비거처럼 우울감과 폭력성으로 혼란스러워하는 알제리의 범죄자와 정신질환자를 열거했고, 식민지 민중이 폭력 행사를 통해 열등감과 좌절, 무기력을 없애고 용기와 자존심을 되찾으며 단결할 수 있다고 대

30   Frantz Fanon, *Peau noire, masques blancs* (1998), 이석호 옮김, 『검은 피부 하얀 가면』(인간사랑, 2003), 174–175.

담하게 주장해 세계적인 파장을 일으켰다.[31]

파농의 책들은 다시 미국으로 전해져 다음 세대의 흑인 급진주의자들을 깨우쳤는데, 파농에게 영향받은 이 젊은 흑인운동의 대표 슬로건인 '블랙파워' 역시 라이트에게서 나왔다. '블랙파워'는 1954년 라이트가 곧 독립국 가나가 될 아프리카의 영국령 골드 코스트를 여행하고 쓴 책『블랙파워』에서 처음 사용한 표현이었다. 블랙파워 세대의 젊은 흑인 혁명가들 가운데 휴이 뉴턴을 포함한 몇몇은 1966년 블랙팬서당을 결성하고 자기 방어를 위한 흑인의 무장을 주장했다. 블랙팬서 당원 중에는 뉴욕의 경찰서를 폭파하려 했다는 혐의로 체포되어 임신한 상태로 법정 투쟁을 벌이던 아페니 샤쿠르*Afeni Shakur*도 있었다. 아페니의 배 속에 있던 아이는 1971년에 태어났다. 훗날 랩 스타이자 미국 사회의 또 다른 문제 인물이 될 투팍이었다.

시간이 흐른 뒤 2010년대 최고의 래퍼 중 한 명인 켄드릭 라마는 2015년 "The Blacker the Berry"(베리는 검을수록)라는 곡을 발표했다. 월리스 서먼*Wallace Thurman*

31　　Frantz Fanon, *Les damnés de la terre* (2002), 남경태 옮김, 『대지의 저주받은 사람들』(그린비, 2004), 117~118.

의 소설 제목을 딴 이 곡에서 라마는 2010년대 미국의 인종주의와 폭력, 위선의 문제를 탁월하게 그려내 찬사를 받았다. 이 곡은 악한 일을 저지르는 미국 백인 사회에 불만을 늘어놓는 것이 아니라, 끊임없이 자신을 흑인으로 느끼게 하는 사회에서 극도로 긴장하며 스스로를 파괴하고 싶은 충동에 빠져드는 흑인의 심리를 묘사했다. 스스로 조현병 환자와 위선자라고 표현하는 이 곡의 주인공은 마치 비거 토머스를 그대로 옮겨 놓은 것 같다.

이 곡에서 라마는 흑인 공동체를 파괴하는 미국 사회를 향해 "네가 날 살인자로 만들었지, 진짜 검둥이의 해방이다"라고 외친다. 그다음에는 놀랍게도 "비거인 내가 쏜다"로도 해석될 수 있는 구절 "the bigger I shoot"이 등장한다. 그가 비거를 의식하고 쓴 것인지는 모르겠다. 이 해석이 억지스럽다 해도 라마의 곡에서 여전히 비거의 모습이 생생하게 보인다는 사실만큼은 틀림없지 않은가?

에티오피아와 하일레 셀라시에
(1892~1975)

에티오피아는 곧 하느님께 손을 뻗을 것이다

"한 인종이 우월하고 다른 인종이 열등하다는 철학이 최종적이고도 영구적으로 배척되고 폐기될 때까지, 어떤 나라에서도 일등 시민과 이등 시민이 존재하지 않을 때까지, 사람의 피부색이 눈동자 색보다 중요하게 여겨지지 않을 때까지 아프리카 대륙은 평화를 알지 못할 겁니다."

진지한 가사를 잘 쓰기로 소문난 래퍼 루페 피아스코가 2014년 발표한 곡에서 인용한 연설은 마치 인종주의 반대 운동가의 말처럼 보인다. 사실 이 연설은 레게 음악의 최고 스타 밥 말리*Bob Marley*가 1976년 발표한 노래 "War"(전쟁)에서 인용해 이미 세계적으로 알려진 바 있다. 연설의 출처는 1963년 10월 4일 뉴욕에서 열린 유엔 총회였고, 연설자는 당시 에티오피아의 황제 하일레 셀라시에*Haile Selassie*였다. 그는 연설에서 세계 평화를 지키기 위해 유엔이 더 많은 역할을 해야 한다고 강조하면서 "우리 아프리카인은 필요하다면 싸울 것"이며, "우리는 선이 악을 이길 것을 확신하듯 승리하리라는 것을 알고 있습니다"라고 덧붙였다.**32** 누구보다도 존귀한 존재로 여겨지는 황제가 반제국주의 투사에게 어울릴 법한 표현을 늘어놓는 것은 상당히 특이했지만, 그에게는 그럴 만한 이유가 있었다. 그리고 그가 국제 외교 무대에서 정의와 평화를 역설한 것은 이때가 처음도 아니었다.

흥미로운 점은 늘 사려 깊고 진보적 입장을 지켜온 피아스코가 이 "Haile Selassie"라는 곡에서 에티오피아 황제를 긍정적으로 묘사했다는 것이다. 20세기에는 다소 시대착오적인 전제군주라는 지위, 냉전을 고착화하는 미국의 대외정책 협력, 자국의 경제 실패에 대한 책임 등 그를 비판적으로 그리는 것도 얼마든지 가능했다. 대표적으로 래퍼들이 늘 사랑하는 블랙팬서당만 해도 하일레 셀라시에를 미국의 꼭두각시이자 아프리카에서 흑인 해방을 방해하는 반동 세력이라고 맹비난했다. 어

32   U.N. General Assembly, 18th session: 1229th plenary meeting, Friday, 4 October 1963, New York (A/PV.1229), https://digitallibrary.un.org/record/731800.

쨌든 피아스코는 이런 문제를 뛰어넘어 황제에 대한 존경심을 표현했는데, 이런 태도는 다른 힙합 음악인들에게도 공통으로 발견된다.

그런데 에티오피아와 그곳의 지배자에 대한 존경심은 북아메리카와 카리브해 지역의 아프리카계 이주민 사이에서 적어도 100년 이상의 역사를 가진 것이었다. 사실 노예선을 타고 아메리카로 온 아프리카인들은 대개 서아프리카 출신이었고, 동아프리카에 속하는 에티오피아의 문화를 직접 공유하는 사람들은 적었다. 하지만 모든 아프리카 대륙의 땅과 사람들이 유럽인의 침탈 대상이 되면서 아프리카 출신들은 지리와 문화를 뛰어넘어 아프리카인 또는 흑인으로서 단결하기 시작했다. 그리고 에티오피아는 이 억압받는 사람들을 하나로 묶는 데 필요한 구심점이 될 수 있었다.

우선 에티오피아는 이집트와 더불어 아프리카의 찬란한 고대 문명을 상징했다. 그곳은 시바 여왕과 솔로몬 왕의 후손인 황제, 독자적인 문자, 고유한 기독교 전통을 가진 국가였다. 에티오피아는 유럽인에게 자랑할 만한 고대 문명을 간직한 곳일 뿐 아니라 고통받는 아프리카 대륙의 마지막 자존심이었다. 아프리카 대부분이 식민지로 전락한 1896년 아두와에서 침략자인 이탈리아군을 무찌르고 독립국 지위를 지켜낸 일은 모든 아

1970년의 에티오피아 황제 하일레 셀라시에.

프리카인에게 더할 나위 없는 기쁨과 희망을 주었다.

에티오피아가 특별한 장소라는 증거는 또 있다. 킹 제임스 성경의 시편 68편 31절이다. 영국 국왕이 공인하고 영국인이 진출한 곳마다 널리 보급된 이 성경은 해당 구절의 히브리어 원문을 다음과 같이 영어로 번역했다.

> **Princes shall come out of Egypt.**
> 이집트로부터 왕자들이 나올 것이다
> **Ethiopia shall soone stretch out her hands unto God**
> 에티오피아는 곧 하느님께 손을 뻗을 것이다
> – 킹 제임스 성경 시편 68:31[33]

아프리카인들이 찾아낸 이 문장은 정치적으로나 종교적으로 대단히 중요한 의미가 있었다. 일반적으로 두 지역 사람들이 하느님을 찬양한다는 의미로 해석되는 이 구절은 억압받던 대서양 양쪽의 아프리카인에게는 자신들이 신에게 선택받았다는 희망적인 의미로

---

[33]   King James Bible Online, https://www.kingjamesbibleonline.org/1611_Psalms-Chapter-68.

받아들여졌다. 이 구절은 대략 1890년부터 1920년 사이에 중부와 남부 아프리카에서 예수의 재림을 식민통치의 몰락으로 해석하며 나타난 에티오피아 교회 운동 *Ethiopian movement*의 중요한 근거였다. 이 운동은 아프리카인의 독립적인 교회를 세우려는 움직임이었다. 성경에 나온 것처럼 아프리카인이 이미 선택받았다면 무지한 아프리카에 기독교와 문명을 전하러 왔다는 백인 선교사는 애초에 필요하지 않았다. 유럽인의 가르침을 받을 필요 없이 아프리카인이 직접 교회를 세우고 복음을 전하면 그만이었다.

영국령 자메이카 출신으로 미국에서 활동하던 흑인 민족주의자 마커스 가비도 이 해석을 알고 있었다. 그는 이 흑인 교회의 종교적 가르침에 자신의 정치적 희망을 더해 더욱 대담한 주장을 내놓았다. 1921년 그의 조직 UNIA에서 발간한 <세계흑인교리문답>에 따르면, 이 구절은 "흑인이 아프리카에 자신들과 같은 인종이 다스리는 정부를 세울 것"이라는 증거였다.[34] UNIA는

---

34   George Alexander McGuire, ed., *Universal Negro Catechism: A Course of Instruction in Religious and Historical Knowledge Pertaining to the Race* (New York: Universal Negro Improvement Association, 1921), 11.

에티오피아군이 이탈리아군을 물리친 1896년 아두와 전투를 묘사한 그림.
출처: National Museum of World Cultures

"The Universal Ethiopian Anthem"(모든 에티오피아인의 노래)을 단체의 대표곡으로 채택했는데, "에티오피아, 우리 아버지들의 땅"이라는 가사로 시작하는 이 노래에서 에티오피아인은 모든 흑인을 의미했다.

　　이처럼 세계의 아프리카인이 에티오피아에서 위안을 찾고 있을 때 파시스트 국가가 된 이탈리아가 1935년 10월 초 다시 아프리카의 독립국을 지배하기 위해 쳐들어왔다. 이탈리아의 에티오피아 침공에 분노한 전 세계 아프리카인은 각지에서 지원 단체를 만들고 자원병으로 참전하는 등 에티오피아를 아낌없이 도왔다. 정치적 영향력이 약해지긴 했지만, 런던에서 여전히 활동하던 가비도 세계 흑인들에게 모국을 방어할 것을 호소했다. 그의 호소에 응답하듯 미국의 가비 지지자들이 에티오피아평화운동-Peace Movement of Ethiopia 같은 단체를 만들어 지원에 나섰다. 사실 에티오피아는 1930년대에도 노예제가 존재한 드문 국가였고, 약속의 땅이라기에는 여러모로 황폐한 곳이었으나 이는 중요하지 않았다. 에티오피아는 아프리카 그 자체였고, 그곳의 운명은 곧 세계 흑인의 운명이었다.

　　이탈리아가 침공한 에티오피아는 황제 하일레 셀라시에가 다스리는 곳이었다. 1930년 황제로 즉위한 그는 의회를 설립하고 에티오피아를 국제연맹에 가입시키는 등 나름대로 근대화를 추구했다. 하지만 독가스와 같은 현대식 무기로 공격하는 이탈리아군을 막기에는 역부족이었다. 마지막 방법으로 그는 1936년 6월 스위스 제네바에서 열린 국제연맹 총회에 참석해 절절한 연설로 국제 사회의 개입을 호소했으나 국제연맹은 에티오피아를 구할 의지와 능력이 부족했다. 이탈리아군을 막기에는 턱없이 부족한 국제연맹의 제재만을 얻어낸 하일레 셀라시에는 영국으로 망명했고, 이탈리아 국왕 비토리오 에마누엘레 3세*Vittorio Emanuele III*가 에티오피아 황제 자리에 올랐다.

에티오피아가 이탈리아에 점령된 지 3년 후인 1939년 제2차 세계대전이 터졌다. 국제연맹에서 하일레 셀라시에의 도움 요청을 외면했던 영국과 프랑스가 직접 이탈리아와의 전쟁에 돌입했다. 아프리카 전역에서 식민지를 다스리던 영국과 프랑스 군대는 아프리카의 또 다른 제국주의 세력인 벨기에 군대와 함께 1941년 에티오피아에서 이탈리아군을 몰아냈고, 하일레 셀라시에는 다시 권좌를 되찾았다.

전쟁이 끝나고 냉전이 시작되자 하일레 셀라시에는 자신에게 도움을 준 서방 세력의 편에 섰다. 한편 그는 1963년 아프리카 신생국들을 중재해 아프리카통일기구*Organisation of African Unity*를 출범시키는 데 기여했다.

그는 암살 시도와 쿠데타, 농민 반란 등의 위기를 겪으면서도 오랫동안 제위를 지켰다. 그러나 1970년대 초 기근으로 민심이 크게 이반했고, 1974년 마르크스레닌주의를 내세운 군부 쿠데타로 폐위됐다. 그는 유폐된 상태에서 1975년 83세의 나이로 사망했다. 궁전 지하에 유기된 황제의 유해는 대량학살로 악명이 높았던 멩기스투 하일레 마리암*Mengistu Haile Mariam* 군부 정권이 붕괴한 이듬해인 1992년에야 발견됐다.

하일레 셀라시에의 백성은 에티오피아 바깥에도 있었다. 심지어 그는 단순히 일국의 황제가 아닌 살아 있는 신으로 숭배되기도 했다. 1930년 그가 제위에 오르자 자메이카에서 그를 메시아로 보는 믿음이 생겨나 빠르게 퍼져 나갔다. 황제의 즉위 전 이름인 타파리 마코넨 공*Ras Tafari Makonnen*에서 유래해 '라스타파리'라는 이름으로 알려진 이 운동은 자메이카 흑인 민중의 종교이자 영국의 식민 지배에 저항하는 사회운동이다. 에티오피아 정교회 신자였던 하일레 셀라시에는 자신을 신이라거나 세계의 흑인을 대표한다고 생각하지 않았으며, 자메이카의 일에 관여한 적도 없다. 사실 하일레 셀라시에의 외모는 그를 숭배하는 자메이카 흑인들과 상당히 달랐고, 쉽게 흑인으로 불릴 만한 피부색도 아니었다. 그럼에도 그에게서 아프리카와 흑인의 운명을 보고자 한 이들의

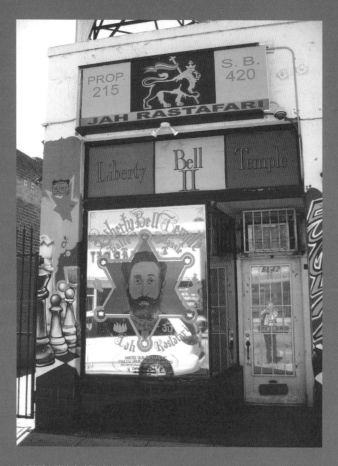

LA의 라스타파리 사원 리버티벨 템플Liberty Bell Temple. 라스타파리들은 에티오피아를 상징하는 빨강, 노랑, 초록의 삼색과 하일레 셀라시에의 군주정을 상징하는 유다의 사자 *The Lion of Judah*를 자신들의 상징으로 즐겨 사용한다.

숭배 대상이 되었다.

1966년 자메이카를 방문한 하일레 셀라시에는 자신들의 메시아를 맞으러 공항에 나온 수많은 인파와 맞닥뜨렸다. 그는 자신을 따르는 신자들의 믿음을 저버리는 언행을 하지 않았고, 에티오피아로의 이주를 원하는 이들에게 자메이카 민중을 먼저 해방하라는 지침도 주었다. 라스타파리는 하일레 셀라시에의 황제 즉위일인 11월 2일과 더불어 그가 자메이카에 도착한 4월 21일을 '땅에 내리신 날*Grounation Day*'이라는 중요한 기념일로 여긴다.

에티오피아와 그 황제의 직접적인 영향이 나타나는 음악은 밥 말리의 여러 갈래로 길게 땋은 드레드록스*dreadlocks*와 함께 세계에 알려진 자메이카 라스타파리의 음악 레게다. 그리고 힙합 음악인들은 가벼운 상업적 음악부터 사회의식을 강하게 드러내는 음악에 이르기까지 다양한 방식으로 자신들의 음악에 레게와 라스타파리의 영향을 표현했다. 중요한 사실은 하일레 셀라시에와 말리가 사망한 이후 태어난 젊은 음악인들도 여전히 이들을 자신의 음악적 영감으로 삼고 있다는 점이다.

아버지가 자메이카 출신인 래퍼 조이 배드애스는 2017년 발표한 "BABYLON"(바빌론)에서 자메이카의 젊은 라스타파리 음악인 크로닉스*Chronixx*의 목소리를 빌어 바빌론을 떠나 하일레 셀라시에가 있는 에티오피아로 떠나고 싶다는 열망을 표현했다. 구약성경에 등장하는 대도시로 유명한 바빌론은 라스타파리 운동에서 백인 억압자의 문명을 의미하는 단어다. 조이와 크로닉스는 2010년대 중반 미국 경찰에 의해 사망한 흑인 프레디 그레이*Freddie Gray*와 에릭 가너*Eric Garner*의 사건을 보고 미국 사회에 느낀 절망을 표현하기 위해 자메이카에서 가져온 저항의 단어들을 동원했다.

Run to the rock of my salvation

내 구원의 바위로 달려가(시편 89:26)

Run to the stone that the builder rejected

건축자가 버린 돌에게 달려가(시편 118:22)

I run to Ababa Janhoy, Christ, Haile Selassie

난 아버지 폐하이자 그리스도인 하일레 셀라시에에게 달려가네

Hear them call some other name

그들이 다른 이들의 이름을 부르는 걸 들었지

Them other guy nuh qualified

그 다른 이들은 자격이 없다네

A long long time mi see ah idiot a try

오랫동안 나는 애쓰는 멍청이들을 보았지

Tell me America is the land of the free, that's a lie

내게 미국이 자유의 땅이라고 말하던 놈들, 그건 거짓말

'Cause nobody, nuh free 'bout yah

너희들 누구도 자유롭지 않거든

Betta we leave Babylon, and go ah Ethiopia

우리가 바빌론을 떠나는 게 좋겠어, 에티오피아로 가는

거지

And if you don't believe we can achieve that

네가 믿지 않아도 우린 이룰 수 있어

Then you is just another idiot or another

그때 넌 그저 또 다른 멍청이 따위나 되겠지

– 크로닉스, 조이 배드애스, "BABYLON", 2017

조금 더 창의적인 방식으로 에티오피아의 유산
을 인용한 래퍼도 있다. 켄드릭 라마는 2015년 발표해
찬사를 받은 "i"에서 엉뚱하게도 악명 높은 '검둥이*niggas*'
라는 단어가 에티오피아의 군주를 의미하는 단어 '네구
스*negus*'와 발음이 비슷하다는 점을 언급했다. 이는 흑인
에게 그 단어를 쓰지 말라는 방송인 오프라 윈프리*Oprah
Winfrey*의 주장에 대한 응답으로, 라마는 윈프리의 문제의
식에는 동의하면서도 수없이 그 단어를 쓰는 래퍼의 입
장을 다소 억지를 쓰며 독특하게 변호했다. 즉 그가 이

곡에서 비하 표현조차 긍정적 의미로 전유할 수 있다고 주장하며 전달하려는 메시지는 흑인들이 자신과 타인을 더욱 존중해야 한다는 것이다.

Well, this is my explanation straight from Ethiopia
이건 에티오피아에서 가져온 내 설명법이야
N-E-G-U-S definition: royalty; king royalty - wait listen
N-E-G-U-S, 정의하자면 왕권, 왕의 위엄, 가만 들어봐
N-E-G-U-S description: black emperor, king, ruler, now let me finish
N-E-G-U-S, 기술하자면 흑인 황제, 왕, 지배자, 그럼 마무리할게
The history books overlook the word and hide it
역사책들은 그 단어를 무시하고 숨기지
America tried to make it to a house divided
미국은 우리가 갈라지는 걸 보려 한 거고
The homies don't recognize we been using it wrong
친구들도 우리가 그 단어를 잘못 써 왔다는 걸 깨닫지 못해
So I'ma break it down and put my game in a song
그러니 내가 나서서 노래에 내 뜻을 담으려는 거야

N-E-G-U-S, say it with me, or say it no more

N-E-G-U-S, 나와 같이 말해봐, 아니라면 더는 말하지
마

Black stars can come and get me

흑인 스타들이 내 말을 들을 수도 있겠지(블랙스타 배들이
와서 날 실어갈 수 있겠지)

**Take it from Oprah Winfrey, tell her she right on
time**

오프라 윈프리의 말을 들어, 그녀가 정확하다고 전해 줘

Kendrick Lamar, by far, realest Negus alive

켄드릭 라마, 단연코 살아 있는 가장 진짜 제왕(검둥이)

– 켄드릭 라마, "i"(Album Version), 2015

한국과 에티오피아는 제2차 세계대전의 추축국
세력으로부터 침략을 받았으며, 냉전 시기에는 미국의
군사적 동맹국이 되었다는 역사적 공통점을 가졌다. 하
일레 셀라시에는 한국전쟁에 군대를 파병했고, 미국은
그 대가로 유엔을 동원해 과거 이탈리아의 식민지였던
에리트레아를 에티오피아에 선물했다. 에리트리아에는
한국전쟁 참전 부대의 이름을 딴 칵뉴*Kagnew* 미군 기지가
설치됐다.

하일레 셀라시에는 1968년 한국을 방문해 박정

희 대통령의 환대를 받았고, 오늘날까지도 많은 한국인이 '자유'를 지켜준 고마운 국가의 지도자로 그를 기억한다. 2020년 코로나19가 창궐하자 한국 정부는 옛 도움을 이유로 에티오피아에 진단키트와 마스크 등 방역 물품을 지원했다.[35] 자메이카의 라스타파리들이 억압자인 영국과 미국의 백인들에게 저항하기 위해 하일레 셀라시에를 숭배한 반면, 한국인들은 하일레 셀라시에가 영국과 미국의 편에 섰다는 이유로 그에게 고마워하는 셈이다.

35 "'한국전 참전국' 에티오피아에 한국산 진단키트 2만8천회분 지원", 연합뉴스 (2020년 5월 13일), https://www.yna.co.kr/view/AKR20200513007500099?input=1195m.

로레인 한스베리 (1930~1965)
젊고 재능있는 흑인이 되는 것

2019년 8월 미국의 래퍼 랩소디*Rapsody*는 세 번째 정규 앨범 <Eve>(이브)를 발표했다. 평론가들의 극찬을 받은 이 여성 래퍼의 작품은 여러모로 흥미롭다. 그는 이 앨범 을 "모든 흑인 여성에게 보내는 러브레터"라고 소개했는 데, 수록곡들은 모두 흑인 여성의 이름을 제목으로 달고 있다. 그가 고른 흑인 여성들은 고대 이집트의 파라오 하 트셉수트*Hatshepsut*와 19세기 미국의 노예제 폐지 운동가 소저너 트루스*Sojourner Truth* 같은 역사적 인물부터 대통령 부인 미셸 오바마*Michelle Obama*와 방송인 오프라 윈프리 같 은 오늘날의 유명인사, 이 앨범에 래퍼로 참여한 퀸 라티 파가 영화 <셋 잇 오프*Set It Off*>에서 연기한 배역인 클레 오*Cleo* 등 시대와 역할을 넘나든다.

또 흥미로운 점은 랩소디가 앨범 곳곳에서 급진

적 흑인운동의 역사를 진지하게 받아들이는 모습이다. 앨범의 마지막 곡 "Afeni"(아페니)는 1960년대 말 블랙팬서당에서 활동한 투사이자 래퍼 투팍의 어머니인 아페니 샤쿠르를 가리킨다. 가사와 뮤직비디오에 나타난 블랙팬서당에 대한 오마주와 전설적인 흑인 여성 투사 앤절라 데이비스*Angela Davis*의 배지도 눈에 띈다. 이런 주제들은 단순하기보다는 단호하고, 선동적이기보다는 진지한 사유를 촉구하는 가사와 합쳐져 깊은 울림을 준다.

앨범에서 랩소디가 한 차례 슬쩍 언급하는 흑인 급진주의자도 그에게 꽤나 영향을 준 것 같다. 흑인 여성 작가로 알려진 로레인 비비안 한스베리*Lorraine Vivian Hansberry*다. 한스베리가 언급되는 곡은 "Ibtihaj"(이브티하즈)로, 이 곡의 제목은 미국인 최초로 히잡을 쓰고 올림픽에 나간 펜싱 선수 이브티하즈 무하마드*Ibtihaj Muhammad*를 가리킨다. 이 곡에서 랩소디는 언뜻 이해하기 어려운 가사를 내뱉었다.

Hands bury the man and they raised the son, Lorraine
손으로 남자를 묻고 그들은 아들을 키웠네, 로레인
That's a play on words
이건 언어유희야

– 랩소디, "Ibtihaj", 2019

랩소디는 여기서 'Hansberry'와 유사한 'hands bury', 한스베리의 대표작품 『태양 속의 건포도*A Raisin in the Sun*』와 유사한 'raised the son'으로 문장을 만든 다음 로레인이라는 이름을 언급해 이 구절이 로레인 한스베리를 가리키는 것임을 분명히 했다. 바로 다음 가사에서 드러나듯 이 구절은 일종의 말장난이었지만, 그렇다고 랩소디가 아무렇게나 말을 늘어놓은 것은 아니었다. 한 인터뷰에서 랩소디는 이 구절을 자신이 가장 좋아하는 가사 중 하나로 꼽으며 의미를 정확히 이해하지 못하는 사람들을 위해 자신의 의도를 설명했다.

> "강인한 흑인 여성으로서 우리 손으로 어떻게 사람을 물리적으로 묻을 수 있는지 이야기하는 겁니다. 트레이번 마틴*Trayvon Martin*의 어머니를 생각해보세요. 그는 자기 아들을 묻어야만 했죠. 그런데 그 손으로 자기 아들을 키웠어요. 나는 그걸 로레인 한스베리와 『태양 속의 건포도』에 연결했어요. 강인한 흑인 여성들과 그들이 흑인 남성들과 맺는 관계에 관한 작품이죠."**36**

트레이번 마틴은 2012년 17세의 나이에 총격으로 사망한 흑인 소년으로, 그를 살해한 범인이 정당방위로 무죄를 선고받아 논란이 됐다. 마틴의 어머니는 이후

'운동에 나선 어머니들Mothers of the Movement'이라는 단체를 결성해 경찰의 폭력행위를 비판하는 사회활동에 나섰다. 한편 희곡 『태양 속의 건포도』는 흑인 여성이 남편을 잃은 후 아들과 함께 앞날을 고민하며 헤쳐나가는 내용이 주된 줄거리인데, 이 또한 랩소디의 가사와 의미가 일치했다. 그리고 무엇보다 작품을 쓴 한스베리라는 인물이야말로 랩소디가 표현하고자 한 불꽃 같은 삶을 산 강인한 흑인 여성이었다. 랩소디의 이 짧은 가사는 분명 여러 배경지식 없이는 이해할 수 없었지만, 가사의 깊은 의미가 흑인 여성들의 강인하고 주체적인 모습을 보여주고자 한 앨범의 주제의식을 관통하면서 비평가들의 찬사를 받았다.

사실 랩소디는 한스베리에 대해 꽤 자세히 알고 있었던 것 같다. 랩소디는 이전 앨범에 실린 곡 "Laila's Wisdom"(레일라 할머니의 지혜)에서 이미 소울 가수 아레사 프랭클린Aretha Franklin이 부른 "Young, Gifted and Black"(젊고 재능있으며 흑인이라네)을 샘플링했었다. 1970

36 Jonathan Bernstein, "A Long Conversation With Rapsody About Writing Raps," *Rolling Stone*, January 3, 2020, https://www.rollingstone.com/music/music-features/a-long-conversation-with-rapsody-about-writing-raps-933144

년대 이후 미국에서 널리 불린 이 곡은 원래 니나 시
몬*Nina Simone*의 곡으로, 그가 친구 한스베리에게 바친
곡이었다. <Eve>에는 랩소디가 니나 시몬에게 바치
는 "Nina"(니나)가 앨범의 첫 곡으로 실려 있기도 하다.
"Oprah"(오프라)의 뮤직비디오에서 랩소디는 배우 필리
샤 라샤드*Phylicia Rashad*의 얼굴이 그려진 배지를 달고 나왔
는데, 러샤드의 대표작품이 바로 한스베리의 『태양 속의
건포도』였다.

　　　그런데 유명한 작품을 남겼지만, 미국에서도 결
코 널리 알려진 인물이라고 할 수 없는 한스베리는 대
체 누구인가? 그를 아는 사람들에게 대부분 한스베리는
『태양 속의 건포도』를 쓴 작가로만 알려졌는데, 사실 그
는 자유와 평등을 위한 투쟁에 앞장섰던 운동가이기도
했다. 시민권 운동가, 흑인 민족주의자, 범아프리카주의
자, 공산주의자, 평화주의자, 페미니스트, 동성애자 권리
옹호자 등 한스베리를 묘사하는 다양한 수식어들은 그
가 짧은 생애를 얼마나 열정적으로 살아왔는지를 잘 보
여준다.

　　　로레인 한스베리는 1930년 시카고의 중산층 가
정에서 태어났다. 부동산 중개업 등으로 재산을 모은 그
의 아버지는 1938년 흑인에게 주택 판매를 제한하던 백
인 거주 지역인 시카고 사우스사이드의 워싱턴파크 구

역으로 가족과 함께 이사했다. 흑인 이웃을 탐탁지 않게 여긴 백인 주민들이 한스베리 가족의 주택 구매가 규칙에 어긋난다며 문제를 제기하자, 로레인의 아버지는 사건을 법정으로 가져갔다. 결국 1940년 대법원은 한스베리 가족의 주거권을 인정하는 판결을 내렸다. "한스베리 대 리*Hansberry v. Lee*" 사건으로 알려진 이 법정 공방은 당대의 중요한 시민권 소송 사건으로 널리 보도됐다. 로레인은 이때의 경험을 훗날 『태양 속의 건포도』의 줄거리에 충실히 반영했다.

NAACP나 전국도시연맹*National Urban League* 같은 시민권 운동 단체를 적극적으로 지지했던 아버지 덕분에 한스베리가에는 재즈 음악가 듀크 엘링턴*Duke Ellington*이나 시인 랭스턴 휴스 같은 흑인 명사들도 드나들었다. 전쟁이 한창이던 1944년 로레인의 오빠는 인종 격리 관습을 유지하는 미군에 자신을 징집하는 것이 위법하다며 국가에 소송을 제기하기도 했다.[37]

이런 환경에서 자라난 한스베리가 사회운동에 빠져든 것은 자연스러운 수순이었다. 1948년 위스콘신

---

[37]   Thomas A. Guglielmo, *Divisions: A New History of Racism and Resistance in America's World War II Military* (Oxford: Oxford University Press, 2021), 249.

대학 매디슨캠퍼스에 입학한 그는 그해 진보당*Progressive Party* 대선 후보 헨리 월리스*Henry Wallace*의 선거운동에 가담하면서 정치적 활동을 시작했다. 월리스는 본래 민주당 소속으로, 1940년대에는 부통령과 상무부 장관을 지낼 정도로 고위급 정치인이었는데, 냉전을 심화시키는 트루먼 행정부의 대외정책에 반대해 민주당을 탈당한 상태였다. 냉전에 반대하고 시민과 노동자의 권리를 강하게 옹호한 월리스는 노학자 W.E.B. 듀보이스와 가수 폴 로브슨을 비롯한 진보적인 흑인들의 지지를 얻고 있었고, 젊은 한스베리는 이 흐름에 기꺼이 동참했다. 월리스 캠프에서는 결코 환영받지 못했지만, 월리스 지지세력의 한 축을 담당했던 미국 공산주의자들에게 한스베리가 공감하기 시작한 것도 이즈음이었고, 그가 사망할 때까지 계속된 FBI의 감시 역시 자연스럽게 뒤따랐다.

한스베리는 1950년 대학을 떠나 뉴욕 할렘으로 향했고, 막 생겨난 좌파적 흑인 신문 <프리덤>에 입사했다. 이 신문은 당시 미국에서 공산주의자로 비난받던 흑인들이 세계의 피억압 민중을 대변하는 입장을 밝힌 진정한 국제주의적 언론이었다. 신문의 발행인은 미국의 한국전쟁 개입에 반대해 출국을 금지당한 혁명적 예술가 폴 로브슨이었고, 곧 반역죄로 미국 정부와 다투게 될 듀보이스와 미국공산당의 흑인 당원들이 신문에 글을 실었다. 한스베리는 신문사에서 잡무 처리부터 기사 작성, 편집자까지 다양한 역할을 담당했고, 미국의 한국전쟁 개입 반대, 흑인 징병 거부자 옹호, 핵무기 반대와 같은 인기 없는 주장들을 펼치며 반제국주의적 언론인으로서의 역량을 키워나갔다.

1952년 3월 한스베리는 출국을 금지당한 로브슨을 대신해 우루과이의 몬테비데오에서 열린 미주평화회의*Inter-American Peace Conference*에 참석했다. 아메리카 대륙 전역의 좌파 인사들이 모인 이 회의에서 라틴아메리카인들과 미국 흑인의 연대를 주장한 한스베리는 곧바로 미국 정부의 눈 밖에 났고, 귀국 후 로브슨과 마찬가지로 여권을 취소당했다. 이듬해에는 소련에 핵무기 정보를 넘긴 혐의로 처형당하게 될 로젠버그*Rosenberg* 부부의 구명운동에 나섰다. 이때까지도 20대 중반에 불과했던 한스베리는 미국에서 곧 사라질 사회주의적이고 국제주의적인 흑인운동이 배출한 마지막 인물이었다.

신문사는 1955년 재정난으로 문을 닫았지만, 한스베리에게는 신문 편집을 능가하는 재능이 있었다. 본격적으로 집필활동에 나선 그는 몇 편의 단편을 발표한 후 대표작 『태양 속의 건포도』를 완성했다. 시카고의 한 흑인 가정에 남겨진 거액의 보험금을 둘러싸고 벌어진 일을 다룬 이 작품에는 많은 흑인이 공감할 만한 다양

Freedom

"Where one is enslaved, all are in chains!"

MAY-JUNE, 1955   Vol. V, No. 5   Price 10c

An Editorial:
Let Us Push On for Full Justice in Schools Fight

Thurgood Marshall has stated that the fight to implement the Supreme Court decision on segregating schools will have top priorities in the program of the NAACP for the next year.

This determination undoubtedly expresses the will of 16 million American Negroes, who have made up their minds that their children must have an adequate, unsegregated education without further delay.

There have been enough delays.

For generations Negro youth in the South attended broken-down, ramshackle and hand-me-down schools.

They have used books cast aside by white children, held classes in garages and church basements, and often never seen the inside of a gymnasium or science laboratory.

That they have been rescued from the depths of hopelessness and inspired to learn and create is largely due to the heroic part played by Negro teachers in the Jim Crow schools.

In open defiance of the Constitution 17 states and the District of Columbia used the common tax monies of all the people to penalize one group of citizens, Negroes, with inferior educational facilities.

The beginning of the end of this rotten system came in 1950 with the cases brought by Negro children against school boards of Clarendon County,

S. C., and Prince Edward County, Va. Then it took four years before the Supreme Court rendered its May 17, 1954 decision, declaring segregation in education unconstitutional.

Now the Court, while reaffirming its view that segregated school must end, has put the initiative back in the hands of the school boards and local politicians who have maintained Jim Crow all along, and has placed upon the Federal District Courts in the South the responsibility for seeing that the decision is carried out.

The courts are to be guided by "practical flexibility" in reviewing local programs for integration.

We know what this can mean. If Southern politicians are allowed to be "practically flexible" in according Negroes their constitutional rights we may be forever getting them, the energetic and vocal support of all who profess a belief in democracy.

Every day that a Negro child is kept out of a public school in deference to "local obstacles" and "practical flexibility" is a day which witnesses the subversion of the Constitution of the United States by officials sworn to uphold it.

That's why the news that NAACP regards carrying out the decision as its number one order of business is good news not only for the abused Negro school children, but for the nation as a whole.

Already more than a hundred petitions have been filed with school boards in Mississippi. In the next months this will be repeated all over the South.

The actions of Southern Negroes to win their constitutional rights NOW must have the energetic and vocal support of all who profess a belief in democracy.

War and Jim Crow Set Back at Bandung

By KUMAR GOSHAL

VOICES OF THE NEW ASIA: Spokesman for two of the great powers of the East exchange greetings in the sitting room of the Bandung airport. Premier Ali Sastroamidjojo was the host of Premier Chou En-lai of the People's Republic of China and leaders of 27 other Asian and African nations.

In the delightful mountain resort of Bandung, Indonesia, 2,000 delegates—including top-level representatives—from 29 African-Asian nations held "an historic" conference during April 18-23; the London Economist timed the scope of the gathering made "all the congresses that Europe has held over the centuries look like a neighborly chat over garden fences."

Participants in the conference were all colored peoples from countries that were—with the exception of Japan—colonies or semi-colonies until recently; and observers came from present-day colonial countries and from the African Naif, Congress and the Indian Congress parties of South Africa. All cheered when congratulatory messages were read from the W. E. B. DuBois, Paul Robeson, the NAACP and other groups and individuals. Since the conference laid great stress on political and economic imperialism and the evils of racialism, it was of supreme

(Continued on Page 4)

Paul Robeson at Swarthmore College . . .
'Everyone Enjoyed Exercize of Free Speech'

By PAUL ROBESON

IT IS GOOD, THESE DAYS, to get out to the college campuses and see the stirring of new life among the students. The Ivy Curtain of conformity, which for a decade has shut them off from the sunlight of independent thinking, is beginning to wilt. The fresh breeze of free expression is beginning to filter into the stale atmosphere of the cold-war classrooms.

This changing scene, noted by various progressive writers and lecturers who have visited the colleges in recent months, is renewing for me the hunch which have always connected me closely with this area of American life.

So it is a real pleasure, nowadays, to receive from student groups a growing number of invitations to appear at various universities—Northwestern, Kansas, Wisconsin, Chicago, UCLA, and others. Some of these requests are for concerts, such as was held here at New

York's City College a few months ago, in support of my right to function as an artist; and others are for lectures sponsored by campus supporters of academic freedom.

Last month at Swarthmore College it was my privilege to appear both as artist and citizen, and this is always most gratifying because for me these roles are one and inseparable. Swarthmore, to which I had been invited by the Forum for Free Speech, has an enrollment of 900, but an overflow audience of 1,000 attended. Students came from other schools in that part of Pennsylvania—from Lincoln, including some of the African students there, and from Bryn

Mawr, and others.

It was a moving experience, warm with memories of my youth in nearby Princeton, and the days when I had come to play baseball against Swarthmore with the Rutgers teams. Memories of my father who was a Lincoln graduate and of my brother Bill who studied there and took me around the school. Memories, too, of my mother, for Swarthmore is a Quaker college and she was one of the Bustill family with a Quaker tradition going back to colonial days.

The first part of the program consisted of songs and a scene from Othello, and there were piano solos by Alan Booth, the distinguished artist who accompanied me.

The musical phase of the evening was in celebration of the 50th anniversary of my concert career as a singer, but it also served as the text for my talk which followed; and with song I illustrated the root idea of my stand as a citizen for equal rights, for human

(Continued on Page 2)

Won't You Be Our Doorbell Ringer?

IF YOU ARE ONE of the several hundred FREEDOM readers who responded to our appeals for help—we tender our thanks. If you are one of the several thousand readers who has not as yet joined the FREEDOM family—we invite you to make haste.

The quicker you join the FREEDOM family, the quicker you get FREEDOM every month. Here's why.

In order to insure FREEDOM's publication on a REGULAR basis we drew up a plan calling for an appeal to our readers to wipe out the huge printing debt we had accumulated.

The response was good. We didn't pay off the full debt to the printer with the money we received, but we did pay a chunk of it, enough to enable us to keep going.

Then we found that our hand-to-mouth basis of operations increased. Instead of working on stories for the current issue, we found ourselves knocking on more doors than we care to count, meeting people from whom we tried to raise contributions to pay current printing bills. We weren't able to quit this fund-raising operation until we had enough money to satisfy the printer.

As a result we have had to combine our May and June issues and will have to do the same for July-August. As they say on the railroads, that's a heck of a way to run a monthly.

The point of this story is that you—and only you—can help put us on schedule. We ask you to take over part of the job of knocking on doors that has fallen on us. We ask you to see your friends, sell them subscriptions, collect their dollars, from and tens and let us get on with our work of getting more and better stories for FREEDOM.

We direct our appeal especially to the several thousand FREEDOM readers who have yet to renew their expired subs to drop their money into an envelope and mail the envelope to FREEDOM, 129 West 125th St., New York 37.

And, please, everyone make haste with all you can raise!

1955년의 핸스베리.
출처: Wikimedia Commons

1959년 초연된 <태양 속의 건포도>의 한 장면. 월터*Walter* 역의 시드니 프와티에(오른쪽에서 두 번째)가 흑인 가정의 이사를 막으려는 백인 대표와 이야기하는 이 장면은 한스베리 자신의 경험을 바탕으로 한다.
출처: Wikimedia Commons

한 상황과 인물상이 드러나 있었다. 랭스턴 휴스의 유명한 시 "할렘"에서 제목을 따온 이 연극은 1959년 흑인 여성의 작품으로는 처음으로 브로드웨이 극장에서 공연됐다. 대다수 배우가 흑인이라는 점도 당시 이례적인 일이었다.

『태양 속의 건포도』는 흥행과 비평 양측에서 성공을 거두며 한스베리를 유명작가의 반열에 올렸다. 노동계급 흑인 가정의 문제와 미래에 대한 의지를 보여주려던 원작자의 의도와 달리 흑인 가정의 계층 이동 욕구를 보여준 체제순응적 작품으로 받아들여진 것도 작품의 성공에 한몫했다. 하지만 엇갈린 해석에도 불구하고 이 작품이 깊은 사회적 의미를 담은 완성도 높은 작품이라는 사실만은 분명했다. 이후 영화와 뮤지컬 등으로 수차례 각색됐고, 1960년대 시민권 운동가로도 유명한 배우 시드니 프와티에*Sidney Poitier*부터 1990년대 중반 이후 힙합계의 거물 제작자로 활동해온 숀 콤스*Sean Combs*까지 유명인사들이 이 작품을 거쳤다.

작품의 성공 이후 한스베리는 계속 집필을 이어나갔고, 여성운동과 동성애자 권리 운동에도 참여했다. 이는 남편과 별거 상태로 지내며 사석에서 자신이 동성애자라고 고백하기도 한 그의 개인사와도 관계가 있다. 또한 그는 학생비폭력조정위원회(SNCC, Student

Nonviolent Coordinating Committee)와 같은 시민권 운동 단체를 적극적으로 후원했고, 이전처럼 급진적인 운동에도 거리낌 없이 가담했다.

여전히 급진적인 한스베리의 성향은 1961년 초 콩고민주공화국의 초대 총리 파트리스 루뭄바*Patrice Lumumba*의 처형에 대한 항의 사건에서 잘 드러났다. 루뭄바는 1960년 독립하자마자 분열 위기에 처한 콩고의 안정을 위해 미국을 방문해 도움을 청했지만 거절당했다. 미국 정부는 그가 위험한 사회주의자이며 루뭄바 정권의 안정이 신생국들이 막 생겨나던 아프리카 정세에 악영향을 준다고 판단했다. 미국에 외면당한 루뭄바는 소련에 도움을 청했으나 상황이 악화하는 걸 막을 수 없었고, 쿠데타로 자택 연금 상태에 놓인 후 처형당했다.

루뭄바의 사망 소식이 알려지자 작가 마야 안젤루를 비롯한 할렘의 흑인들은 뉴욕의 유엔 건물 앞에서 미국 정부의 책임을 추궁하며 항의에 나섰고, 유엔 회의장에 난입해 예정된 행사를 중단시키기도 했다. 이들은 루뭄바가 소련과 가까워지자 벨기에와 미국의 식민주의 세력이 쿠데타와 루뭄바 살해를 계획했다며 항의했다. 루뭄바 살해의 전모는 한참 뒤에야 드러나게 되지만, 시위대의 주장은 사실이었다.

그러나 아프리카계 미국인의 권익을 위해 애써

온 저명한 흑인 지도자들의 생각은 달랐다. NAACP를 이끈 시민권 운동가 로이 윌킨스*Roy Wilkins*와 노벨평화상 수상자이자 유엔 사무차장으로 콩고 사태에 개입했던 랠프 번치*Ralph Bunche*는 시위대를 비난하며 사과를 요구했다. 이들은 미국 정부를 비난하며 아프리카인들에게 감정이입 하는 흑인 시위대를 도무지 이해할 수 없었다. 하지만 미국 흑인의 운명을 아프리카인의 운명과 함께 본 한스베리의 생각은 달랐다. 그는 번치에게 무슨 권리로 시위대를 비난하느냐며 응수한 뒤 번치의 발언에 대해 루뭄바의 유가족과 콩고 민중에게 대신 사과했다.[38]

아프리카계 미국인의 운동이 미국 내 시민권 문제에 몰두하던 1960년대 초, 한스베리는 미국이 해외에서 벌이는 제국주의적 행태를 비판한 몇 안 되는 인물이었다. 쿠바혁명을 지지했던 그는 1962년 10월 쿠바 미사일 위기가 발생하자 즉시 미국의 쿠바 봉쇄에 반대하며 미국의 위선을 비판했다.

"저는 우리 정부가 잘못하고 있다고 생각합니다. 정부가

---

38   Imani Perry, *Looking for Lorraine: The Radiant and Radical Life of Lorraine Hansberry* (Boston: Beacon Press, 2018), 154.

우리 군함을 카리브해에서 돌리는 것을 볼 수 있으면 좋겠습니다. 제 생각을 말씀드리자면, 쿠바 민중은 운명을 스스로 선택해왔습니다. 미국을 공화국으로 만들려던 이들은 18세기의 왕당파들에게 허락을 구하지 않았습니다. 그 후손들의 나라가 20세기에 다른 주권국 민중의 선택에 간섭한다는 사실을 믿을 수 없네요."**39**

한스베리의 거침없는 주장은 미국의 고위 정치인 앞에서도 변함이 없었다. 1963년 5월 24일 그는 여러 흑인 지도자들과 함께 현직 대통령 존 케네디*John F. Kennedy*의 동생이자 법무부 장관인 로버트 케네디*Robert F. Kennedy*를 만났다. 시민권 운동이 격화되면서 각종 충돌과 폭력 사태가 발생하자 대책을 세우기 위해 로버트 케네디와 흑인 작가 제임스 볼드윈이 주선한 대담 자리였다. 대담은 화기애애한 분위기로 흘러가지 않았다. 특히 시민권 운동가 제롬 스미스*Jerome Smith*가 미국이 쿠바나 베트남과 전쟁할 것으로 보이는 상황에서 절대로 미국을 위해 싸우지 않겠다고 발언하자 로버트 케네디는 경악했다. 이때 한스베리는 로버트 케네디에게 "이 방에 정말로 위

39　　　　　*Ibid.*, 157–158.

대한 업적을 남긴 사람들이 여럿 있지만, 장관님 당신이 이야기를 들어야 할 사람은 저 사람 한 명뿐입니다"라며 스미스를 거들었다.

> "보세요. 당신이 이 청년의 말을 이해하지 못한다면, 우리는 아무 희망도 갖지 못할 겁니다. 당신과 당신 형은 백인의 미국에서 나올 수 있는 최선의 대표들이니까요. 만약 당신이 여기서 아무것도 느끼지 못한다면, 우리가 거리로 나가는 것과 무질서 상태를 보는 것 말고는 대안이 없겠죠."*40*

또 한스베리는 백인이 흑인에게 저지르는 폭력을 언급하며 거리의 흑인들에게 총을 주면 그들이 백인을 죽이기 시작할지도 모른다고 덧붙였다. 한스베리가 불을 지른 이 모임은 로버트 케네디가 격노한 상태로 끝났고, 시간 낭비였던 것 같았으나 꼭 그렇지만은 않았다. 로버트 케네디는 곧 자신의 형을 만나 시민권 문제에 관해 입장을 밝히도록 조언했다. 6월 11일 존 케네디 대통

---

40 Arthur Schlesinger, *Robert Kennedy and His Times* (New York: Houghton Mifflin Harcourt, 1978), 332–333.

령은 연설에서 미국의 인종관계 개선에 필요한 입법을 제안했고, 이 제안은 전면적인 인종차별 금지를 주된 내용으로 하는 역사적인 1964년의 민권법Civil Rights Act으로 현실화됐다.

한스베리는 집필활동을 이어나가며 식민주의와 아프리카 혁명을 다룬 『레 블랑Les Blancs』이나 아이티 독립혁명의 지도자 투생 루베르튀르에 관한 작품을 썼지만, 불행히도 그에게 주어진 시간은 많지 않았다. 그는 1965년 췌장암으로 34세의 생을 마감했다. 한스베리의 장례식에서는 친구 니나 시몬이 노래를 부르고 폴 로브슨이 조사를 읽었으며, 얼마 후 암살당할 맬컴 엑스도 참석했다.

1970년에는 시몬이 한스베리에게 헌정한 곡 "Young, Gifted and Black"이 발표됐고, 곧 시민권 운동을 대표하는 노래가 되었다. 힙합에서도 랩소디뿐 아니라 라 디가Rah Digga, 루페 피아스코, 갱스타Gang Starr, 미시 엘리엇Missy Elliott, 커먼 등 수많은 음악인이 이 곡을 샘플링하거나 가사를 인용했다. 시몬 밴드의 일원으로 이 곡의 가사를 쓴 웰던 어바인Weldon Irvine은 큐팁Q-Tip이나 야신 베이 같은 힙합 음악인들의 성장에 도움을 주었고, 야신 베이의 그룹 블랙스타 등 몇몇 힙합 앨범에도 연주자로 참여했다. 오늘날까지 명곡으로 기억되는 이 곡의 제목은 원래 한스베리가 흑인 작가들을 격려한 말에서 나왔다.

"젊고 재능있는 사람이 되는 건 흥분되고 환호할 일이겠
지요. 하지만 젊고 재능있는 흑인이 된다는 건 그보다 두
배는 역동적인 일입니다. 여러분을 기다리고 있는 일을
보세요."**41**

41   Robert Nemiroff, ed., *To Be Young, Gifted, And Black:
Lorraine Hansberry in Her Own Words (New York:
Vintage Books, 1995), 256-257.

해리 벨라폰테(1927~)
예술가는 진실을 지키는 문지기다

힙합 역사상 가장 성공한 래퍼 중 한 명인 제이지는 2012년 누군가 자신을 비판했다는 소식을 접했다. 말로 공격을 주고받는 일은 래퍼들에게 흔히 있는 일이었지만, 그의 이번 상대는 좀 특이했다. 그 상대는 미국의 가수이자 배우인 해리 벨라폰테였다. 당시 85세였던 이 노가수는 한 인터뷰에서 영향력이 큰 유명 예술가들이 사회적 책임을 외면하고 있다고 비판하면서 제이지와 비욘세*Beyoncé* 부부를 대표 사례로 꼽았다. 벨라폰테는 오히려 백인 록 가수 브루스 스프링스틴*Bruce Springsteen*이 소수자를 잘 대표한다는 점에서는 흑인이라고 덧붙이기도 했다.**42** 제이지는 이에 "내 존재 자체가 자선 행위야"라는 말을 남기며 인터뷰와 자신의 곡 "Nickels and Dimes"(니켈과 다임)를 통해 반감을 드러냈다. 다행히 이들의 대립은 크게 번

지지 않았고, 몇 년 후 대화로 갈등이 해소됐다. 벨라폰테는 2020년 자신의 94세 생일 행사에서 제이지에게 '진실의 문지기 상*the Gatekeeper of Truth Award*'을 수여하면서 흑인 스타의 사회적 책무를 다시 강조하기도 했다.**43**

벨라폰테의 비판은 얼핏 보기에는 나이 든 세대의 힙합에 대한 무지와 편견을 드러낸 것 같았다. 인기 있는 랩 음악의 가사가 지나치게 폭력적이고 저속하며, 랩 스타들은 한탕을 부추기고 돈을 펑펑 쓰는 경향이 있어 어린이가 보고 배울 것이 없다는 시각은 미국의 중산층 백인 사회뿐 아니라 흑인 사회 내에서도 늘 제기되는 것이었다. 사실 제이지는 래퍼가 되기 전 마약을 판매하기도 했고, 거리의 거친 삶을 담은 음악으로 성공하고 나서는 자신의 재산과 영향력을 과시하는 가사를 써온 전형적인 랩 스타였다. 물론 제이지도 벨라폰테의 기준에

---

42   "Jay-Z, Tiffany Haddish to Join Harry Belafonte Birthday Livestream," *Rolling Stone*, February 23, 2020, https://www.rollingstone.com/music/music-news/common-chuck-d-belafonte-birthday-livestream-1128571.

43   "Harry Belafonte on Capitalism, Media Moguls and His Disappointment With Jay-Z and Beyonce (Q&A)", *Hollywood Reporter*, August 7, 2012, https://www.hollywoodreporter.com/news/harry-belafonte-locarno-mitt-romney-359192.

는 미치지 못할지언정 나름대로 이런저런 자선활동을 해왔다.

하지만 벨라폰테는 힙합에 전혀 무지한 사람이 아니었다. 그는 오히려 힙합의 문화적 의미와 가치를 높이 평가하는 인물이었고, 제이지 개인이나 힙합이라는 장르에 반감을 드러낸 것도 아니었다. 다만 그는 예술가의 사회적 역할에 대해 제이지보다 더 엄격한 태도를 지녔고, 힙합이 탄생하기 오래전부터 미국에 존재해왔던 사회참여적 예술가들의 전통을 평생 고수한 인물이었다.

본명이 해럴드 조지 벨란판티 주니어*Harold George Bellanfanti Jr.*인 해리 벨라폰테는 1927년 뉴욕 할렘의 자메이카계 가정에서 태어났다. 아프리카인과 스코틀랜드인, 네덜란드 유대인 등 다양한 출신의 조상을 둔 자메이카계 미국인인 그는 자메이카에서 어린 시절을 보냈고, 뉴욕에서 고등학교를 졸업했다. 그의 외모나 성장 환경은 뉴욕의 다른 아프리카계 미국인 청년들과 다소 달랐지만, 미국 정부는 제2차 세계대전 시기 해군에 입대한 그를 흑인 부대에 배치함으로써 그가 흑인임을 공인해 줬다.

해군 복무를 마친 벨라폰테는 1940년대 후반부터 본격적으로 가수와 배우 활동을 시작했다. 뉴욕의 클럽에서 열린 그의 가수 데뷔 무대에서는 당대 최고의 재즈 연주자들이 모인 찰리 파커*Charlie Parker* 밴드가 반주를 맡았다. 처음에 벨라폰테는 흔한 스타일의 팝 가수로 활동했으나 점차 각 지역의 민속음악에 관심을 갖게 됐고, 1956년 카리브해 지역 음악을 담은 앨범 <Calypso>(칼립소)로 대단한 성공을 거뒀다. 이 작품은 100만 장 이상 판매된 최초의 LP 앨범으로, 빌보드 팝 앨범 차트에서 31주 동안이나 1위를 차지했다. 특히 "The Banana Boat Song"(바나나 보트 송)이라는 부제가 있는 자메이카 부두 노동자들의 민요 "Day-O"(데이오)가 큰 인기를 얻으며 그의 대표곡으로 자리매김했다. 이 앨범에 실린 "I Do Adore Her"(나는 그녀를 사모합니다)는 한국에서도 서수남과 하청일이 불러 유명해진 "동물농장"과 서유석의 "사모하는 마음"으로 번안되어 널리 알려졌다.

이후 벨라폰테는 노래와 연기 분야에서 승승장구했고, 동시에 운동가로서의 명성도 쌓기 시작했다. 그는 자신과 마찬가지로 스타 배우였던 친구 시드니 프와티에와 함께 1960년대 미국 사회를 뜨겁게 달구던 시민권 운동에 적극적으로 참여했다. 이들은 운동의 중요한 대변자이자 후원자였고, 마틴 루서 킹 목사의 친구이기도 했다. 킹의 "나에게는 꿈이 있습니다" 연설로 유명해진 역사적인 시민권 운동 집회인 1963년 워싱턴 행진 *March on Washington*에서 벨라폰테는 그저 얼굴만 비춘 게 아

뮤지컬 <존 머리 앤더슨의 얼머낵*John Murray Anderson's Almanac*>(1953)에서 주연을 맡은 벨라폰테.
출처: Wikimedia Commons

1963년 워싱턴 행진에 참석한 세 배우. 왼쪽부터 시드니 프와티에, 해리 벨라폰테, 찰턴 헤스턴*Charlton Heston*.
출처: Wikimedia Commons

니라 킹과 함께 의견을 교환하고 유명인사를 섭외하는 등 행사 기획에 직접 참여했다.

벨라폰테는 미국 바깥에서 일어나는 일에도 관심을 기울였다. 아파르트헤이트 체제에 비판적이라는 이유로 1960년 남아프리카 공화국 정부에 의해 여권이 말소되고 시민권을 박탈당한 가수 미리암 마케바*Miriam Makeba*의 활동을 지원한 것이 대표적 사례다. 벨라폰테의 도움으로 마케바는 미국에서 가수로 크게 성공하며 자신의 음악과 정치활동을 세계에 알렸다. 특히 1965년 두 사람이 함께 발표한 <An Evening with Belafonte/Makeba>(벨라폰테-마케바와 함께하는 밤)는 미국의 대표적인 음악 시상식인 그래미상에서 최우수 포크 레코드 상을 받았다.

1980년대 들어 벨라폰테는 기아에 시달리던 아프리카를 위해 기금 마련 프로젝트를 추진했다. 그가 주도한 계획은 당대 최고의 팝 스타들이 참여한 "We Are the World"(우리는 하나의 세계)라는 노래를 탄생시키며 대성공을 거뒀다. 이후 그는 오랫동안 유엔아동기금*UNICEF*의 친선대사로 활동하며 세계 각지의 인권문제에 목소리를 냈다.

그는 90세가 넘은 나이에도 여전히 미디어에 모습을 드러내고 있다. 2018년에는 스파이크 리*Spike Lee* 감독의 영화 <블랙클랜스맨*BlacKkKlansman*>에 출연해 시민권 운동가 역할을 소화하기도 했다. 또 진보 정치가 버니 샌더스*Bernie Sanders*의 대선 도전을 지지하거나 미식축구 선수 콜린 캐퍼닉*Colin Kaepernick*의 인종주의 반대활동에 동참하는 등 예전과 같은 사회적 활동도 지속하고 있다.

그런데 벨라폰테는 모든 이에게 사랑받을 만한 온화한 예술가는 아니었다. 그의 사상과 행동은 그가 가까이 지낸 민주당의 진보적 정치인 로버트 케네디나 킹 목사보다 급진적이었다. 이러한 정치적 성향은 그가 평생 자신의 롤모델로 삼았던 폴 로브슨에게 영향받은 것으로, 벨라폰테는 자서전에서 "내 모든 생애가 그를 향한 오마주"라고 밝힐 정도로 그를 존경했다.**44** 가수이자 배우로서 세계적인 명성을 떨친 로브슨은 냉전이 도래한 시기에도 미국의 인종주의를 비판하고 소련을 지지하는 발언을 하는 데 거리낌이 없었고, 그 결과 1950년대 내내 공산당과의 연계를 추궁당하며 출국이 금지된 채 고립됐다.

벨라폰테는 이 시기 로브슨의 곁에서 오랜 싸움

---

44   Harry Belafonte, *My Song: A Memoir of Art, Race, and Defiance* (New York: Vintage Books, 2011), 364.

에 동참한 몇 안 되는 사람에 속했다. 자연스럽게 벨라폰테는 로브슨과 마찬가지로 공산주의에 동조하는 예술가로 간주됐고, 연예인 블랙리스트에 올라 활동에 제약을 받았다. 하지만 다행히도 미국의 반공주의가 여러 사람의 일자리를 빼앗아간 1950년대 전반기에 그는 아직 젊었고 잃을 것이 그리 많지 않았다. 반공주의 기세가 다소 누그러진 1950년대 후반에는 가수와 배우로 엄청난 성공을 거뒀기 때문에 정치적 이유로 커리어가 완전히 끊기는 불행을 겪지는 않았다.

반공주의의 검열뿐 아니라 미국 영화계의 인종주의도 벨라폰테의 커리어에 영향을 주었다. 대표적으로 그는 조지 거슈윈*George Gershwin*의 오페라를 원작으로 한 오토 프레민저*Otto Preminger* 감독의 1959년 뮤지컬 영화 <포기와 베스*Porgy and Bess*>의 주인공 캐스팅을 거절했다. 작품이 흑인에 대한 부정적 편견을 담고 있다는 이유였다.

벨라폰테는 이 작품 외에도 유색인인 자신에게 들어오는 배역에 만족하지 못했다. 예를 들어, 흑인 남성 배우가 백인 여성 배우에게 성적 매력을 어필하거나 사랑에 빠지는 내용은 빠지거나 다듬어졌고, 흑인 남성 배우에겐 늘 로맨스라곤 찾아볼 수 없는 역할만 주어지는 식이었다. 영화계의 인종적인 금기와 관습에 지친 벨라

1965년 몽고메리 행진 당시의 벨라폰테(오른쪽)와 마틴 루서 킹.
출처: Wikimedia Commons

폰테는 1960년대 내내 연기 대신 음악활동에 집중했다.

벨라폰테는 자신의 평판에 개의치 않고 미국의 제국주의적 모습을 일관되게 비판한 인물이다. 그는 한평생 미국의 거의 모든 대외정책에 반대했고, 반미 성향의 사회주의 국가들을 방문하거나 혁명적 정부들을 지지하는 데도 거리낌이 없었다. 미국의 쿠바 제재에 반대하는 목소리를 내온 그는 1974년 이후 수차례 쿠바를 방문해 쿠바의 지도자 피델 카스트로*Fidel Castro*와 가까운 관계를 유지했다. 카스트로는 벨라폰테의 노래를 좋아했고, 벨라폰테는 카스트로의 혁명을 좋아했다.

2006년 1월 벨라폰테는 베네수엘라를 방문해 사회주의를 표방한 우고 차베스*Hugo Chávez* 정부의 혁명을 수많은 미국인이 지지한다고 발언했고, 이라크전쟁에 열성이던 조지 부시 대통령을 "세계에서 제일가는 테러리스트"라고 비난해 논란을 불러일으켰다.[45] 그는 쿠바나 베네수엘라 정부에 문제가 있음을 모르지 않았지만, 혁명 정부들이 살아남아 바른 방향으로 나아가야 한다

45　　"Harry Belafonte on Bush, Iraq, Hurricane Katrina and Having His Conversations with Martin Luther King Wiretapped by the FBI", *Democracy Now*, January 30, 2006, https://www.democracynow.org/2006/1/30/harry_belafonte_on_bush_iraq_hurricane.

1992년 쿠바 아바나에서 피델 카스트로(왼쪽)를 만난 벨라폰테.
출처: Studios Revolution

고 판단해 비판을 삼갔다.

벨라폰테는 1970년대 뉴욕 흑인 거주 지역 파티에서 탄생한 힙합의 문화적 가치를 빠르게 알아본 사람이었다. 그는 1984년 문화로서의 힙합을 다룬 초기 영화 중 하나인 <할렘가의 아이들*Beat Street*>제작에 프로듀서로 참여했다. 폭력과 마약 대신 브레이크댄스*breaking*와 그래피티*graffiti*에 열중하는 뉴욕 청년들을 그려낸 이 작품은 미국뿐 아니라 세계 각지에서 흥행하며 힙합이 가진 긍정적 힘을 알렸다. 이 작품은 한국에서도 1992년 KBS 2TV의 '토요명화'로 방영됐고, <핫 댄싱>이라는 제목의 비디오테이프로도 유통되며 힙합 초기의 모습을 한국에 소개했다.

디제이 쿨 허크, 아프리카 밤바타*Afrika Bambaataa*, 멜리 멜*Melle Mel* 같은 초기 힙합의 주요 인물들이 직접 출연하기도 한 이 영화는 당연히 이후의 래퍼들에게 영향을 주었다. 노토리어스 비아이지나 에이지*AZ* 같은 뉴욕 출신 래퍼들은 이 영화를 가사에서 언급하며 애정을 드러냈다. 같은 뉴욕 출신으로 물론 이 영화를 보고 자랐을 래퍼 나스는 비슷한 문제의식에서 영화를 제작하기도 했다. 2015년 그가 제작한 힙합 다큐멘터리 <쉐이크 더 더스트*Shake the Dust*>는 가난과 범죄가 판치는 환경에서 브레이크댄스에 빠져드는 세계 각지의 청소년을 다뤘는

데, 영화를 제작하며 나스는 분명 자신이 어릴 때 본 영화를 떠올렸을 것이다.

심지어 벨라폰테는 직접 랩을 하려고 한 적도 있었다. 2003년 미국이 이라크를 침공하자 그는 독일을 방문해 방송에서 미국 정부를 비판하고 이라크에 파병하지 않기로 한 독일 정부의 결정을 추켜세우며 반전활동에 나섰다. 이때 그는 아프리카계 독일인 음악인들의 그룹인 브라더스 키퍼스*Brothers Keepers*를 만나 의기투합했다. 브라더스 키퍼스는 네오나치와 같은 독일의 인종주의에 반대하는 힙합, 레게, 소울 음악인들의 프로젝트로, 벨라폰테는 이들과 함께 작업하면서 70대의 나이에 래퍼로 데뷔하고자 했다. 그의 야심 찬 계획은 목 상태가 나빠져 수술을 받게 되면서 실현되지 않았지만, 이후에도 그는 계속해서 브라더스 키퍼스의 활동을 지원했다.[46]

2013년 벨라폰테는 한발 더 나아가 예술가의 사회적 참여를 이끌어내기 위한 단체를 설립했다. 생코파*SANKOFA*라는 이름의 이 단체는 "예술가는 진실을 지키는 문지기다"라는 폴 로브슨의 말을 인용하면서 많은 예술가의 참여를 이끌어냈다. 생코파에서 벨라폰테는 자신

---

46 Belafonte, *My Song*, 417–418.

의 딸과 함께 다큐멘터리 제작, 공연 기획, 지역 예술활동 지원 등 여러 활동을 진행했고, 미국의 사법제도, 인종차별, 불평등 문제 등에 대한 여러 캠페인을 추진하기도 했다. 힙합의 창시자로 꼽히는 디제이 쿨 허크를 비롯해 큐팁, 모니 러브*Monie Love*, 데드 프레즈, 매클모어, 타이 달라 사인*Ty Dolla Sign*, 자시리 엑스*Jasiri X* 등 여러 세대의 유명 힙합 음악인들도 운동에 동참했다. 자신들의 음악과 사회적 활동을 나누어 생각하는 법이 없는 래퍼들인 퍼블릭 에너미의 척 디와 커먼 역시 벨라폰테의 운동에 참여했는데, 이들은 이전부터 음악과 사회적 활동을 통해 자신들을 닮은 선배 예술가에게 수차례 존경심을 표시한 바 있다. 특히 커먼은 2022년 트라이베카 영화제*Tribeca Film Festival*에서 '해리 벨라폰테 사회 정의를 위한 목소리 상*Harry Belafonte Voices for Social Justice Award*'을 받았다.

이처럼 고집스러운 원로 예술가의 태도는 놀랍게도 2020년에 활동하는 예술가들의 행보에까지 영향을 주었다. 2020년 3월 3일 퍼블릭 에너미는 오랫동안 활동해온 그룹 멤버 플레이버 플래브*Flavor Flav*의 해고를 발표했다. 직접적인 계기는 플래브가 이틀 전 LA에서 열린 민주당 대선 경선 후보로 나선 버니 샌더스의 지지 공연에 불참하겠다는 의사를 밝혔기 때문이었다. 다만 그룹의 공식 성명서에 따르면, 플래브의 해고 이유는 멤버들과의 정치적 견해차가 아니라 플래브가 수차례 자선 공연과 녹음에 불참하고 파티를 즐기는 등 오랫동안 대단히 불성실한 태도를 보였기 때문이었다.[47]

그런데 플래브의 실제 해고 이유는 벨라폰테와도 관련이 있었다. 성명서에서 멤버들은 플래브가 2016년 벨라폰테가 주최한 자선공연에 불참한 사건을 언급했다. 리더 척 디는 트위터를 통해 이 사건을 자세히 설명하며 불쾌한 심경을 드러냈다. 그의 설명에 따르면, 퍼블릭 에너미를 높게 평가한 해리 벨라폰테는 2013년 노구를 이끌고 퍼블릭 에너미의 로큰롤 명예의 전당 Rock&Roll Hall of Fame 추대를 축하하러 온 적이 있었다. 그런데 이후 플래브는 벨라폰테의 생코파 후원 공연에 참여하는 대신 비키니 쇼 심사를 보러 갔다는 것이다.[48] 다행히 얼마 지나지 않아 갈등이 봉합됐고, 플래브가 다시 합류한 퍼블릭 에너미는 대통령 도널드 트럼프 Donald Trump 의 재선에 반대하는 곡을 발표하면서 이전과 같은 활동을 재개했다.

---

47   Facebook account of Public Enemy, https://www.facebook.com/publicenemy/posts/3123175464373829

48   Twitter account of Chuck D, https://twitter.com/MrChuckD/status/1234369917236891648

1999년 쿠바를 방문한 벨라폰테는 우연히 언더그라운드 흑인 래퍼들의 공연을 관람했다. 다음날 그는 쿠바의 지도자 피델 카스트로를 만나 인종주의 없는 사회로 자부하는 쿠바에서 흑인 래퍼들이 활동하는 데 어려움을 겪고 있다고 전했다. 힙합에 대해 전혀 아는 것이 없던 카스트로에게 벨라폰테는 힙합이 인종주의와 불의에 저항해왔으며, 세계적으로 영향력을 발휘하고 있는 예술이라고 설명했다.

이듬해 다시 쿠바를 방문한 벨라폰테는 그에게 꽃을 건네며 감사의 마음을 전하는 래퍼들을 만났다. 벨라폰테가 카스트로와 힙합에 관한 대화를 나눈 뒤 랩이 "쿠바 문화의 참된 표현 양식"으로 인정됐다는 것이다. 래퍼들은 또한 카스트로가 힙합 음악이 혁명적 메시지를 담고 있고 "혁명의 전위" 역할을 수행한다고 보아 지원을 지시했으며, 래퍼들이 무대와 녹음실을 이용할 수 있게 됐다는 이야기도 전했다.**49**

벨라폰테가 쿠바의 힙합 음악인들이 자유롭게 활동하는 데 도움을 줬다면 물론 좋은 일일 것이다. 그런데 힙합이 쿠바를 더 나은 사회로 만드는 데 기여하려면

---

49   Belafonte, *My Song*, 360-362.

쿠바의 랩은 어떤 메시지를 담아야 하는가? 물론 그 답은 카스트로나 쿠바 정부가 아니라 쿠바 래퍼들이 스스로 정해야 할 것이다.

파트리스 루뭄바 (1925~1961)

그저 진실을 위해 싸우려 했고 동포들에게 죽임당한 사람

To Patrice Lumumba

이 노래를 파트리스 루뭄바에게

Just trying to fight for what's real and destroyed by his own people

그저 진실을 위해 싸우려 했고 동포들에게 죽임당한 사람

– 나스, "My Country"(나의 나라), 2001

래퍼 나스가 2001년 발표한 앨범 <Stillmatic>(스틸매틱)에는 "My Country"라는 곡이 실려 있다. 이 곡은 미국에서 태어나고 자란 자신과 흑인들을 바로 그 '나의 나라'인 미국이 없애 버리려 한다는 내용이다. 즉 미국 정부는 매일 생명의 위험을 느끼는 아프리카계 미국인들을 방치해 서로 죽이게 하고 감옥에 가두면서 그들이

스스로 사라지기를 부추긴다는 것이다. 나스는 미국의 이런 계획에 맞서 싸우겠다는 각오를 밝히며, 이 곡을 특별히 네 명의 역사적 인물에게 헌정했다. 그 주인공들은 쿠바혁명을 이끈 체 게바라*Che Guevara*, 미국 흑인운동의 두 거두인 맬컴 엑스와 마틴 루서 킹, 그리고 콩고민주공화국의 초대 총리 파트리스 루뭄바였다.

앞의 세 사람이 다른 래퍼들의 가사에서도 자주 언급되는 반면, 루뭄바는 상대적으로 덜 알려진 인물이다. 루뭄바의 활동 기간이 넷 중 가장 짧았고, 복잡한 아프리카의 정치사가 미국에서 대중적으로 널리 알려지지 않았다는 점이 이유일 것이다. 하지만 네 사람 모두 열정적인 삶을 살다 마흔이 되기 전 살해당한 지도자들이었고, 서로 깊은 영향을 주고받은 동시대의 투사들이었다. 나스 역시 아메리카의 투사들뿐 아니라 이 아프리카 지도자에게 깊은 영향을 받은 것 같다. 한 인터뷰에서 그는 힙합계에서 투팍을 제외하고는 누구도 루뭄바나 복서 무하마드 알리가 가졌던 전사의 정신을 갖고 있지 않다며 아쉬워한 바 있다.**50**

루뭄바는 나스가 곡을 바친 네 사람 중에서 가장 먼저 쓰러진 사람이다. 파트리스 에머리 루뭄바*Patrice Émery Lumumba*는 1925년 벨기에령 콩고의 카타코콤베에서 태어났다. 가톨릭 집안에서 자라난 그는 가톨릭과 개신

교 계열 학교를 졸업하고, 젊은 시절 공무원과 노동운동
가로 활동한 식민지 출신 엘리트였다. 스탠리빌 지역에
서 승승장구하던 루뭄바의 이력은 1956년 그가 우체국
의 돈을 횡령한 혐의로 투옥되면서 변화를 맞는다. 1년
뒤 풀려난 그는 수도인 레오폴드빌로 이주해 맥주 양조
장의 영업사원으로 일하며 정치활동을 위한 준비를 시
작한다.

1950년대 후반 아프리카 전역에 탈식민화 기운
이 고조되면서 콩고에서도 독립의 움직임이 시작됐다.
심상치 않은 분위기를 감지한 벨기에 식민 당국은 우선
한발 양보해 1958년 현지인의 정당활동을 용인했다. 이
분위기를 타고 1958년 10월부터 루뭄바도 콩고민족운
동*Mouvement National Congolais*을 이끌고 본격적으로 독립운동
에 뛰어들었다. 초기에 가톨릭 색채가 강한 온건한 운동
을 지향했던 콩고민족운동은 다른 정치세력들과 구별
되는 점이 있었다. 콩고민족운동과 루뭄바는 독립 콩고
가 단일한 공화국이 되어야 한다고 주장했는데, 이는 지

---

50   Sean Couch, "Nas on God, Tupac and the warrior
spirit", *NWI Times*, January 7, 2005, https://www.
nwitimes.com/entertainment/nas-on-god-tupac-
and-the-warrior-spirit/article_8aff7a95-1df9-5dcf-
a0bf-9ffb6b6a297c.html.

역과 종족 기반을 바탕으로 연방제를 주장하던 다른 지도자들과 확연히 다른 점이었다. 콩고 전역의 단합을 촉구하는 콩고민족운동의 정치적 비전은 단일하고 강력한 독립운동을 필요로 하던 콩고의 상황에 들어맞았다. 게다가 루뭄바는 콩고의 소수 종족인 테탈라*Tetala* 출신이었기에 콩고 전역에서 지지자를 얻을 필요가 있었다.

그러나 단일한 공화국 수립 주장만으로 루뭄바가 전국적인 지도자로 성장한 것은 아니다. 식민주의자들에게 의존하지 말고 아프리카인의 자주적인 정부와 경제 체제를 건설해야 한다는 콩고민족운동의 주장은 카리스마가 있는 루뭄바의 연설로 전달되며 많은 지지자를 모았다. 게다가 급변하는 아프리카 전역의 정치 상황은 그를 이전보다 한발 더 나아가게 만들었다. 그는 1958년 12월 신생국 가나의 수도 아크라에서 열린 전아프리카인민회의*All-African Peoples' Conference*에 참석했다. 콩고민족운동이 빠르게 성장하면서 루뭄바가 콩고를 대표하는 정치 지도자의 자격으로 아프리카 국가들의 독립과 연합을 논의하기 위한 자리에 초대된 것이다. 이곳에서 만난 가나의 지도자 콰메 은크루마의 급진적인 범아프리카주의는 루뭄바에게 깊은 인상을 주었고, 콩고로 돌아온 루뭄바는 한층 더 나아간 반식민주의 활동에 매진하다가 1959년 10월 말 체포당한다. 그러나 콩고에서 식

1960년 콩고민족운동의 대표 자격으로 브뤼셀 독립 협상 회의에 참석한 루뭄바.
출처: Wikimedia Commons

민주의가 수명을 다한 것은 명백했고, 이제 투옥은 루뭄바를 독립투쟁의 영웅으로 만들 뿐이었다. 얼마 지나지 않아 식민 당국은 루뭄바를 석방했다.

　　드디어 콩고의 독립이 찾아왔다. 1960년 1월 루뭄바는 콩고의 장래를 결정하기 위해 벨기에 브뤼셀에서 열린 회의에 참석했고, 그 자리에서 그해 6월 30일이 독립일로 정해졌다. 독립을 앞둔 5월 콩고민족운동은 총선에서 승리해 제1당을 차지했고, 루뭄바는 다음 달 34세의 나이로 신생 공화국의 총리에 취임했다. 콩고 최대 종족인 콩고인으로 보수적인 명망가 조제프 카사부부 *Joseph Kasa-Vubu*를 끌어들여 대통령에 앉힌 연립정부였다. 독립 선언식에 참석한 벨기에 국왕 앞에서 식민주의의 폐해를 당당하게 비판하는 루뭄바의 연설은 아프리카인의 민주적 정부 탄생을 축하하기에 부족함이 없었다.

> "우리는 우리 어깨에 지워진 치욕스러운 노예제도를 끝낸 눈물과 불과 피의 싸움을 자랑스럽게 생각합니다. 이는 지난 80년 식민 체제의 운명이었습니다. 우리의 고통과 상처는 너무 생생해서 기억에서 몰아내기 어렵습니다. 우리는 강제 노동을 경험했습니다. 그 대가로 받은 돈으로 우리는 굶주림을 떨칠 수 있을 만큼 먹지도, 입지도, 제대로 된 집에 살지도, 아이들을 소중하게 보살피

지도 못했습니다. 우리는 매일 아침, 점심, 저녁 그저 '검둥이'라는 이유로 참고 견뎌야 했던 모순과 모욕, 구타를 알고 있습니다. 흑인에게 누군가 '너*tu*'라고 부르는 것이 친구여서가 아니라 좀 더 존중을 담은 '당신*vous*'이라는 말이 백인에게 쓰여야 하기 때문이라는 걸 누가 잊을 수 있겠습니까?"**51**

그러나 독립국 콩고는 탄생하자마자 곧 난관에 부딪혔다. 우선 행정을 포함해 사회 주요 분야의 고위층을 장악했던 벨기에인들이 떠나면서 정상적인 국가 운영이 불가능해졌다. 더욱이 콩고 출신 장교가 한 명도 없었던 군대는 독립 6일째인 7월 5일 반란을 일으켰다. 결정적으로 7월 11일 남부의 부유한 카탕가 지역이 벨기에 용병과 서구 세력의 지원을 받는 지도자 모이스 촘베*Moïse Tshombe*를 앞세워 분리 독립을 선언했다.

정부의 힘만으로 분열에 대처하기는 역부족이었던 루뭄바는 유엔에 도움을 청했다. 곧 아프리카계 미국인인 유엔 사무차장 랠프 번치가 콩고에 특사로 파견

---

51   Emmanuel Gerard and Bruce Kuklick, *Death in the Congo: Murdering Patrice Lumumba* (2015), 이인숙 옮김, 『누가 루뭄바를 죽였는가』(삼천리, 2018), 53–54.

되어 다국적군인 유엔 평화유지군 활동을 총지휘했다. 그러나 유엔은 자신들의 역할을 이름처럼 평화 유지에 한정했고, 루뭄바의 카탕가 재통합 요구에 도움을 줄 생각은 없었다. 뒤이어 루뭄바는 7월 말 미국으로 날아가 미국 정부에 지원을 요청했으나 거절당했다. 미국 정부는 루뭄바의 정치 성향을 의심하고 있었고, 자신은 공산주의자가 아닌 아프리카 민족주의자일 뿐이라는 루뭄바의 항변을 믿지 않았다.

미국에 거절당한 루뭄바는 이제 소련에 지원을 요청했다. 소련은 루뭄바에게 호의적이었지만, 콩고의 분열을 막는 데 필요한 물질적 지원이 이루어지진 않았다. 하지만 소련의 작은 호의는 미국이 루뭄바를 위험한 인물로 판단하기에 충분했다. 루뭄바와 함께 권력의 다른 한 축이었던 대통령 카사부부 또한 소련을 끌어들이려는 루뭄바를 실각시켜야 한다는 결론에 도달했다. 카사부부는 9월 5일 루뭄바와 주요 각료들을 해임했다.

그러나 최종 승자는 카사부부가 아니었다. 9월 14일 미국 CIA의 후원을 받는 국방장관 조제프 모부투 _Joseph Mobutu_ 가 쿠데타를 일으켰다. 실각한 상태에서 기회를 엿보던 루뭄바는 가택에 연금됐고, 탈출을 시도했으나 체포되어 카탕가 분리주의자들의 손에 넘겨진 후 1961년 1월 17일 고문 끝에 살해됐다.

콩고 공화국 총리 시기의 루뭄바. 출처: Wikimedia Commons

1960년 7월 24일 미국에 지원을 요청하기 위해 뉴욕에 도착한 루뭄바.
출처: Wikimedia Commons

그러나 콩고에는 루뭄바 지지세력이 남아 있었고, 이들의 무장 저항이 시작됐다. 로랑데지레 카빌라 *Laurent-Désiré Kabila*가 이끄는 루뭄바 지지세력을 도와 콩고 혁명을 이루기 위해 쿠바에서 체 게바라가 건너오기도 했다. 그러나 루뭄바가 사망한 지 4년 후인 1965년 11월 게바라는 실패를 맛보고 콩고를 떠났고, 곧 모부투의 군대가 콩고 전역을 점령했다. 루뭄바, 카사부부, 촘베를 모두 제압하고 최종적으로 권력을 장악한 모부투는 콩고 공화국의 국명을 자이르*Zaire*로 바꿨다. 반공주의를 표방한 모부투의 자이르는 1965년부터 약 32년 동안 지속됐다. 모부투는 1997년 내전으로 카빌라군에 의해 쫓겨났고, 자이르를 대신해 오늘날의 콩고민주공화국 정부가 수립됐다.

여러 국가와 인물이 얽힌 루뭄바 살해의 진상이 드러나기까지는 많은 시간이 걸렸다. 살해 직후 진행된 유엔의 조사는 제대로 이뤄지지 않았고, 미국 CIA의 루뭄바 암살 계획은 워터게이트*Watergate* 사건으로 리처드 닉슨*Richard Nixon* 대통령에 대한 조사가 진행된 1975년에야 증거를 드러냈다. 콩고에서는 모부투 정권 말기인 1990년대에 루뭄바 살해에 대한 진상조사가 시작됐다. 벨기에에서는 2000년부터 조사가 진행되어 벨기에 정부가 루뭄바 살해에 연루되어 있다는 증거들이 밝혀졌

1965년 루뭄바 지지세력을 돕기 위해 콩고에 들어온 체 게바라가 어린이를 안고 있다.
출처: Wikimedia Commons

고, 2002년 벨기에 정부가 이에 대해 콩고 국민에게 공식 사과했다.

하지만 누가 루뭄바를 죽였는지를 이해하기 위해 꼭 공식적인 조사와 증거가 필요한 것은 아니었다. 외세에 맞서 단결을 주장하며 독립을 이끈 젊은 아프리카의 지도자가 식민주의 세력과 냉전, 내부 분열에 휩싸여 쓰러졌다는 사실은 누가 보기에도 명백했다. 곧바로 루뭄바는 반식민주의와 혁명의 순교자로 추앙되어 1960년대의 역동적인 움직임 곳곳에 이름을 남겼다. 소련에는 그의 이름을 딴 파트리스 루뭄바 인민친선대학이 생겼고, 아프리카에는 그의 이름이 붙은 여러 급진적 단체가 생겨났다. 미국에서도 1960년대 LA의 공산당 흑인 청년 조직인 체-루뭄바 클럽Che-Lumumba Club이 만들어졌다. 이 단체의 구성원 중에는 곧 세계적인 흑인 여성 혁명가로 알려지게 될 앤절라 데이비스도 있었다.

미국의 흑인들은 루뭄바의 소식에 대단히 민감하게 반응했다. 맬컴 엑스는 루뭄바가 가택연금 상태에 있던 1960년 10월, 미국 흑인들은 미국의 콩고 간섭을 용납하지 않을 것이라고 경고했다. 불과 몇 달 전인 7월에 맬컴은 뉴욕을 방문한 루뭄바를 만났고, 아프리카가 단결해 독자적으로 근대화를 이뤄야 한다는 루뭄바의 구상에 크게 감명을 받았다. 맬컴은 루뭄바를 "아프리카 대륙을 걸었던 가장 위대한 사람"으로 평하며 이후 자신의 넷째 딸에게 루뭄바라는 이름을 붙이기도 했다.**52** 루뭄바의 처형 소식은 몇 주 지나 미국에도 알려졌고, 1961년 2월 뉴욕 할렘의 흑인들은 루뭄바의 죽음에 항의하며 유엔 회의장에 난입해 미국 대사의 총회 연설을 방해했다. 아프리카계 미국인 고위인사들은 자국의 정책에 항의하는 이 시위를 비난했지만, 시위를 주도한 작가 마야 안젤루를 비롯한 흑인들은 아프리카의 비극을 자신들의 일로 받아들이고 있었다.

   루뭄바의 이름은 프랑스어를 쓰는 래퍼들의 가사에 자주 등장하지만, 미국의 래퍼들 역시 그를 놓치지 않았다. 데이비드 배너*David Banner*는 사록의 곡 "The Who"(누구)에 참여해 여러 나라의 정보기관이 루뭄바를 제거하기 위해 꾸민 음모와 루뭄바의 마지막 순간을 자세히 묘사했다. 이 곡의 뮤직비디오에서 그는 교사로 등장해 범아프리카주의자이자 민중의 편에 선 루뭄바의

---

52   Malcolm X, "Malcolm X's Speech at the Founding Rally of the Organization of Afro-American Unity," *Blackpast*, https://www.blackpast.org/african-american-history/speeches-african-american-history/1964-malcolm-x-s-speech-founding-rally-organization-afro-american-unity.

루뭄바의 종손녀이자 래퍼 새머스
출처: Benjamin Torrey

이름을 기억해야 한다고 가르친다. 흑인 민족주의와 아프리카중심주의를 음악의 주요 테마로 삼은 엑스클랜*X-Clan*이나 어레스티드 디벨롭먼트*Arrested Development*의 곡에서도 루뭄바의 이름이 자연스럽게 등장한다. 루뭄바의 종손녀로, 본명이 에농고 루뭄바카송고*Enongo Lumumba-Kasongo*인 새머스*Sammus*도 미국의 언더그라운드 래퍼로 활동하고 있다.

자신들의 음악활동을 세계적 투쟁의 일환으로 여기는 급진적인 래퍼들이 루뭄바에게서 영감을 받은 것은 우연이 아니다. 미국의 많은 래퍼가 경찰이나 갱단의 총격으로 사망한 사람들을 기리듯, 이들은 억압받는 사람들의 해방을 주장하다 쓰러진 인물들을 소환했다. 데드 프레즈의 멤버 엠원*M-1*은 프로젝트 그룹 AP2P*All Power to the People*의 이름으로 2011년 발표한 "Real Revolutionaries"(진정한 혁명가들)에서 "오바마는 나의 대통령이 아니야, 흑인 얼굴을 한 백인 권력일 뿐이지"라고 말할 정도로 아프리카인으로의 정체성을 강조하는 래퍼다. 이 곡에서 그는 남아프리카 공화국의 운동가 스티브 비코*Steve Biko*, 부르키나파소의 대통령 토마 상카라 등과 더불어 루뭄바를 영웅으로 불러냈다. 세 명 모두 아프리카에서 흑인의 해방을 주장했고, 30대의 젊은 나이에 상대 권력에 의해 희생당한 지도자였다.

2002년 킨샤사에 세워진 루뭄바 동상.
북한의 국영 동상 제작 업체 만수대창작사가 제작했다.
출처: Wikimedia Commons

페루계 미국인 래퍼 임모탈 테크닉은 엄청난 랩 실력뿐 아니라 한결같이 제국주의를 비판하고 세계 각지의 혁명운동을 옹호하는 가사로 유명하다. 그는 2011년 발표한 "The Martyr"(순교자)에서 권력에 눈이 먼 자국인들이 루뭄바와 블랙팬서당의 지도자 휴이 뉴턴, 칠레의 사회주의자 대통령 살바도르 아옌데*Salvador Allende* 등을 살해했다고 언급하면서 이들을 자유를 위해 싸운 순교자들로 추앙했다. 아프리카계 영국인 래퍼로 한국에서 공연하기도 한 아칼라는 2013년 발표한 "Malcolm Said It"(맬컴이 말했지)에서 19세기 초 아이티 독립 혁명을 이끌었으나 곧 쓰러진 지도자들인 투생 루베르튀르와 장 자크 데살린*Jean-Jacques Dessalines*에 더해 루뭄바의 이름을 거론했다. "목숨을 바칠 무언가를 찾지 못했다면, 그건 결코 사는 게 아니야"라는 것이 아칼라가 이들을 통해 전하고자 한 메시지였다.

1974년 10월 30일 레오폴드빌에서 킨샤사*Kinshasa*로 이름을 바꾼 자이르의 수도에서는 복싱 역사상 최대의 이벤트가 열렸다. 이날 열린 시합에서 도전자 무하마드 알리는 조지 포먼*George Foreman*을 쓰러뜨리고 징병 거부로 박탈당한 헤비급 챔피언 벨트를 되찾아오며 자신의 건재함을 세계에 알렸다. 이벤트에 든 막대한 비용은 19세기 말 콩고를 지배한 벨기에의 왕 레오폴 2세*Léopold II*

만큼이나 가혹하게 자이르 민중을 착취한 모부투 정권의 금고에서 나왔다. 그러나 이벤트를 통해 외국 투자를 유치하고 국가 이미지를 개선하려는 모부투 정권의 의도는 성공하지 못했다. 이후 23년 동안 모부투 정권에서 자이르 경제는 계속해서 나락으로 떨어졌고, 경제 파탄은 21세기까지 지속될 여러 내전으로 이어졌다.

자신의 명성이 상업적으로 이용되는 것을 허용하긴 했지만, 알리도 이런 배경을 모르는 건 아니었다. 그는 시합을 앞둔 인터뷰에서 자신이 돈이나 명예가 아닌 미래 없는 흑인을 위해 싸운다면서 사망한 맬컴 엑스를 떠올리며 "루뭄바가 날 만나러 올 수 있다면 얼마나 좋을까"라고 덧붙였다.[53] 이 시합과 인터뷰는 레온 개스트*Leon Gast* 감독이 1996년 발표한 다큐멘터리 <우리가 왕이었을 때*When We Were Kings*>를 통해 기록됐다. 영화 사운드트랙에 참여한 힙합 그룹 푸지스*Fugees*의 "Rumble In The Jungle"(정글의 난투) 뮤직비디오에는 시합 당시의 화려한 영상이 펼쳐지는 가운데 억압받는 민중의 모습이 잠깐씩 스쳐 지나가고, 체포당한 루뭄바의 마지막 순간

---

53   Mike Marqusee, *Redemption Song: Muhammad Ali and the Spirit of the Sixties* (1999), 차익종 옮김, 『알리, 아메리카를 쏘다』(당대, 2003), 360.

168

이 단 한 차례 짧게 등장한다. 이 장면의 의미를 알아본다면 음악의 감동을 더 깊이 느낄 수 있을 것이다.

이슬람민족

미국 흑인 무슬림 래퍼들의 복잡한 사정

"무슬림이 됐다고? 이제 약은 못 하겠구나." 래퍼 투팍이 교도소에서 종교를 가졌다는 친구의 말에 대답하는 가사다. 범죄 계획을 세우는 대신 모스크에 드나드는 친구를 보며 그는 자기가 알던 친구를 잃어버린 느낌을 받았다. 투팍 최고의 작품 중 하나인 이 곡의 제목은 "I Ain't Mad at Cha"(난 네게 화나지 않았어)로, 그가 성범죄로 징역을 살고 출소한 당일 녹음한 곡이다. 그런데 여기서 주목할 점은 그가 언급한 종교가 이슬람민족일 가능성이 높다는 것이다. 미국에 전통적인 수니파 이슬람 신자가 없는 건 아니지만, 이 곡이 나온 1990년대 중반 대도시 흑인에게 이슬람민족만큼 친숙하지는 않았다. 또한 교도소의 젊은 흑인 남성을 신자로 만드는 것은 이슬람민족의 오래된 포교 방식이기도 했다.

이슬람민족은 전통적인 이슬람교에서 갈라져 나온 분파가 아니라, 1930년 미국 디트로이트에서 월리스 퍼라드 무하마드*Wallace Fard Muhammad*가 창시한 흑인의 정치적 종교 운동이다. 퍼라드는 이슬람민족과 관련한 활동을 했다는 사실을 빼고는 생몰년이나 이름, 출신지, 주요 이력 등 확실한 것이 아무것도 없는 기묘한 인물로, 특히 그가 흑인으로서의 정체성이나 아프리카 출신 조상을 가졌는지도 전혀 알 수 없다.

그럼에도 그가 만든 종교가 동시대 미국 흑인들의 운동이나 정서와 무관하게 탄생한 것은 아니었다. 특히 두 가지의 새로운 정치와 종교 운동이 이슬람민족의 탄생에 직접적인 영향을 주었다. 하나는 1920년대 이후 대도시 흑인들에게 익숙했던 흑인 민족주의를 표방한 마커스 가비의 운동이었고, 다른 하나는 예언자로 자처한 노블 드루 알리*Noble Drew Ali*가 이끈 미국 최초의 흑인 이슬람 운동 아메리카무어과학사원*Moorish Science Temple of America*이었다.

극도로 이단적인 이슬람이었던 아메리카무어과학사원의 일원으로서 퍼라드는 이슬람에 뉴에이지, 프리메이슨, 우생학, 과학소설 등의 내용을 더해 이슬람민족의 교리를 정립했다. 퍼라드는 교단 내에서 구세주이자 재림한 알라로, 퍼라드가 자취를 감춘 1934년부터 교

이슬람민족을 창시한 월리스 퍼라드 무하마드.
출처: Wikimedia Commons

단을 이끌게 된 일라이자 무하마드*Elijah Muhammad*는 알라가 지명한 사도로 떠받들어졌다. 이들의 종교는 전통적인 수니파 이슬람교보다는 모르몬교나 여호와의 증인 같은 미국의 종말론적 종교 집단에 더 가까웠다.

그러나 이슬람민족의 포교 대상인 미국 흑인들에게 자신들의 종교가 진짜 이슬람인지 아닌지는 중요하지 않았다. 이슬람민족은 최초의 인간이 '아시아'라고 불린 옛 지구에 살던 흑인이었고, 흑인 과학자들이 인종 개량 실험을 통해 태생적으로 사악한 백인을 창조했다고 보았다. 그리고 곧 억압받는 흑인들을 원래대로 세상의 지배자로 되돌려 놓을 때가 다가오고 있다고 가르쳤다. 물론 이런 교리를 과학적으로 증명하기는 대단히 어려웠다. 하지만 흑인이 열등하다는 인종주의적 과학의 주장을 듣기에 지친 20세기 중반 미국의 흑인들에게 인종적 자부심을 심어주기에는 충분했다.

이슬람민족과 비슷한 시기에 생겨난 다른 흑인 종교의 강조점도 비슷했다. 뉴욕 할렘의 흑인 유대교 집단 계명수호자*Commandment Keepers*나 뉴올리언스의 흑인 민족주의 교회 국제자유교회재결집연맹*International Reassemble of the Church of Freedom League*은 흑인이 진짜 유대인으로서 선택받았다고 가르쳤고, 에티오피아 황제를 신으로 본 자메이카의 라스타파리 운동 역시 흑인이 선택받은 인종

이슬람민족의 2대 지도자 일라이자 무하마드.
출처: Commons Library of Congress

이라고 가르쳤다. 반면 전통적인 기독교나 이슬람교를 통해서는 기껏해야 흑백 평등 같은 주장밖에 하지 못할 것이었다.

이슬람민족 구성원들도 자신들의 교리가 세계의 다른 이슬람과 다르다는 점을 알았다. 1975년 일라이자 무하마드가 사망한 후 교단을 이어받은 그의 아들 워리스 딘 모하메드*Warith Deen Mohammed*는 반백인 교리와 기이한 관습을 폐지하고, 교단을 수니파에 가까운 정통 이슬람으로 재편하고자 했으나 실패했다. 미국의 흑인들이 교단에 매력을 느낀 지점은 차별적 현실에 대항할 용기를 주는 흑인 민족주의였지, 모든 인류의 평등 같은 고매한 교리가 아니었던 것이다. 워리스의 개혁 시도에 맞서 전통적 교리로의 복원을 주장한 루이스 패러칸*Louis Farrakhan*이 1980년대를 거치며 최종적으로 교단을 장악한 것은 자연스러운 결과였다.

흑인으로서의 인종적 자부심을 가진 이슬람민족은 단호하게 미국 사회에 대항했다. 1941년 12월 7일 일본군의 하와이 진주만 폭격을 계기로 미국과 일본이 전쟁에 돌입하자 일본인들과 친했던 이슬람민족은 FBI의 주요 감시 대상이 되었다. 이슬람민족은 흑인의 편인 일본인들과 싸우기 위해 미군에 입대해선 안 된다고 가르쳤고, 결국 1942년 징병 거부 선동 혐의로 일라이자

1964년 연설하는 일라이자 무하마드를 바라보는 복서 무하마드 알리(가운뎃줄 검은 양복).
출처: Wikimedia Commons

무하마드를 포함한 고위인사들이 체포당해 수년 동안 옥살이를 했다.

교도소에서 이슬람민족 신자들은 다른 흑인들에게 교단의 지식을 가르치는 데 열중했고, 마약 판매꾼이자 강도였던 맬컴 엑스와 같은 젊은 수감자들을 이전과는 다른 삶으로 이끌었다. 1952년 출소한 맬컴 엑스는 거침없는 웅변으로 미국의 위선을 공격하며 대중을 사로잡았고, 교단이 감당할 수 없는 영향력을 갖게 된 결과 축출된 후 살해당했다. 복싱 챔피언에 오른 뒤 이슬람민족의 일원임을 당당히 선언한 무하마드 알리가 1966년 베트남전쟁에 반대하며 징병을 거부하고 재판을 받은 사건은 미국을 넘어 세계적으로 화제가 되었다.

많은 미국 힙합 음악인들이 무슬림으로 알려졌지만, 실상은 다소 복잡하다. 이들이 영향을 받은 이슬람의 교파가 서로 다르고, 신실한 무슬림도 있지만 무슬림이라고 단정하기 어려운 경우가 더 많으며, 그저 음악에서 이슬람의 영향력을 드러내는 음악인들도 많기 때문이다. 모두가 인정하는 랩 실력을 갖춘 제이 일렉트로니카*Jay Electronica*는 음악보다 종교활동을 더 열심히 하는 것처럼 보이는 신실한 이슬람민족 신자다. 루페 피아스코, 큐팁, 알리 샤히드 무하마드*Ali Shaheed Muhammad* 등은 전통적인 이슬람인 수니파 신자다. 이외에 우탱 클랜, 빅 대디 케인*Big Daddy Kane*, 브랜드 누비언*Brand Nubian*처럼 5퍼센트민족*Five-Percent Nations*에 영향받은 이들도 흔히 무슬림으로 분류되지만, 대개는 다소 불확실하다.

힙합 발전에 어마어마한 영향을 준 5퍼센트민족은 이슬람민족에서 갈라져 나온 경쟁 조직으로, 한국전쟁 참전자이기도 한 클레런스 서틴엑스*Clarence 13X*가 1964년 뉴욕 할렘에서 설립했다. 이들은 이슬람 용어를 차용하지만 결코 이슬람교가 아니며, 조직 스스로는 종교도 아니라고 주장한다.

뉴욕 출신 래퍼들은 위치상의 이유로 친숙해서인지 특히 5퍼센트민족의 용어들을 자주 언급한다. 대표적으로 힙합 역사상 가장 위대한 래퍼로 평가되는 라킴*Rakim*은 스스로를 '갓 엠시*The God MC*'나 '라킴 알라*Rakim Allah*'라는 별명으로 표현한다. 이는 흑인 남성을 신으로, 흑인 여성을 대지로 표현하는 5퍼센트민족의 가르침을 드러내는 별명이지만, 유일신교인 이슬람교에서는 용납될 수 없는 표현이기도 하다. 우탱 클랜의 가사에서도 비슷하게 수없이 많은 5퍼센트민족의 영향을 확인할 수 있다. 이들은 자신들이 억압자에게 맞서 민중에게 진리를 가르치는 인류의 5%인 현자이자 진정한 무슬림이라고 주장한다. "아프리카중심적인 아시아인" 같은 나스의 이해하기 어려운 가사에서는 중학교를 중퇴하고 5퍼센트민족에서 교육받은 그의 이력을 엿볼 수 있다. 5퍼센트 민족은 이슬람민족과 마찬가지로 흑인을 최초의 인류인 아시아인이라고 가르친다.

And then you got the five percent

그리고 5퍼센트의 사람들이 있지

Who are the poor righteous teachers

빈자의 정의로운 스승들

Who do not believe in the teachings of the ten percent

10퍼센트의 가르침을 믿지 않는 사람들

Who is all wise and know who the true and living god is

모두 현명해 누가 참되고 살아 있는 신인지 안다네

And teach that the true and living god is a supreme being black man from Asia

참되고 살아 있는 신은 아시아에서 온 우월한 존재인 흑인이라고 가르치지

Otherwise known as civilized people

다르게는 문명화된 사람들이라고도 불리지

Also Muslims, and Muslim's sons

무슬림이라고도, 무슬림의 아들이라고도 해

– 파파 우*Papa Wu*, 우탱 클랜, "Wu-Revolution"(우 혁명), 1997

Nas is like the Afrocentric Asian

나스는 아프리카중심적인 아시아인과 같지

– 나스, "It Ain't Hard to Tell"(그건 말하기 어렵지 않아), 1994

하지만 엄밀한 종교적 구분보다 중요한 것은 힙합 문화에 언제나 이슬람민족의 영향이 깊이 녹아들어 있다는 사실이다. 맬컴 엑스를 비롯한 이슬람민족의 주요 인사들은 흑인들을 깨우친 위대한 지도자로 가사에 즐겨 인용된다. 늘 공동체에 대한 기여를 강조하는 래퍼 커먼은 "A Bigger Picture Called Free"(자유라는 큰 그림)에서 그저 놀기 좋아하던 자신이 맬컴 엑스와 일라이자 무하마드, 노블 드루 알리를 알고 나서 자유라는 큰 그림을 볼 수 있었다고 언급했다.

뉴욕의 베테랑 래퍼 버스타 라임즈*Busta Rhymes*가 2020년 10월 발표한 앨범 <Extinction Level Event 2: The Wrath of God>(절멸 수준의 사건 2: 신의 노여움)에도 곳곳에서 이슬람민족의 영향이 드러난다. 이 앨범에는 이슬람민족의 창시자 퍼라드를 수많은 흑인에게 방향을 제시한 선지자로 추앙하는 곡인 "Master Fard Muhammad"(퍼라드 무하마드 선생님)가 실려 있다. 앨범 제목과 동명의 곡에는 아예 현재 이슬람민족의 지도자인 루이스 패러칸이 직접 등장해 트럼프 시대 미국의 죄

2022년 현재 이슬람민족의 지도자인 루이스 패러칸.
출처: Wikimedia Commons

악을 지적하며 신의 뜻에 따라 저항할 것을 촉구한다.

　　　　이슬람민족의 단호한 흑인 민족주의는 특히 1980년대 후반 등장한 정치적 힙합의 발전에 크게 기여했다. 1988년에 나온 퍼블릭 에너미의 두 번째 앨범 <It Takes a Nation of Millions to Hold Us Back>(우리를 막아 세우려면 수백만 명의 나라가 필요할 걸)은 패러칸의 주장에 직접적인 영감을 받은 작품이었다. 미국에서만 백만 장 이상 팔린 이 앨범을 통해 퍼블릭 에너미는 반세기 전에 만들어진 종교적 교리들이 젊은 흑인들의 급진적인 저항을 표현하는 데 여전히 유효함을 완벽하게 증명했다. 앨범의 마지막 곡 "Party for Your Right to Fight"(너의 싸울 권리를 위한 정당)에서 래퍼 척 디와 플레이버 플래브는 단호하고도 강력한 목소리로 1960년대의 급진적 단체인 블랙팬서당을 다시 불러내는 동시에 일라이자 무하마드를 언급하며 이슬람민족의 메시지를 드러냈다. 그것은 흑인이 최초의 인류인 아시아인이며, 악마인 백인이 진실을 숨기고 있다는 전통적인 메시지였다.

> Party for your right to fight!
> 너의 싸울 권리를 위한 정당!
> To those that disagree
> 동의하지 않는 자들에게

It causes static for the original Black Asiatic man

그건 최초의 검은 아시아인들을 가만히 있도록 만드는 일이지

Cream of the earth and was here first

그들은 지구의 정수이자 가장 먼저 존재한 사람들

And some devils prevent this from being known

그리고 몇몇 악마는 이 사실이 알려지는 걸 막았어

But you check out the books they own

하지만 그들이 가진 책을 확인해 봐

Even Masons they know it

프리메이슨들조차 그 사실을 알았지

But refuse to show it, yo

드러내 보이길 거부했던 것뿐

But it's proven and fact

하지만 그건 증명된 사실

And it takes a nation of millions to hold us back

우리를 막아 세우려면 수백만 명의 나라가 필요할 걸

– 퍼블릭 에너미, "Party for Your Right to Fight", 1988

퍼블릭 에너미는 다소 이질적일 수도 있는 블랙 팬서당의 급진적 정치 강령과 이슬람민족의 종교적 교리를 흑인운동이라는 관점에서 자신들의 음악 안에서

통합하는 데 성공했다. 그리고 퍼블릭 에너미의 음악은 이후 등장한 모든 힙합 음악인에게 영향을 주었다. 갱스터 랩으로 사회에 충격을 준 N.W.A의 작사가 아이스 큐브도 그중 하나다. 수익 배분에 대한 불만으로 그룹을 탈퇴한 큐브는 퍼블릭 에너미를 찾아갔고, 그들은 큐브의 앨범에 필요한 곡을 써줬을 뿐 아니라 자신들이 심취해 있던 이슬람민족의 가르침도 소개했다. 큐브는 새로운 사상을 빠르게 흡수했고, 곧이어 힙합 역사상 가장 많은 논란을 불러일으킨 앨범들인 <AmeriKKKa's Most Wanted>(KKK 미국의 지명수배자)와 <Death Certificate>(사망 진단서)를 발매했다.

사실 큐브가 이슬람민족에게서 배운 것은 절제를 강조하는 신앙이 아니라 흑인으로서 미국 백인 사회를 보는 시각이었다. 그 시각은 큐브를 폭발하기 직전의 혼란스러운 흑인 청년에서 혼자서 모든 적을 상대하는 확신에 찬 성인 남성으로 성장시켰다. 큐브는 "Enemy"(적)에서 자신을 일라이자 무하마드를 알기에 두려움이 없는 전사라고 소개하며 이슬람민족, 흑인 갱스터와 함께 적들에 맞서겠다고 선언한다. 이슬람민족 외에 퍼블릭 에너미에게 블랙팬서당의 정치가 필요했다면, 큐브에게는 블러즈*Bloods*와 크립스*Crips* 같은 흑인 갱단의 힘이 필요했다. 이는 퍼블릭 에너미의 정치적 힙합과 큐브의 갱스터 랩의 차이를 잘 드러냈다.

Master Fard Muhammad comin like a comet

퍼라드 무하마드 선생님께서 혜성처럼 다가오네

When the enemy see'em, they all start to vomit

적들이 그걸 본다면 모두 토하기 시작하겠지

1995, Elijah is alive

1995년 일라이자는 살아 계시네

Louis Farrakhan, NOI

루이스 패러칸과 이슬람민족

Bloods and Crips and little ol' me

블러즈와 크립스 갱스터, 미약하지만 나도 있고

And we all gettin ready for the enemy

우리는 모두 적을 상대할 준비가 되어 있지

– 아이스 큐브, "Enemy", 1993

퍼블릭 에너미와 아이스 큐브는 힙합 역사상 가장 중요한 작품들을 남겼을 뿐 아니라, 맬컴 엑스가 그랬던 것처럼 미국 백인 사회에 충격과 공포를 주는 데도 성공했다. 하지만 약점도 분명했다. 1989년 퍼블릭 에너미의 멤버 프로페서 그리프 *Professor Griff*는 유대인이 세계의 악에 주된 책임이 있다고 발언해 팀을 떠나야 했다. 『시온 장로 의정서 *The Protocols of the Elders of Zion* 』 같은 엉터리 반유대주의 문서의 영향이었다. 1991년 발매된 아이스 큐브의 앨범에는 한국인 가게를 불태우겠다는 "Black Korea"(블랙 코리아)가 실려 있었고, 가사의 내용은 채 1년도 지나지 않아 현실이 되었다. 제이 일렉트로니카도 2020년 발매한 앨범 <A Written Testimony>(증언서)에서 유대인을 염두에 두고 "사탄의 시너고그" 등의 표현을 사용해 반유대주의 논란을 일으켰다. 물론 루이스 패러칸의 목소리가 곳곳에 삽입된 이 앨범에서 제이 일렉트로니카가 일으킨 반유대주의 논란은 이슬람민족의 가르침과 직접적인 관련이 있었다.

　　이 래퍼들이 논란을 일으킨 반유대주의나 소수자 혐오는 오래전부터 이슬람민족이 비판받아 온 문제들이었다. 꾸준히 극단주의 조직 감시와 분류활동을 해온 미국의 비영리단체 남부빈곤법률센터 *Southern Poverty Law Center* 는 흑인 우월주의 교리, 지도자들의 인종주의, 반유대주의, 반성소수자 발언 등을 이유로 이슬람민족을 증오 집단 *hate group* 으로 분류하고 있다.**54** 2019년 5월 미국의 소셜미디어 기업 페이스북은 백인 우월주의 등 극단주의자들의 계정을 삭제했는데, 반유대주의 발언으로 여러 번 문제가 된 루이스 패러칸도 삭제 대상에 포함됐다. 하지만 특별히 이슬람민족 신자가 아니더라도 미국

2014년 브루클린 힙합 페스티벌에 이슬람민족 제복을 입고 참석한
래퍼 제이 일렉트로니카.
출처: DPhillipsRN

의 흑인 힙합 음악인들은 대체로 그런 비판들에 크게 개
의치 않아 보인다. 이들의 소셜미디어 계정에서는 패러
칸이나 이슬람민족에 우호적인 게시물을 늘 확인할 수
있다. 아마 이들은 여전히 인종주의적인 미국 사회에서
흑인의 편에서 강하게 발언하는 지도자와 조직이 필요
하다고 생각하는 것 같다.

이슬람민족이 흑인 사회에 전투적인 민족주의
만을 남긴 것은 아니었다. 블랙스타의 멤버로 수니파 무
슬림인 야신 베이는 사회에 만연한 폭력을 줄이기 위한
활동으로 유명하다. 그의 아버지는 이슬람민족 신자였
고, 이후 워리스 모하메드를 따라 수니파로 개종한 인물
이었다. 이 이슬람민족의 아들은 성숙한 무슬림 래퍼가
사회에 어떻게 기여할 수 있는지를 보여줬다. 그는 한 인
터뷰에서 이런 말을 남겼다.

"이슬람의 유일한 관심사가 인류의 번영이라면, 이슬람
은 지구 어느 곳에서든 인권을 가장 강력하게 옹호해야

---

54   Extremist Group Info, *Southern Poverty Law Center*,
https://www.splcenter.org/fighting-hate/extremist-
files/group/nation-islam.

겠죠. 할 수 있는 어느 곳에서든 억압에 반대하는 목소리를 내야 한다는 겁니다. 보스니아나 코소보, 체첸처럼 무슬림이 박해받는 곳이든, 시에라리온이나 콜롬비아에서든 말이죠. 사람들의 기본 인권이 침해되고 있다면, 이슬람은 그것에 반대하는 목소리를 내는 것에 관심이 있습니다. 우리는 인류를 이끄는 사람이 되도록 명을 받았으니까요."**55**

---

55   "You're Gonna Serve Somebody," *Beliefnet*, https://www.beliefnet.com/entertainment/music/2001/04/youre-gonna-serve-somebody.aspx.

맬컴 엑스(1925~1965)와 마틴 루서 킹(1929~1968)

혁명가 마틴과 평화의 사도 맬컴을 기념한 래퍼들

No Malcolm X in my history text, why's that?

맬컴 엑스는 내 역사 교과서에 없었지, 왜?

'Cause he tried to educate and liberate all blacks

그는 모든 흑인을 깨우치고 해방하려 했거든

Why is Martin Luther King in my book each week?

왜 마틴 루서 킹은 내 책에 매주 나왔을까?

He told blacks, if they get smacked, turn the other cheek

그는 흑인에게 뺨을 맞으면 다른 뺨도 내주라고 했거든

– 투팍, "Words of Wisdom"(금언), 1991

래퍼 투팍은 "Words of Wisdom"의 가사에서 맬컴 엑스를 진정한 지도자로, 마틴 루서 킹은 싸울 줄 모르는 인물로 평하는 것처럼 보인다. 그러나 여기서 투팍이 실제로 비판하는 것은 마틴이 아니라 미국의 교육과정에서 두 사람이 다뤄지는 방식이다. 즉 맬컴은 백인을 악마라고 주장하는 과격분자로 보아 배제하고, 마틴을 흑백 통합을 외친 위대한 비폭력 운동가로 추앙하는 것이 잘못됐다는 것이다. 투팍은 마틴보다는 맬컴에 가까운 인물이었지만, 그렇다고 마틴을 싫어하거나 존중하지 않은 것은 아니었다.

화합과 희망을 이야기하는 마틴과 증오와 폭력을 이야기하는 맬컴이라는 이미지는 오랫동안 두 사람의 대표상으로 기억됐다. 두 사람이 미국 흑인운동의 두 조류인 통합주의와 분리주의를 대표한 인물이며, 서로의 견해를 비난하며 라이벌 관계를 형성한 것은 사실이다. 그러나 이러한 대립 이미지로만 두 사람을 기억한다면 이들의 사상을 심각하게 오해할 수 있다. 두 사람 모두 말년에는 기존 견해를 수정하며 새로운 주장들을 내놓았고, 서로의 가치를 인식하며 협력하려 했기 때문이다. 오랜 투쟁 끝에 내린 가장 성숙한 견해를 외면한 채 위대한 두 사상가의 주장을 온당하게 이해하기란 어려운 일이다.

맬컴은 강도 혐의로 복역한 교도소에서 흑인 민족주의 종교인 이슬람민족의 가르침에 빠져들었고, 출소한 1952년 이후 십여 년 동안 과격한 언사로 미국 사회를 비난하며 교단의 대표 인물로 부상했다. 그러나 그는 1963년 11월 발생한 존 케네디 대통령의 암살을 "자업자득"으로 평한 일로 교단으로부터 침묵하라는 징계를 받으며 활동에 크게 제약을 받았다. 교단은 지도자 일라이자 무하마드나 심지어 교단 전체를 넘어서는 영향력을 갖게 된 맬컴을 경계했고, 그가 이전처럼 자유롭게 미국 정부를 비판하며 상당한 규모로 성장한 조직을 위태롭게 하는 것도 원하지 않았다. 더욱이 일라이자 무하마드가 절제를 설교하면서 여신도들과 성적 관계를 가졌다는 사실에 크게 실망한 맬컴은 1964년 3월 교단을 떠나게 된다.

이후 사망할 때까지 약 1년 동안 맬컴은 이전과는 다른 모습을 보여주었다. 그는 백인을 악마로 보는 이슬람민족 대신 신 앞에서 모든 사람이 평등하다고 보는 수니파 이슬람으로 개종했다. 미국의 흑인운동에 대해서도 마틴을 비롯한 시민권 운동가에 대한 비판을 완화하고 투표권의 가치를 인정하기 시작했다. 메카 성지순례 과정에서 피부색을 초월한 우애를 체험한 후로는 투쟁에 공감하는 백인과도 연대할 수 있다는 입장을 시사했다.

이제 맬컴은 자신과 마틴이 같은 목적을 위해 싸

1964년 3월 26일 상원에서 진행된 민권법 토론회장에서 만난 마틴(왼쪽)과 맬컴.
두 사람의 유일한 만남은 아주 짧게 진행됐다.
출처: Library of Congress

우고 있다는 점을 인정했다. "킹 목사가 없을 때 그 대안이 무엇인지를 안다면 백인들은 킹 목사를 더욱 도우려 할 것"이라는 말에서 드러나듯, 맬컴은 자신의 존재가 마틴의 운동에 도움이 된다는 사실도 알고 있었다.**56** 하지만 미국의 백인들도, 시민권 운동가들도, 그가 몸담았던 이슬람민족도 맬컴의 새로운 모습에 호의적이지 않았다. 결국 1965년 2월 21일 암살되며 맬컴의 새로운 운동은 막을 내렸다.

마틴의 운동은 사회 곳곳의 인종 격리를 금지한 1964년의 민권법과 투표 차별을 금지한 1965년의 선거권법이 통과되면서 성공을 거둔 것처럼 보였다. 그러나 이내 마틴은 흑백 격리 폐지와 투표권만으로는 미국 흑인 문제가 해결되지 않는다는 사실을 깨달았다. 그는 북부 도시의 흑인 빈민을 보며 경제 정의를 위해 사회구조가 변화해야 한다는 결론에 도달했고, 사회주의를 포함한 대안들을 진지하게 검토하기 시작했다.

마틴의 변화는 거기서 멈추지 않았다. 생애 마지막 시기에 그는 빈곤 문제 해결과 베트남전쟁 반대활

---

56   Coretta Scott King, *My Life with Martin Luther King, Jr.* (New York: Holt, Rinehart and Winston, 1969), 256.

동에 열중했다. 미국이 가난한 사람들에게 써야 할 돈을 정의롭지 않은 전쟁에 쓰고 있다고 생각한 그는 미국을 "세계에서 가장 거대한 폭력 조달자"로 비난하며 징병을 거부하는 청년들을 옹호했다.**57** 미국 사회가 도덕적으로 부패했으며, 곧 신의 심판이 있을 것이라는 그의 주장은 맬컴 못지않게 과격했다. 그는 암살당하기 4개월 전인 1967년 12월 한 연설에서 과거 자신이 이야기했던 미국의 꿈이 악몽으로 바뀌었다고 털어놓기도 했다.

> "(1963년 워싱턴 행진 연설에서) 나는 내가 지녀왔던 꿈에 관해 이야기하려 했었습니다. 그리고 이제 나는 고백하지 않을 수 없습니다. 그 꿈을 이야기한 뒤 얼마 지나지 않아서 그 꿈이 악몽으로 바뀌고 있음을 보기 시작했다는 걸… 나는 이 나라의 흑인 빈민가를 지나가며 물질적 풍요의 바다 가운데 빈곤이라는 섬에서 쓰러져 가는 흑인 형제자매들을 보면서 그 꿈이 악몽으로 변해감을 지켜봤습니다. 또 흑인의 빈곤 문제에 아무런 노력도 기울

57 Martin Luther King Jr., "Beyond Vietnam," *Stanford The Martin Luther King, Jr. Research and Education Institute*, https://kinginstitute.stanford.edu/king-papers/documents/beyond-vietnam.

이지 않는 정부를 보았습니다. 그리고 나의 흑인 형제자매들이 분노와 상처와 절망 가운데 그 문제를 해결하고자 잘못 인도된 폭동을 일으키는 걸 보며 그 꿈이 악몽으로 바뀌었습니다."**58**

여기서 마틴이 쓴 "악몽"이라는 단어는 바로 1963년 맬컴이 마틴의 "꿈"을 비판할 때 썼던 표현이었다. 이제 더 이상 마틴에게서 "나에게는 꿈이 있습니다"라는 연설로 알려진 온화한 모습은 찾아볼 수 없었다. 미국 정부와 백인들은 과격해진 마틴을 원하지 않았고, 1968년 4월 4일 그의 암살 소식이 전해진 것도 그리 이상한 일이 아니었다.

맬컴과 마틴은 미국 힙합 음악에서 존경받는 흑인 지도자로 가장 자주 언급된다. 맬컴의 이름은 정치적 메시지를 크게 앞세우지 않는 래퍼들의 가사에도 자주 등장하며, 가장 사회 비판적인 래퍼들의 가사에서도 마틴에 대한 존경심이 흔히 발견된다. 힙합 슈퍼그룹 런 더

---

58   Martin Luther King Jr., A Christmas Sermon at Ebenezer Baptist Church, Atlanta, December 24, 1967, 황혜성, "마틴 루터 킹과 말콤 엑스", 「미국사연구」 14(2001), 92에서 재인용.

1967년 4월 27일 미네소타대학의 베트남전 반대 집회에서 연설하는 마틴 루서 킹.
출처: Minnesota Historical Society

쥬얼스^{Run The Jewels}의 멤버로, 랩 실력뿐 아니라 왕성한 정치활동으로도 유명한 킬러 마이크는 조금 특별한 경우다. 그는 마틴의 여러 업적 가운데 말년에 보여준 급진적인 모습에 주목했다. 마이크는 2015년 마틴의 생일을 기념해 쓴 칼럼에서 마틴이 단지 인종 격리에 반대한 인물이 아니라 예수와 같은 혁명가였으며, 전쟁과 빈곤에 반대했기에 살해됐다고 주장했다.

그리고 마이크가 보기에 혁명가를 기념하는 방식은 세계 곳곳에서 경찰이 흑인과 유색인을 공격하는 것에 반대하고, 미국의 흑인 대통령이 외국에 군대와 무기를 보내 불법적 전쟁을 벌이는 데 항의하는 것이어야 했다.

"전 지구에서 흑인과 유색인을 겨냥해 죽이는 경찰 정책을 끝내기 위해 거리에 나온 다른 시위대에 합류할 수 있지 않을까요? 아프리카가 한 대륙으로서, 그리고 분리된 국가들로서 자신의 운명을 스스로 통제하도록 싸울 수 있지 않을까요? 미군을 외국에 보내 더 많은 불법적인 전쟁들을 계속 수행하도록 하는 당신들의 현재 '흑인' 대통령에게 큰 소리를 낼 수 있지 않을까요? 거리로 가서 배고픈 사람을 먹이고 가난한 사람을 보호하며 공공기관들로 행진해 우리가 지도자라고 부르는 자격 없는 사람들에게 나오라고 할 수 있지 않을까요? 자, 이런 것들이 혁명가를 예우하는 방식이겠지요. 질문은 이겁니다. 당신은 마틴처럼 혁명가입니까?"**59**

얼마 안 가 마이크는 자신이 마틴을 기념하는 방식을 몸소 보여줬다. 그는 2016년 미국 민주당 대선후보 경선에 도전한 진보 정치가 버니 샌더스의 지지자로 부지런히 활동했고, 힐러리 클린턴*Hillary Clinton*이 민주당 대선후보로 결정되자 그가 전쟁 찬성파라는 이유로 지지를 거부했다.**60**

힙합계에서 가장 존경받는 래퍼인 케이알에스원의 그룹 부기 다운 프로덕션스가 1989년에 발매한 앨범에서는 맬컴 엑스의 특별한 흔적이 발견된다. 앨범명 <By All Means Necessary>(필요한 모든 수단으로)는 맬

59   Killer Mike, "Killer Mike Speaks On Martin Luther King, Jr.'S Revolutionary Legacy On MLK Day," *Okayplayer*, https://www.okayplayer.com/news/killer-mike-martin-luther-king-jr-the-revolutionary.html.

60   Ned Ehrbar, "Killer Mike says Donald Trump and Hillary Clinton are exactly the same," *CBS News*, August 12, 2016, https://www.cbsnews.com/news/killer-mike-says-donald-trump-and-hillary-clinton-are-exactly-the-same.

래퍼 킬러 마이크, 출처: The Circus on SHOWTIME

컴이 프랑스 사상가 장 폴 사르트르Jean Paul Sartre를 인용해 "필요한 어떤 수단으로라도by any means necessary" 권리를 찾아야 한다고 주장한 말에서 따온 것이다. 또한 앨범의 표지 사진은 이슬람민족을 탈퇴한 후 생명의 위협을 느끼던 맬컴이 집 안에서 총을 들고 찍은 사진을 따라 한 것이다. 공교롭게도 투팍은 맬컴과 마틴을 언급한 "Words of Wisdom"에서 케이알에스 원을 맬컴의 표현인 "미국의 악몽America's nightmare"으로 부르며 존경을 표한 바 있다.

그러나 앨범을 관통하는 케이알에스 원의 메시지는 백인에 대한 증오나 선전포고가 아니라 힙합계와 사회에 만연한 폭력을 줄여야 한다는 내용이었다. 앨범을 준비하던 중 그룹 멤버인 스콧 라록이 총격으로 사망한 사건이 이 앨범의 메시지에 직접적인 영향을 주었다. 폭력을 줄이자는 메시지를 담은 곡인 "Stop the Violence"(폭력을 멈춰)는 그저 곡 발표로 끝나는 대신 이후 힙합계의 새로운 운동들로 연결됐다.

우선 케이알에스 원은 앨범 발매 후 동료 힙합 음악인들을 규합해 같은 이름의 캠페인을 시작했다. 곧 이 캠페인의 일환으로 "Self Destruction"(자기파괴)이라는 곡이 발표됐는데, 여기서도 맬컴 엑스의 영향이 드러났다. 곡의 도입부에는 맬컴의 목소리가 삽입됐고, 뮤직비디오에서도 벽에 그려진 맬컴의 얼굴을 확인할 수 있다. 이 곡은 미국이 흑인을 문제로 보고 있다는 맬컴의 연설을 곱씹은 힙합 세대의 대답인데, 케이알에스 원은 오늘날 미국의 문제가 흑인의 자기파괴라고 주장했다.

Well, today's topic, self destruction

그래, 오늘의 주제는 자기파괴에 관한 거야

It really ain't the rap audience that's bugging

랩을 듣는 사람들이 말썽부리는 놈들인 건 절대 아니잖아

It's one or two suckers, ignorant brothers

그건 한두 명의 멍청이들이자 무식한 형제들일 뿐이야

Trying to rob and steal from one another

남의 것을 빼앗고 훔치려 하는 놈들 말이야

You get caught in the mid

넌 지금 중간에 서 있어

So to crush the stereotype here's what we did

그러니 고정관념을 깨버리기 위해 여기 우리가 한 게 있지

We got ourselves together

우린 함께하고 있어

So that you could unite and fight for what's right

네가 옳은 일을 위해 뭉쳐서 싸울 수 있도록 말이야

Not negative 'cause the way we live is positive

부정적인 일을 위해서가 아니지, 우리가 사는 방식은 긍정적이니까

We don't kill our relatives

우리는 동족을 죽이지 않아

– 케이알에스 원, "Self Destruction", 1989

물론 이 곡에 참여한 많은 래퍼의 가사에서 증오와 저주의 표현은 찾아볼 수 없었다. 더욱이 곡의 수익금 일부는 유서 깊은 시민권 운동 단체인 전국도시연맹*NUL*에 기부됐다.**61** 이처럼 케이알에스 원은 힙합을 통해 폭력과 증오가 아닌 긍정적인 메시지를 전파하는 방식으로 맬컴을 계승했다.

케이알에스 원의 메시지와 운동은 다른 래퍼들의 호응을 이끌어냈고, 시간이 한참 지난 후 재등장하기도 했다. 1990년에는 미국 서부의 힙합 음악인들이 모여 "We're All in the Same Gang"(우리 모두는 같은 무리에 속

---

61 Dart Adams, "How Stop The Violence Movement's 'Self Destruction' Became One Of The Most Important Rap Releases," *Okayplayer*, https://www.okayplayer.com/music/the-making-krs-one-stop-the-violence-movements-self-destruction-single-89.html.

해)이라는 곡을 발표했다. 이 곡은 뉴욕 등 동부 출신 래퍼들이 주도한 "폭력을 멈춰" 운동에 대한 대답이었는데, N.W.A나 아이스티처럼 폭력적인 가사로 악명 높던 갱스터 래퍼들도 참여했다. 2008년에는 케이알에스 원이 옛 캠페인을 다시 상기시키기 위해 후배 힙합 음악인들과 함께 "Self Construction"(자기건설)이라는 곡을 발표했고, 이후에도 수차례 자기파괴라는 이름의 힙합 프로젝트가 진행됐다.

1990년대 후반 언더그라운드 힙합의 선두주자로 이름난 듀오 블랙스타는 1998년 발표한 "Definition"(정의)에서 "Stop the Violence"를 비롯한 케이알에스 원의 곡들을 인용했다. 찬사를 받은 블랙스타의 이 곡은 힙합계의 대표적 라이벌이던 투팍과 노토리어스 비아이지의 총격 사망을 언급하며 힙합이 새로운 방향으로 나아가야 한다고 촉구했다. 이 곡이 실린 앨범에는 힙합 음악계 내부, 미국 흑인 공동체, 미국 사회 전반에 만연한 폭력에 대해 숙고하는 가사가 가득하다. 블랙스타는 2000년 경찰 폭력에 항의하기 위해 동료 힙합 음악인들을 모아 <Hip Hop for Respect>라는 앨범을 발매했는데, 이들의 활동은 십여 년 전 케이알에스 원이 추진한 "폭력을 멈춰" 운동을 연상시켰다.

맬컴과 마틴은 1964년 3월 26일 미국 국회의사

당 상원에서 진행된 민권법 토론회장에서 생애 단 한 번 잠시 마주쳤고 간단한 인사말만을 주고받았다. 이후 두 사람은 진지한 협력을 위해 만남을 추진했으나 결국 실현되지 않았다. 이들이 좀 더 오래 살았다면 좋았겠지만, 너무 아쉬워할 필요는 없을 것 같다. 투팍의 말이다.

> "우리는 맬컴과 마틴에 관해 이야기는 많이 하지. 하지만 이제 그들처럼 될 때야. 그들처럼 강하게. 그들도 우리처럼 유한한 삶을 산 사람들이었고, 우리 모두는 그들처럼 될 수 있어."**62**

62　Sal Manna, "Strictly 4 My N.I.G.G.A.Z...OG Biography," *2pac.com*, https://2pac.com/us/stories/essay/original-strictly-4-my-niggaz-press-release.

콰메 투레 (1941~1998)

턴테이블 위에서 내 혼은 멀리 날아가
콰메 투레 안으로 들어간다네

2002년 미국인 래퍼 탈립 콸리는 미국의 한 공항에서 탑 승을 거부당한 뒤 검은 정장을 입은 남자들에게 둘러싸 였다. 이들은 미국의 FBI, CIA, 교통안전국TSA 소속 요원 들이었다. 래퍼들이 총기나 대마초, 폭력 문제로 체포되 는 일은 드물지 않았지만, 콸리는 그런 종류의 위법행위 와는 거리가 멀었다. 탈립이라는 본명이 미국과 전쟁 중 이던 아프가니스탄의 무장 세력 탈레반Taliban과 같은 의 미의 아랍어 단어라는 점이 걸렸지만, 그는 탈레반이나 오사마 빈라덴Osama bin Laden의 테러조직 알카에다Al-Qaeda 의 주장에 동조하지 않았고 무슬림도 아니었다.

이미 콸리의 최근 행적을 알고 있던 요원들은 조 사 중 그가 예상하지 못한 한 사람을 언급했다. 그 이름 은 스토클리 카마이클이었다. 그제야 콸리는 자신이 비행기표 예약을 위해 통화할 때 이 사람의 연설을 틀어 놓았다는 사실을 기억해냈다. 카마이클의 연설은 음악 작업을 위해 수집한 옛 흑인운동 자료 중 하나였다. 콜리는 다행히 이때 체포되지는 않았고, 요원들이 범죄에 관해 이야기하는 갱스터 래퍼도 아닌 자신을 이미 사망한 운동가의 옛 연설을 들었다는 이유로 감시한 사실에 놀라워했다.

이 일화는 2011년 발표된 다큐멘터리 영화 <블랙파워 믹스테이프 1967-1975*The Black Power Mixtape 1967-1975*>에서 콜리가 소개한 것이다. 카마이클은 이 영화의 주제인 1960년대의 블랙파워 운동을 주도한 운동가였다. 그런데 콜리가 몰랐던 점이 있었다. 실제로는 수사기관이 흑인 래퍼들을 감시하고 있었다. 뉴욕 경찰은 제이지나 션 컴스 같은 여러 힙합 음악인의 정보를 수집해왔고, FBI는 블랙팬서 혁명가의 아들인 갱스터 래퍼 투팍에 대해 상세한 보고서를 작성했다.[63] 그리고 수사 당국이 보기에 위험한 운동가의 연설을 듣는 래퍼는 주시할 가치가 있었다. 어떤 측면에서는 이들의 판단이 맞았다.

---

63 "Tupac Shakur," *FBI Records: The Vault*, https://vault.fbi.gov/Tupac%20Shakur%20.

카마이클의 연설에서 영감을 얻은 콸리는 이후 랩으로만 미국 사회를 비판하는 데 그치지 않고 더욱 적극적인 사회운동가로 활동하게 될 것이었다.

본명이 스토클리 스탠디포드 처칠 카마이클*Stokely Standiford Churchill Carmichael*인 콰메 투레는 1941년 영국령 트리니다드에서 태어났다. 그의 가족은 투레가 11살 때 뉴욕의 할렘으로 이주했고, 투레는 그곳에서 고등학교를 졸업했다. 1960년 워싱턴에 있는 유서 깊은 흑인 대학인 하워드대학에 입학한 투레는 한창 열기가 고조되던 시민권 운동 대열에 자연스럽게 동참했다. 미국 남부를 돌아다니며 인종 격리 관습에 도전한 캠페인 프리덤 라이더스*Freedom Riders*에 가담한 것이 시작이었다. 학생비폭력조정위원회에서 활동하던 그는 흑인에게 평등한 투표권법을 요구하며 마틴 루서 킹 목사와 함께 위험을 무릅쓰고 셀마에서 몽고메리로 행진하기도 했다. 수십 차례의 체포와 구타, 구금을 기꺼이 감수할 정도로 열성적인 운동가였던 투레는 점차 백인 자유주의자들과 민주당에 의존해 개혁을 주장하는 시민권 운동에 지쳐갔다. 미국의 인종주의 체제는 너무나 강력했고, 1960년대의 세계는 더욱 근본적인 변화를 요구했다.

대학 졸업 후 투레는 전업 사회운동가의 길에 들어섰다. 학생비폭력조정위원회의 대표였던 그는 1966년

'블랙파워'라는 새로운 운동 노선을 제시해 모든 이들을 놀라게 했다. 그는 시민권 운동에서 한계를 느꼈고, 이제 프란츠 파농과 맬컴 엑스의 혁명적 주장이 필요할 때라고 생각했다. 단순하면서도 강력한 슬로건인 블랙파워는 흑인이 백인의 도움 없이 자신의 힘으로 혁명을 이뤄야 하며, 이를 위해 폭력의 사용도 불사하겠다는 급진적인 주장이었다.

시민권 운동가들은 미국 정부에 평등을 요구하는 대신 미국을 타도하자는 투레의 연설에 경악했다. 하지만 동시대의 많은 청년은 복서 무하마드 알리처럼 당당하게 미국의 제국주의적 대외정책을 비판하며 베트남 전쟁에 반대하는 투레에게 환호했다. 블랙파워는 투레의 독창적인 개념이나 사상은 아니었고, 미국의 흑인운동이 시민권 운동의 한계를 극복하기 위해 택한 자연스러운 급진적 노선이었다. 어쨌든 미국을 넘어 세계의 급진적 운동가들이 빠르게 블랙파워에 호응했고, 투레는 블랙파워의 화신이 되었다.

투레는 빠르게 맬컴 엑스의 뒤를 이을 전투적인 흑인 지도자로 부상했다. 1968년 흑인운동 분쇄의 대가였던 FBI 국장 에드거 후버는 암살당한 맬컴 엑스의 뒤를 이어 흑인 민족주의 운동을 이끌 "메시아" 후보로 마틴 루서 킹 목사, 이슬람민족의 지도자 일라이자 무하마

1966년의 라운디즈 카운티 자유 조직*Lowndes County Freedom Orgonization* 활동 당시의 스토 클리 카마이클. 이 조직이 채택한 상징인 흑표범*Black Panther*은 얼마 후 오클랜드에서 결성된 블랙팬서당을 통해 곧 전국적인 급진적 흑인운동의 상징이 된다.
출처: Wikimedia Commons

드와 더불어 유일하게 20대였던 투레를 꼽았다. 후버가 보기에 무하마드는 나이가 많아 큰 위협이 안 될 것이었고, 킹은 비폭력이라는 자유주의적 백인들이 선호하는 원칙을 포기할 경우에만 운동을 이끌 수 있었다. 오직 투레만이 흑인 민족주의 운동을 이끌 카리스마가 있어 진정한 위협이 된다는 것이 후버의 평가였다.[64]

그러나 미국 각지의 급진적 흑인운동을 통합하고 이끄는 것은 쉬운 일이 아니었다. 투레는 블랙파워를 주장하면서 시민권 운동가들과 거리를 두었고, 자신처럼 흑인의 무장을 주장하던 블랙팬서당에 가담해 활동했다. 블랙팬서당은 투레가 블랙파워를 주장한 1966년 캘리포니아주 오클랜드에서 결성된 흑인 민족주의적이고 사회주의적인 조직이었다. 이들과 연합한 투레는 블랙팬서당에서 "명예 총리"로 소개될 정도로 환영받으며 높은 위상을 가졌다. 그러나 이들의 연합은 오래가지 못했다. 세계 혁명을 추구한 블랙팬서당의 국제주의자들은 백인 급진주의자들과 함께 활동하고자 했고, 반대로

---

64   Joshua Bloom and Waldo E. Martin, *Black against Empire: The History and Politics of the Black Panther Party* (Berkeley: University of California Press, 2013), 202.

투레는 백인 운동가들이 백인 사회 내에서 활동하는 것이 바람직하다고 생각했다. 노선 차이에 FBI의 분열 공작이 더해져 투레는 블랙팬서당을 떠났고, 학생비폭력조정위원회와도 관계를 끊었다.

투레는 이제 범아프리카주의라는 대의에 몸을 실었다. 정치적 박해를 피해 남아프리카 공화국에서 미국으로 망명한 세계적 가수 미리암 마케바와 결혼한 그는 1969년 서아프리카 기니로 건너갔다. 직접적인 계기는 혁명적 범아프리카주의자로 유명했던 가나의 전 대통령 콰메 은크루마의 초청이었다. 1966년 쿠데타로 실각한 후 기니에 망명해 있던 은크루마는 세계적으로 이름이 알려진 이 젊은 활동가에게 자신과 함께 아프리카 혁명가로 활동할 것을 제의했고, 투레는 그 제안을 받아들였다.

투레의 이주는 한편으로 미국을 넘어 세계적인 차원에서 흑인운동을 전개하고자 한 희망적인 정치적 결정이었고, 다른 한편으로는 체포부터 암살에 이르기까지 온갖 방법으로 급진적 흑인운동가들을 제거해 온 미국의 압박에서 벗어나기 위한 사실상의 정치적 망명이었다. 이때부터 그는 스토클리 카마이클 대신 콰메 투레라는 이름을 사용하기 시작했다. 이 이름은 콰메 은크루마와 더불어 기니의 대통령이던 아메드 세쿠 투레

인터뷰 중인 콰메 투레. 전아프리카인민혁명당의 깃발과 세쿠 투레의 초상이 보인다.
출처: 전아프리카인민혁명당

*Ahmed Sékou Touré*에게서 따온 것이다.

이후 콰메 투레는 30년 동안 사회주의적이고 범아프리카주의적인 신념을 고수하며 은크루마가 세운 기니의 정당인 전아프리카인민혁명당*All-African People's Revolutionary Party*의 조직가로 세계를 돌아다녔다. 사실 아프리카 혁명을 주도하기에 기니는 그리 풍요롭지 않은 소국이었고, 그곳의 아프리카 사회주의는 대통령 세쿠 투레의 장기집권을 가능하게 한 잔인한 대규모 정치적 숙청 같은 수단으로 실행됐다. 하지만 콰메 투레는 이 변호하기 어려운 기니의 문제들을 비판하지 않았다. 그는 이전만큼 대중의 주목을 받지는 않았지만, 큰 생각의 변화 없이 존경받는 혁명가로서의 이력을 이어나갔다. 늘 "혁명 준비 완료"라는 말로 전화를 받을 정도로 열성적이던 그는 자신이 미 제국주의자들의 음모로 암에 걸렸다고 주장하기도 했다.[65] 투레는 57세였던 1998년 기니에서 전립선암으로 사망했다.

---

[65]   Michael T. Kaufman, "Stokely Carmichael, Rights Leader Who Coined 'Black Power,' Dies at 57," *New York Times*, November 16, 1998, p. B10, https://www.nytimes.com/1998/11/16/us/stokely-carmichael-rights-leader-who-coined-black-power-dies-at-57.html.

블랙파워라는 단어나 그 의미는 수많은 랩 음악에 나타나고, 진지한 래퍼들은 직접적으로 투레에게 존경심을 표시하지만, 케이알에스 원만큼 투레를 존경하는 래퍼는 찾기 어렵다. 사실 그는 투레와 개인적인 인연이 있었다. 1990년 무렵 시민권 운동과 블랙파워 운동의 역사를 알고 싶었던 케이알에스 원은 투레를 따라다니며 운동의 역사와 의미를 배웠다. 케이알에스 원은 한 인터뷰에서 1990년대 초와 1996년 이후 그가 미국에서 암 치료를 받던 시기 투레를 직접 만난 일화를 회고했다.

> "콰메 투레는 블랙파워 운동에 무슨 일이 일어났는지, 누가 사기꾼이었고 누가 뱀 같은 놈이었는지에 대해 제가 눈을 뜨도록 해줬습니다. 하지만 다른 어떤 것보다 그는 제게 우리가 모두 인간이라는 사실을 가르쳐줬죠. 그때는 우리가 'H.E.A.L.'을 결성했던 시기였어요. 몇 년이 지나고 전립선암으로 죽어 가던 콰메 투레가 패러칸 목사의 집에 머물렀을 때 저는 제 선생님이 돌아가실 때까지 늘 따라다녔습니다. 저는 그에게 키스했고, 그는 제게 미소를 지어 보였죠. 그는 선배로서 저를 포옹해줬는데, 당신이 그곳에 있었다면 영혼이 그를 떠나서 당신 안으로 들어가는 걸 느낄 수 있었을 거예요."**66**

1990년대의 콰메 투레. 출처: 전아프리카인민혁명당

"블랙팬서당에 영감을 받은 힙합"이라는 부제가 붙은 프로젝트 앨범 <Pump Ya Fist>(주먹을 치켜들어)에 실린 "Ah-Yeah"에서는 특히 케이알에스 원이 투레에게 품은 각별한 존경심을 확인할 수 있다. 케이알에스 원은 2017년 발표한 "Hip Hop Speaks From Heaven"(천국에서 힙합이 말하네)에서 투레를 "내 진정한 조상"이라고 표현했고, 2020년 발표한 "Black Black Black"(블랙 블랙 블랙)에서는 블랙파워라는 슬로건을 미국 전역에 알린 투레의 역사적인 1966년 그린우드 연설을 삽입하는 등 급진적 흑인운동의 역사를 되짚으며 뮤직비디오를 투레에게 헌정했다.

> **The Black Panther is the black answer for real**
> 블랙팬서당은 정말로 흑인의 해답이지
> **In my spiritual form, I turn into Bobby Seale**
> 내 영혼의 모습은 바비 실로 변신하네

Keith Murphy, "Full Clip: KRS-One Runs Down His Catalogue Ft. BDP, Run-DMC, LL, DJ Premier, Diddy, Nelly And More," *Vibe*, Feb. 4, 2012, https://www.vibe.com/photos/full-clip-krs-one-runs-down-his-catalogue-ft-bdp-run-dmc-ll-dj-premier-diddy-nelly-and.

On the wheels of steel, my spirit flies away

턴테이블 위에서 내 혼은 멀리 날아가

And enters into Kwame Ture

콰메 투레 안으로 들어간다네

– 케이알에스 원, "Ah-Yeah", 1995

케이알에스 원의 그룹 부기 다운 프로덕션스가 1990년 발표한 앨범 <Edutainment>(에듀테인먼트)와 이 듬해의 프로젝트 "H.E.A.L. Human Education Against Lies"(거짓말에 대한 인간 교육)는 투레의 가르침이 직접 반 영된 작품들이다. <Edutainment>에서는 심지어 투레의 목소리를 직접 들을 수 있다. 이 앨범은 아마 투레가 힙 합 앨범에 직접 참여한 유일한 사례일 것이다. 투레는 이 앨범에 단순히 목소리를 빌려준 것이 아니라 힙합 문화 로 사람들을 깨우치고자 하는 케이알에스 원의 주제의 식에 직접적인 영감을 제공했다.

혁명적 수사들이 가득한 이 앨범의 첫 트랙에서 케이알에스 원은 랩 음악이 흑인들이 목소리를 낼 수 있 는 마지막 수단이자 사회구조를 바꿀 혁명적 도구라고 선언한다. 다른 트랙에서는 투레가 등장해 같은 뜻을 가 진 많은 사람이 모인다면 현실을 바꿀 수 있다고 사람들 을 교육한다.

Rap music number one, is the voice of black people, number one

랩 음악은 우선 흑인의 목소리입니다. 첫 번째로는 그래요

Number two, it's the LAST voice, of black people

두 번째는 그것이 흑인이 가진 최후의 목소리라는 겁니다

[중략]

And what I would like to bring out today is rap music

오늘 제가 보여드리는 건 랩 음악입니다

As, a revolutionary tool in changing the structure of racist America

인종주의적인 미국의 구조를 변화시키는 혁명적 도구로써 말이죠

– 케이알에스 원, 부기 다운 프로덕션스, "Exhibit A"(증거물 A), 1990

Take Martin Luther King as righteous as he is

정의로운 사람이었던 마틴 루서 킹을 한번 봅시다

Put him in the middle of Birmingham by himself, speaking out against racism

그를 버밍햄시에 혼자 두고 인종주의에 반대하는 발언을 하게 했다면

He would be lynched

아마 린치를 당했겠죠

[중략]

Surround them with thousands of people who have the same ideas they do

그들을 같은 생각을 가진 수천 명의 사람으로 둘러싸 봅시다

Willing to make those ideas reality and the situation changes drastically

그 생각을 현실로 만들고 상황을 극적으로 변화시킬 의지가 있는 사람들 말입니다

– 콰메 투레, 부기 다운 프로덕션스, "Exhibit B"(증거물 B), 1990

이 앨범의 "Ya Strugglin'"(애쓰는구나)에서 투레는 자본주의로 눈이 흐려진 미국의 아프리카인들이 주인을 닮으려 애쓴다고 이야기하고, "파마*perm*" 머리에 집착하는 흑인 여성에게 그것은 "영구적인 것*perm*"이 아니라고 꼬집는다. 케이알에스 원 역시 남성 R&B 가수들이 이성애자 같지 않으며 여성처럼 외모를 꾸미는 일에나 몰두한다고 조롱한다. 아프리카인으로서의 자부심을 강조하는 이 곡은 투레의 블랙파워 운동이 그랬던 것처럼 주체적인 남성적 에너지를 드러냈다. 그리고 그것은 여성을 주변화하면서 이뤄낸 것이라는 점 또한 명백했다.

여러 한계는 있었지만, 1960년대의 블랙파워 운

동은 같은 시기 여성과 동성애자 해방운동에 몰두하던 이들에게 힌트를 주었다. 그것은 자부심을 갖고 단호하게 억압자들의 질서를 거부해야 한다는 원칙이었다. 그역설적 힌트가 작용할 때 운동의 급진성은 가장 빛났다. 힙합에서도 비슷했다. 케이알에스 원을 비롯해 흑인 급진주의 전통을 받아들인 래퍼들의 음악은 지극히 남성 중심적이었지만, 동시에 그들이 외면한 흑인 여성을 대변할 다른 위대한 래퍼들에게 영감을 주었다. 그중 한 사람이자 힙합 페미니즘의 대표주자로 여겨지는 퀸 라티파의 말이다.

> "나는 사회가 여성에게 강요하는 방식대로 행동하지 않아. 나는 고상하지도 의견을 숨기지도 남성의 뒤에 머무르지도 않지. 다른 사람의 기준에 맞춰 살기 위해 여기 있는 게 아니야. 나는 여성이라는 존재가 무엇인지 스스로 정의 내리고 있어. 간단히 말해 사회가 인류의 절반에 대해 결정한 것들에 동의할 생각이 없어. 나는 한 개인이거든."**67**

---

67 Queen Latifah and Karen Hunter, *Ladies First: Revelations of a Strong Woman* (New York: Quill, 1999), 126–17, Patricia Hill Collins, *From Black Power to Hip Hop: Racism, Nationalism, and Feminism* (Philadelphia: Temple University Press, 2006), 2에서 재인용.

프레드 햄프턴(1948~1969)

넌 블랙팬서를 사랑하지만,
프레드 햄프턴을 사랑하진 않지

미국 전역에서 조지 플로이드의 사망에 항의하는 인종 주의 반대 시위가 한창이던 2020년 6월 말 베테랑 힙합 그룹 퍼블릭 에너미는 자신들이 31년 전 발표한 대표곡 "Fight the Power"의 새 버전을 내놓았다. 여러 뛰어난 래퍼들이 참여해 그해 여름 미국에서 일어나고 있는 일 들에 항의하는 강렬한 가사를 내뱉은 이 곡은 미국의 정 치적 힙합 전통이 2020년에 무엇을 이야기하는지 살펴 볼 수 있는 흥미로운 결과물이다.

    이 곡에 참여한 래퍼들은 각자의 방식으로 정치 적 의미를 담은 랩을 선보였다. 우선 퍼블릭 에너미의 척 디는 예전의 가사를 그대로 사용했는데, 그것은 미국 의 인종주의가 31년 전과 마찬가지로 강고하며, 그것을 비판하기 위해 새로운 말을 보탤 필요가 없다는 의미였을 것이다. 다른 멤버인 자히*Jahi*는 자신의 고향 오클랜드에서 결성된 블랙팬서당의 "민중에게 권력을"이라는 구호를 외쳤다. 나스는 19세기 초 아이티 독립의 영웅들인 투생 루베르튀르와 장자크 데살린을 소환하며 흑인의 투쟁이 여러 세기에 걸쳐 계속되고 있다는 점을 강조했다. 그룹 루츠*The Roots*의 블랙 소트는 블랙팬서당과 미국의 애국주의에 저항한 흑인 운동선수들의 용기를 언급했다. 서부 힙합의 실력자 와이지*YG*는 플로이드의 죽음을 맬컴 엑스와 마틴 루서 킹의 죽음과 연결했고, 투팍의 옛 가사를 인용하는가 하면 북한 땅을 밟은 트럼프의 행보를 언급하며 트럼프와 김정은이 모두 폭력을 선호하는 인물이라는 점을 비판했다. 이 래퍼들은 모두 2020년의 투쟁을 과거의 운동들과 연결해 표현했는데, 이 방식으로 그들은 정치적 힙합이 오랜 흑인운동의 전통을 계승하고자 함을 다시 한번 드러냈다.

이 곡에 참여한 유일한 여성 래퍼인 랩소디도 마찬가지였다. 그는 2020년 경찰의 총에 희생된 조지 플로이드와 브리오나 테일러*Breonna Taylor*를 기리면서 동시에 19세기 말의 흑인 지도자 부커 워싱턴과 미국의 역사적인 흑인 대학들의 이름을 언급했다. 그러면서 랩소디는 묘한 의미의 가사 한 마디를 남겼다.

You love Black Panther but not Fred Hampton

넌 블랙팬서를 사랑하지만, 프레드 햄프턴을 사랑하진
않지

– 랩소디, 퍼블릭 에너미, "Fight the Power: Remix 2020", 2020

아마 이 구절은 많은 미국 흑인이 2018년 개봉
해 세계적인 인기를 끈 슈퍼히어로 영화 <블랙팬서*Black Panther*>에 열광하면서 '블랙팬서'라는 단어를 자주 입에
올리게 됐지만, 영화 제목을 정하는 데 영향을 줬을 현
실의 블랙팬서당의 역사와 투사에 대해서는 잘 모른다
는 의미로 해석할 수 있다. 척 디가 2020년의 가장 묵직
한 가사로 꼽으며 극찬한 랩소디의 이 구절은 분명 일리
가 있었다.**68** 2020년에는 1960년대 후반부터 치열하게
활동했던 블랙팬서당의 역사를 따로 공부하지 않은 사
람이라면 프레드 햄프턴*Fred Hampton*이라는 이름이 낯설
것이다. 그러나 햄프턴은 50년 전 미국의 흑인들에게는
2020년의 조지 플로이드처럼 익숙한 이름이었다.

1969년 12월 4일 새벽 시카고의 한 아파트에서

---

68   Twitter account of Chuck D, https://twitter.com/
MrChuckD/status/1335109965460066305.

두 흑인 청년이 총격으로 사망했다. 사망자는 21세의 블랙팬서당 일리노이주 지부장 프레드 햄프턴과 그의 동료인 22세의 마크 클라크*Mark Clark*였고, 총을 쏜 이들은 불법 무기 수색 명목으로 들이닥친 14명의 지역 경관이었다. 블랙팬서당 측에서는 두 명의 사망자 외에도 네 명의 부상자가 발생했다.**69**

경찰 입장에서 이 작전은 성공한 것이었다. 목표 대상은 제거됐고, 총격전 과정에서의 정당한 발포였다는 이유로 단 한 명의 경관도 처벌받지 않았기 때문이다. 미국의 지성 놈 촘스키*Noam Chomsky*가 닉슨 행정부에서 일어난 가장 심각한 국내 사건이라고 평한 이 사건은, 훗날 밝혀진 바에 따르면 FBI가 급진적 운동을 분쇄하기 위해 진행한 코인텔프로(COINTELPRO, Counter Intelligence Program) 공작의 일환이었다. FBI와 시카고 경찰은 햄프턴을 제거하기 위해 주도면밀한 작전을 진행했고, 블랙팬서당은 젊고 유능한 지도자를 잃었다.

1948년생으로 일리노이주 메이우드 출신인 프

69　　　햄프턴 살해 사건에 관해서는 Jeffrey Haas, *The Assassination of Fred Hampton: How the FBI and the Chicago Police Murdered a Black Panther* (Chicago: Lawrence Hill Books, 2010) 참고.

레드릭 앨런 햄프턴*Fredrick Allen Hampton*은 타고난 조직가였다. 1960년대의 변화 열기 속에서 자라난 그는 대표적인 시민권 운동 단체인 NAACP에서 청년들을 조직하며 운동을 시작했고, 스무 살이 된 1968년 시카고로 이주해 미국 전역으로 활동 범위를 넓히고 있던 급진적 흑인 단체 블랙팬서당의 일리노이주 지부에 가담했다. 그곳에서 그는 약 1년 동안 놀라운 활동력을 보여주며 조직의 성장을 이끌었다. 그는 자신들을 세계 사회주의 혁명의 전위로 생각한 블랙팬서당의 노선을 잘 이해하고 있었고, 당의 급진적 주장들을 이해하기 쉬운 말로 표현하는 데 탁월한 재능을 보였다. "한 명의 혁명가를 죽일 수는 있어도 결코 혁명을 죽일 수는 없다"며 불에는 물로, 인종주의에는 연대로, 자본주의에는 사회주의로 맞서야 한다는 그의 연설은 대중의 마음을 사로잡았다.

햄프턴의 주도로 블랙팬서당은 시카고에서 매일 아침 정치 교육과 무료 식사를 제공했으며, 경찰로부터 주민들을 보호하며 지역에서의 영향력을 확대해 나갔다. 특히 그는 시카고의 주요 갱 조직들을 중재해 불가침 협약을 맺도록 하는 큰 성과를 거뒀다. 인종 집단별로 나뉜 갱 조직들을 설득하기 위해 그는 인종 간 연대를 주장했다. 흑인의 해방을 위해 블랙파워 운동이 필요하듯 라틴계 주민, 아시아계 주민, 아메리카 원주민에게도 힘

1969년의 프레드 햄프턴.
출처: Paul Sequeira

이 필요하며, 이를 위해 서로 연대해야 한다는 그의 주장은 '무지개연합*Rainbow Coalition*'이라는 운동으로 발전했다. 햄프턴의 무지개연합이라는 이름과 개념은 이후 시민권 운동가 제시 잭슨*Jesse Jackson* 목사의 사회운동 캠페인에 차용되어 널리 알려지기도 했다. 휴이 뉴턴, 바비 실*Bobby Seale*, 엘드리지 클리버*Eldridge Cleaver* 같은 블랙팬서 지도부들이 체포와 망명 등으로 활동에 어려움을 겪고 있었기에 햄프턴의 왕성한 활동은 더욱 돋보였고, 그는 젊은 나이에도 당에서 빠르게 중요한 위치로 올라섰다.

"혁명적인 국제 프롤레타리아 투쟁에 나선 혁명가로서 죽을 것을 믿는다"는 그의 말은 불행히도 현실이 되었다. FBI 국장 에드거 후버는 햄프턴의 무지개연합 활동을 감시하고 블랙팬서당의 활동을 분쇄하라는 지시를 내렸다. 작전을 위해 특별한 경찰 대원들이 선발됐고, 이들은 블랙팬서당 내의 정보원으로부터 햄프턴의 아파트 지도를 넘겨받았다. 사전 정보를 바탕으로 기습한 경관들은 현장에서 블랙팬서 당원들과 총격전을 벌였는데, 90회 이상의 총격 중 단 한 발만이 경관들에게 발사됐음이 이후 법정에서 드러났다. 햄프턴은 침대에서 머리에 총을 맞고 사망했는데, 현장에 있었던 그의 약혼자는 그가 약물에 취한 듯 반응하지 못하는 상태에서 그의 신원을 확인한 경관들에게 고의적으로 살해됐다고

THE BLACK PANTHER   SATURDAY, JUNE 14, 1969   Page 8

POLITICAL PRISONER
FRED HAMPTON

FRED HAMPTON MUST BE FREE, OR THE BLACK COMMUNITY WILL'S PUNISH ALL AND ALL OTHER POLITICAL PRISONERS WHO FIGHT RACISM AND CAPITALISM IN THIS COUNTRY!

Black Liberation Alliance
15 East 55th Street
Chicago, Illinois 60616
Robert L. Lucas
National Chairman
For information: (312) 842–5195 or 842–5531

PEOPLE'S TRIAL FOR FRED HAMPTON

FRED ACTS AS HIS OWN ATTORNEY AT TRIAL.

프레드 햄프턴의 재판에 관한 <블랙팬서> 기사.
출처: The Black Panther Newspaper

증언했다. 그러나 이 주장은 법정에서 인정되지 않았다. 1970년 햄프턴과 클라크의 유족은 사건 생존자들과 함께 지역의 책임자들과 국가를 상대로 소송을 제기했고, 오랜 공방 끝에 1982년 시민권 운동 관련 사건으로는 최대의 금액을 지급하는 조건으로 양측의 합의가 이뤄졌다.

힙합은 경찰을 적대시하고 총격으로 사망한 이들을 기리는 음악이다. 따라서 흑인 민중을 조직하고 교육했다는 이유로 경찰의 총에 사망한 햄프턴이 힙합 음악인들에게 각별한 의미를 갖는 것은 자연스럽다. 상업적으로 가장 성공한 래퍼 중 한 사람인 제이지조차 프롤레타리아 혁명을 주장한 햄프턴을 영웅으로 추앙한다. 그는 "Murder to Excellence"(살인에서 성공으로)에서 자신이 햄프턴이 사망한 날 태어났다는 사실에 큰 의미를 부여하며 '민중에게 권력을' 같은 블랙팬서당의 구호들을 자랑스레 인용했다. 다만 햄프턴의 아들은 제이지가 부적절한 방식으로 자신의 아버지를 언급한다며 불편한 심기를 드러내기도 했다. 오늘날 최고의 랩 스타가 된 켄드릭 라마는 2011년 발매된 자신의 첫 싱글 레코드 "HiiiPower"(하이파워)에서 1960년대의 블랙파워 운동을 연상시키는 하이파워 운동을 주장했는데, 여기서 그는 자신이 블랙팬서당의 뉴턴, 실, 햄프턴을 계승하려 함을 분명히 언급했다.

사회운동가이기도 한 래퍼 킬러 마이크는 조금 더 계급적인 이유로 햄프턴에게 끌렸다. 그는 2018년 12월 4일 자신의 소셜미디어에서 햄프턴의 사망 49주기를 기리며 햄프턴을 자신의 최고 영웅으로 꼽았다. 마이크가 보기에 프롤레타리아의 투사였던 햄프턴을 잃은 것은 민중에게 어떤 대통령의 죽음보다도 큰 손실이었다.

"49년 전 국가의 대리인들(FBI)과 그들을 도운 개들(시카고 경찰)은 민중의 투사였던 아름다운 미국인을 살해했습니다. 그는 조직가이자 블랙팬서 당원이었습니다. 그의 이름은 프레드 햄프턴으로, 제가 가장 크게 영향을 받은 영웅 중 한 사람입니다. 우리에게 죽음을 애도할 만한 대통령이 아무리 많다 한들 내게는 중요하지 않습니다. 그들의 죽음이 프롤레타리아 편에서 싸우기로 한 이들을 잃은 것보다 민중에게 더 큰 손실이라고 할 수는 없습니다. 지부장님께 감사드립니다. 우리 선조들이 당신의 혈통을 영원히 축복할 겁니다."**70**

---

70   Intragram account of Killer Mike, https://www.instagram.com/p/Bq_Ci98nlOY/?utm_source=ig_web_copy_link.

시카고를 대표하는 의식 있는 래퍼들인 커먼과 루페 피아스코도 자신들의 고향에서 활동한 햄프턴의 문제의식을 계승하고자 하는 이들이다. 커먼은 "Food for Funk"(펑크를 위한 음식)에서 자신의 랩을 햄프턴이 했던 연설과 같은 일이라고 표현했다. 그는 랩에서 공동체에 대한 헌신을 강조하는 것만으로 부족하다고 생각했는지 인권단체 이매진 저스티스*Imagine Justice*를 출범시켜 미국 교정제도의 문제를 지적하는 등 각종 활동에 부지런히 나서고 있다.

　　루페 피아스코는 2018년 발표한 앨범 <Drogas Wave>(드로가스 웨이브)에 "Quotations from Chairman Fred"(프레드 지부장 어록)라는 곡을 실었다. 제목과 달리 이 곡에는 햄프턴의 발언이 직접 등장하지는 않는다. 실제로 인용되는 어록은 햄프턴을 비롯한 블랙팬서 당원들이 열광했던 마오쩌둥의 것으로, 1942년 발표한 그의 문예론인 '연안문예강화延安文藝講話' 중 문학과 예술로 민중을 단결시키고 교육하여 적을 공격해야 한다는 내용이 곡 중간에 삽입됐다. 다만 이 곡에는 불에는 같은 불이 아닌 물로 맞서야 한다는 햄프턴의 주장을 진지하게 받아들인 루페의 깊은 고민이 담겨 있다. 그는 앨범 발매 당시 햄프턴의 발언을 소개하며 이 곡에 대해 큰불이 모든 것을 태워버리듯 너무 많은 물은 넘쳐흘러 모든 것을

프레드 햄프턴 살해 직후의 <블랙팬서> 표지.
"파시스트 돼지(경찰)"에 의한 살해라는 설명이 있다.
출처: The Black Panther Newspaper

잠기게 할 수 있으므로 균형을 찾는 것이 중요하다고 설명했다.[71]

햄프턴의 이야기는 2021년 영화 <유다 그리고 블랙 메시아 *Judas and the Black Messiah*>로 만들어져 각종 영화상을 수상했고, 한국에서도 개봉해 여러 기사에 소개됐다. 영감을 받은 앨범이라는 이름으로 발매된 영화의 사운드트랙에는 랩소디와 제이지처럼 평소 햄프턴에 관심을 가졌던 래퍼들뿐 아니라 나스, 블랙 소트, 라킴 같은 베테랑부터 폴로 지 *Polo G*, 스미노 *Smino*, 허 *H.E.R.* 처럼 젊은 스타들까지 여러 음악인이 참여했다. 한때 위험한 폭력집단의 우두머리로 알려진 인물은 시간이 지나 영웅으로 재조명됐고, 그 사연은 흥미를 불러일으킬 뿐 아니라 소비자와 평론가에게 좋은 평을 받으며 팔릴 수도 있음을 보여준 사례였다. 그리고 여전히 햄프턴이 모든 세대의 힙합 음악인에게 영감을 주고 있음이 확인됐다.

햄프턴의 사망 현장에 같이 있던 약혼자는 당시 만삭이었고, 곧 태어난 아들은 아버지와 같은 이름을 갖게 되었다. 아버지처럼 운동가로 자라난 그는 1993년 시

---

71 Intragram account of Lupe Fiasco, https://www.instagram.com/p/BoVOrTWBq5E/?taken-by=lupefiasco.

카고의 한국계 주민이 운영하는 상점에 화염병을 던진 방화 혐의로 18년 형을 선고받았다. 급진적 힙합 그룹 데드 프레즈의 멤버 엠원은 "Behind Enemy Lines"(적진 속에서)에서 햄프턴 일가의 사연을 소개하면서 아들 햄프턴의 혐의가 조작됐으며, 실제로는 그가 아버지처럼 정치적인 이유로 탄압받았다고 주장했다.

Her father's a political prisoner, Free Fred

그 여자애의 아버지는 정치범이라네, 프레드를 석방하라!

Son of a Panther that the government shot dead

정부가 쏘아 죽인 블랙팬서의 아들이지

Back in 12/4, 1969

1969년 12월 4일

Four o'clock in the mornin', it's terrible but it's fine 'cause

새벽 4시에 있었던 일, 끔찍한 일이지만 괜찮아, 왜냐면

Fred Hampton Jr. looks just like him

프레드 햄프턴 주니어는 아버지를 똑 닮았거든

Walks just like him, talks just like him

아버지처럼 걷고 아버지처럼 이야기하지

And it might be frightenin' the Feds and the snitches

FBI와 밀고자들은 기겁했겠지

To see him organize the gang brothers and sisters

갱 형제자매들을 조직하는 그를 보자니

So he had to be framed, yo, you know how the game go

그래서 그에게 혐의가 씌워진 거야, 어떤 수법인지는 너
도 알겠지

Eighteen years because the five-o said so

경찰이 말한 대로 18년 형을 받았어

They said he set a fire to a arab store

아랍 가게에 불을 질렀다고 했거든

But he ignited the minds of the young black and poor

하지만 그가 불을 붙인 건 젊고 검고 가난한 이들의 마
음이지

– 데드 프레즈, "Behind Enemy Lines", 2000

사실 이 곡의 가사는 하루아침에 나온 것이 아
니었다. 엠원은 1990년대 초 대학생 시절 아들 햄프턴
을 위한 구명 캠페인을 접하면서 아버지 햄프턴의 활동
을 처음 알게 되었고, 크게 감동받아 꾸준히 아들의 구명
운동에 참여했다. 엠원은 한 인터뷰에서 오늘날의 젊은
이들이 강력한 개성을 가진 래퍼 투팍에 열광하듯 자신
이 아버지 햄프턴에게 빠져들었다고 밝힌 바 있다. 엠원
이 강한 인상을 받은 것은 무엇보다 아버지 햄프턴이 20

살이라는 어린 나이에도 평이한 프롤레타리아의 언어로 대중을 압도한다는 점이었다.[72]

아들 햄프턴은 2001년 석방됐다. 양심수 구명을 위한 단체를 이끄는 그는 종종 힙합 음악인들과 함께 활동하기도 한다. 2004년 뉴욕 브루클린 거리에서는 <데이브 샤펠의 블록 파티Dave Chappelle's Block Party>라는 힙합 콘서트가 열렸고, 커먼과 데드 프레즈를 비롯해 당시 이들과 친하게 지내던 카녜이 웨스트Kanye West 등 뛰어난 음악인들이 참석했다. 다큐멘터리 영화로도 발매된 이 공연에서 블랙스타의 멤버 야신 베이가 자신의 노래 "Umi Says"(어머니 말씀)을 부르던 도중 갑자기 햄프턴이 무대에 등장한다. 햄프턴은 '민중에게 권력을'이라는 블랙팬서당의 구호로 인사한 뒤 '테러와의 전쟁'에 열심이던 미국 정부의 위선을 비판하는 말을 꺼낸다. 그다음에는 무미아 아부자말Mumia Abu-Jamal을 비롯한 흑인 정치범들의 이름을 열거하며 이들을 석방하라고 구호를 외친다. 순식간에 정치 집회가 된 파티에서 야신 베이는 아랑곳하지 않고 "난 흑인이 해

72   Tom Keeper and Chris Harris, "It's Bigger than Hip Hop: An Interview with Mutulu Olugbala (M1) of Dead Prez," *Upping the Anti* 6 (2009), https://uppingtheanti.org/journal/article/06-its-bigger-than-hip-hop.

방되기를 원해"라는 가사를 반복한다. 이 장면은 힙합이 블랙팬서당과 프레드 햄프턴의 정신을 계승하고자 하는 예술임을 선언한 가장 명백한 순간이었다.

아들 햄프턴이 정말 억울하게 오랜 감옥생활을 했는지는 알 수 없다. 하지만 그의 사연은 분명히 그의 아버지가 강조했던 블랙팬서당의 투쟁 원칙을 다시금 떠올리게 한다. 그것은 인종주의와 싸우기 위해서는 다른 인종주의가 아닌 연대가 필요하다는 원칙이다.

> "엘드리지 클리버가 이야기했었죠. 여러분은 불에 불로 맞서는 것이 최선이라고 이야기하지만, 우리는 여러분이 불에 물로 맞서야 한다고 생각합니다. 여러분은 어느 쪽이든 할 수 있겠지만, 우리는 불에 물로 맞서기로 정했습니다. 그가 말했죠. 우리는 인종주의에 인종주의로 맞서지 않을 겁니다. 우리는 인종주의에 연대로 맞설 겁니다. 여러분은 자본주의에 흑인 자본주의로 맞서야 한다고 생각할지 모르겠지만, 우리는 자본주의에 사회주의로 맞설 겁니다."[73]

---

[73]   Philip S. Foner, ed., *The Black Panthers Speak* (Chicago: Haymarket Books, 2014), 141.

휴이 뉴턴 (1942~1989)

힙합이 가장 사랑한 혁명가

"우리는 큰 애정과 이해심을 가지고 서로를 바라봅니다. 그리고 이 시각을 흑인 인구 전체에 확대하려 합니다. 또한 민중에게, 전 세계의 억압받는 민중에게도요. 우리는 다른 집단들과 다르다고 생각합니다. 단순한 이유지만, 우리는 다른 대부분의 집단보다 이 체제를 더 잘 이해하거든요. 이런 깨달음을 가지고 우리는 우리 힘만으로 공동체 내에 강한 정치적 기반을 만들려고 합니다. 우리가 자유를 얻지 못하면 파괴적으로 변할지도 모르는 그 힘으로 말입니다."

데드 프레즈의 곡 "Propaganda"(프로파간다) 마지막에 삽입된 목소리의 주인공은 급진적 흑인운동 단체 블랙팬서당의 지도자 휴이 뉴턴이다. 출처는 뉴턴이 감옥에 있던 1960년대 말에 한 인터뷰로, 1971년 나온 단편영화 <휴이 뉴턴, 혁명의 전주곡*Huey P. Newton: Prelude to Revolution*>에 삽입된 것이다. 인용된 짧은 발언에서 뉴턴은 블랙팬서당의 지향점을 간명하게 요약했다. 미국 흑인의 차별과 억압은 전 세계에서 인종주의적 자본주의 체제를 지배하는 미국의 모순을 가장 분명하게 드러내며, 따라서 미국 흑인의 해방 투쟁은 곧 세계의 모든 억압받는 민중의 투쟁에 속하며 투쟁의 시작점이기도 하다는 의미였다.

블랙팬서당이 해산하고 뉴턴이 사망한 지 십수 년이 지난 2000년에도 데드 프레즈는 여전히 미국의 미디어에서 나오는 말들이 거짓이며, 뉴턴의 원대한 혁명적 주장이 옳다고 생각하는 듯했다. 연설을 인용하면서 이 혁명적 힙합 듀오는 자신들이 1960년대에 살았더라면 블랙팬서 당원이 됐을 거라는 가사로 뉴턴에게 존경심을 표현했다.

I don't believe Bob Marley died from cancer
난 밥 말리가 암으로 죽었다고 믿지 않아
31 years ago I would've been a Panther
31년 전이었다면 난 블랙팬서였겠지
They killed Huey 'cause they knew he had the

answer

그들은 휴이를 죽였어. 그가 답을 가졌다는 걸 알았으니까

The views that you see in the news is propaganda

네가 뉴스에서 보는 의견들은 프로파간다야

– 스틱 맨*stic.man*(데드 프레즈), "Propaganda", 2000

물론 혁명적 레게 가수 밥 말리는 분명 피부암인 흑색종으로 사망했고, 뉴턴을 살해한 범인이 미국 정부의 사주를 받았다는 증거도 없었다. 그렇지만 어쨌든 데드 프레즈는 말리와 뉴턴이 설파하는 진실을 은폐하고자 미국 정부가 프로파간다를 퍼트린다는 점을 강조하려 했던 것 같다. 분명 데드 프레즈의 주장에는 일리가 있었다. 미국의 미디어가 블랙팬서당과 뉴턴을 늘 폭력과 극단주의 같은 부정적 이미지와 결부해 묘사했기 때문이다. 하지만 데드 프레즈는 그런 부정적 이미지에 전혀 동의하지 않았다. 그리고 뉴턴을 긍정적으로 보는 시각은 다른 미국 힙합 음악인들 사이에서도 일반적으로 공유되는 것이었다.

휴이 퍼시 뉴턴*Huey Percy Newton*은 1942년 루이지애나주 먼로에서 태어났다. 휴이라는 이름은 루이지애나에서 주지사와 상원 의원 등으로 1920년대부터 1935년까지 거침없이 진보적 주장을 펼쳐 인기를 끈 민주당

정치인 휴이 롱*Huey Long*에서 따온 것이다. 뉴턴의 가족은 곧 캘리포니아주 오클랜드로 이주했고, 뉴턴은 그곳에서 학업보다는 범죄와 친하게 지내며 자라났다. 고등학교를 졸업할 때까지 글을 모를 정도였던 그는 뒤늦게 독서와 정치에 관심을 가졌고, 대학에 다니며 카를 마르크스*Karl Marx*, 레닌, 프란츠 파농, 맬컴 엑스, 마오쩌둥, 체 게바라 등의 혁명적 사상에 매료됐다.[74]

그는 1960년대 중반 시민권 운동이 블랙파워 운동으로 급진화하던 시대의 흐름에 동참해 1966년 10월 말 바비 실과 함께 오클랜드에서 블랙팬서당을 결성했다. 두 사람은 1962년 오클랜드의 메리트 칼리지 재학생 시절 학내의 흑인 민족주의적 운동 조직인 아프로아메리칸협회*Afro-American Association*에서 처음 만나 의기투합한 사이였다. "자기방어를 위한 블랙팬서당*Black Panther Party for Self-Defense*"이라는 정식 명칭을 내건 이 조직의 출범 당시 당원은 6명에 불과했다.

하지만 이들은 모두 야심 찬 계획을 가진 젊은이들이었고, 자신들의 지역에서부터 시대가 요구하는 행

---

[74] 뉴턴의 생애와 블랙팬서당의 대략적인 활동은 Bloom and Martin, *Black against Empire* 참고.

휴이 뉴턴. 출처: Wikimedia Commons

동들을 과감히 시작했다. 경찰의 폭력으로부터 흑인 주민을 보호한다는 명분으로 소총을 들고 오클랜드 거리를 순찰하는 당원들의 모습은 모든 미국인에게 충격을 주었다. 권총을 들고 거리를 활보하면 안 되지만, 소총이라면 합법이던 캘리포니아 주법을 파고든 전략이었다.[75]

이들은 미국 정부를 날카롭게 비판하며 흑인의 자치와 생존권을 당당하게 요구했고, 당을 상징하는 사업이 된 어린이 무상 아침 급식을 비롯한 흑인 공동체 내 사업들을 차례로 전개해갔다. 특히 뉴턴이 작성한 당의 강령은 쉬우면서도 단호한 문장으로 자신들의 요구와 지향점을 잘 드러냈다. 맬컴 엑스가 이슬람민족을 위해 쓴 규칙들을 참고해 발전시킨 이 강령은 흔히 "10대 강령 *Ten-Point Program*"이라는 이름으로 유명해졌다.

1. 우리는 자유를 원한다. 우리 흑인 공동체의 운명을 결정할 힘을 원한다.
2. 우리는 우리 동포의 완전 고용을 원한다.
3. 우리는 백인이 우리 흑인 공동체에 대한 강도질을 끝내기를 원한다.

---

75   Bloom and Martin, *Black against Empire*, 39.

4. 우리는 인간의 보호처로 적합한 양질의 주택을 원한다.

5. 우리는 우리 동포가 이 퇴폐적인 미국 사회의 본질을 알게 할 교육을 원한다. 우리의 참된 역사와 오늘날 사회에서 우리의 역할을 가르치는 교육을 원한다.

6. 우리는 모든 흑인 남성의 군 복무 면제를 원한다.

7. 우리는 흑인에 대한 경찰의 폭력과 살인이 즉시 끝나길 원한다.

8. 우리는 연방, 주, 카운티, 시의 교도소와 구치소에 있는 모든 흑인 남성의 자유를 원한다.

9. 우리는 미국 헌법이 규정하는 대로 모든 흑인이 재판받을 때 그들의 흑인 공동체 출신의 집단이나 사람들로 이뤄진 배심원에 의해 법정에서 판단받기를 원한다.

10. 우리는 토지, 식량, 주택, 교육, 의복, 정의, 평화를 원한다. 그리고 우리의 주요 정치적 목표로서, 흑인이 자신들의 민족적 운명과 관련한 의사를 결정할 목적으로 피식민 흑인 인구만이 참여할 수 있는 유엔 감독하의 총투표가 흑인 식민지 전역에서 열리기를 원한다.

– 1966년 10월 발표된 블랙팬서당 최초의 강령 중 "우리가 원하는 것"[76]

---

[76]   Foner, ed., *The Black Panthers Speak*, 2–4.

그러나 블랙팬서당과 뉴턴에게 평온한 순간은 거의 없었다. 활동을 시작하고 얼마 지나지 않아 이들은 후버의 FBI가 가동한 급진주의 분쇄 프로그램 코인텔프로의 주요 목표물이 되었다. 프락치가 블랙팬서 조직에 잠입해 분열을 조장했고, 창립 멤버 바비 허튼*Bobby Hutton*이나 시카고 지부장 프레드 햄프턴 등 주요 인물이 경찰에 살해됐다. 뉴턴의 대학 친구로 당의 초기 멤버이자 지도부였던 일본계 미국인 리처드 아오키*Richard Aoki*조차 실은 FBI의 정보원이었다. 핵심 인물인 뉴턴도 당연히 수사당국의 감시를 피해갈 수 없었다. 1967년 10월 28일 뉴턴은 경찰과의 총격전에 연루되어 총상을 입은 채 체포됐다. 오클랜드의 경관 존 프레이*John Frey*를 살해한 혐의였다.

당국의 탄압은 역설적으로 당과 뉴턴의 명성을 드높였다. 뉴턴 체포 사건을 정치적 탄압으로 본 당원들은 백인과 아시아인 급진주의자들과 연합해 대대적인 뉴턴 석방 캠페인을 벌였다. 이 과정에서 당은 전국적이고 대중적인 조직으로 성장해 1970년 8월 뉴턴이 석방됐을 때는 미국 각지뿐 아니라 외국에도 지부를 둘 정도로 크게 발전했다. 흑인을 미국 내 피식민 민중으로 설명하고, 조직된 노동자가 아닌 룸펜프롤레타리아트를 세계 사회주의 혁명의 주역으로 본 이들의 이론은 대단히 특이해 보였다. 하지만 그것은 미국 도시의 가난한 흑인

경관 총격으로 체포된 휴이 뉴턴의 석방을 촉구하는 <블랙팬서> 표지.
출처: The Black Panther Newspaper

공동체를 거점으로 삼은 혁명가들에게 필요한 전술이었고, 그곳에서만큼은 상당한 설득력을 가졌다.

그런데 석방되어 당 지도부에 복귀한 뉴턴은 이전보다 온건한 노선을 추구했다. 그는 이제 이전의 흑인 민족주의나 사회주의적 국제주의 대신 혁명적 상호공동체주의Revolutionary Intercommunalism를 주장하고 나섰다. 뉴턴의 독창적인 주장인 혁명적 상호공동체주의는 제국인 미국이 세계를 지배하고 있으므로 미국의 자본주의와 제국주의를 전복하기 위해서는 민족주의나 국제 연대가 아닌 공동체의 단결이 필요하다는 내용이었다. 이 이론이 정확히 무슨 의미인지를 이해하는 사람은 많지 않겠지만, 적어도 뉴턴이 무언가 달라졌다는 점만큼은 분명해 보였다. 그리고 뉴턴에게서 혁명적 지도력을 기대하던 이들은 이러한 모습에 당혹스러워했다. 노선 차이는 FBI의 수단과 방법을 가리지 않는 공작에 힘입어 지속적인 갈등으로 표현됐다. 곧 뉴턴은 망명 상태에서 외국 지부를 이끌던 엘드리지 클리버를 비롯한 과격파를 차례로 쫓아냈고, 국내 흑인 공동체 조직활동에 집중했다.77

세력이 약해진 뒤에도 뉴턴은 계속해서 당을 이끌었지만, 그다지 좋은 일은 없었다. 그는 1971년 9월 중국을 방문해 환대받았고, 총리 저우언라이周恩来와 북한 대사를 접견하기도 했다. 그러나 곧 중국은 미국과 외교 관계를 개선했고, 자연스럽게 미국 정부를 적으로 보는 블랙팬서당과의 관계는 소원해졌다. 뉴턴 개인에게도 악재가 발생했다. 1974년 10대 성매매 여성을 살해한 혐의로 재판을 받게 된 뉴턴은 쿠바로 망명해 1977년까지 머물렀고, 미국으로 돌아온 뒤 증거 불충분으로 무죄를 선고받았다.

이외에도 뉴턴과 그의 당에는 살인, 폭행, 횡령 등 각종 사건이 끊이지 않았다. 이런 사건들의 진위를 일일이 따지기는 쉽지 않다. 하지만 수사당국이 진행한 공작의 산물과 당의 지도부인 뉴턴이 책임을 면할 수 없는 사건들이 섞여 있을 것이다. 결국 블랙팬서당은 1982년 해산했다. 이후 눈에 띄는 정치적 활동을 하지 않은 뉴턴은 1989년 8월 22일 오클랜드 거리에서 흑인 마약 판매원의 총격으로 살해됐다. 범인은 교도소 중심 갱 조직인 블랙 게릴라 패밀리*Black Guerrilla Family*의 조직원이었다. 이들은 블랙팬서당과 마찬가지로 사회주의와 흑인 민족주의를 추구하며 만들어졌으나 이후 뉴턴과 사이가 나빠

77　이춘입, "블랙파워시대 급진적 흑인들의 맑스-레닌주의 변주: 블랙팬서당을 중심으로", 「미국학논집」 제50호(2) (2018), 158-164.

1971년 9월 중국을 방문해 총리 저우언라이와 악수하는 휴이 뉴턴.
출처: The Black Panther Newspaper

진 상태였다.

　　뉴턴은 미국의 흑인 힙합 음악인들이 가장 존경하는 인물이다. 특히 사회적인 주제를 다루는 래퍼들의 가사에는 누구보다도 자주 뉴턴의 이름이 등장한다. 블랙팬서당과 마찬가지로 폭력적인 이미지의 예술인 힙합 음악인들은 뉴턴과 그의 당에 대한 비난에 전혀 동의하지 않는 것처럼 보인다. 대신 그가 보여준 저항적이고 혁명적인 정신과 공동체에 대한 헌신이 더 중요하다고 생각하는 것 같다. 탈립 콸리는 투팍의 시를 음악으로 풀어낸 앨범에 참여해 다른 흑인들에게 뉴턴처럼 공동체에 헌신하는 모습을 보이라고 촉구했다. 이 곡은 뉴턴이 사망했을 때 투팍이 쓴 추모시 "떨어진 별*Fallen Star*"에서 영감을 받았다.

Niggas get paid then they run away from the community

흑인들은 돈이 들어오면 공동체에서 도망가 버리지

That ain't gangsta nigga, you the opposite of Huey P

그건 갱스터다운 게 아냐, 검둥아. 넌 휴이와는 정반대구나

Don't be confusing me with haters, player

내가 널 시기하는 놈이라고 생각지는 마, 선수라면

Get your paper, just show respect to the folks who

made you

돈을 벌어, 그저 너를 만든 사람들에게 존중을 보이라는
거지

– 탈립 콸리, "Fallen Star", 2005

뉴턴과 직접 인연을 맺은 음악인도 있다. 어린
시절 블랙팬서당의 무료 급식과 교육 프로그램을 경험
한 바 있는 래퍼 척 디는 명백히 블랙팬서당을 계승하고
자 하는 그룹인 퍼블릭 에너미를 출범시키면서 뉴턴에
게 조언을 받았다.[78] 척 디는 뉴턴이 1988년 오클랜드에
서 열린 퍼블릭 에너미의 공연 무대에 올랐고, 사망하던
해까지도 연락을 주고받았다고 밝혔다.[79] 다만 척 디의
증언 외에 뉴턴이 1980년대의 힙합이나 흑인운동에 정
확히 어떤 생각을 가졌는지 알려진 것은 거의 없다.

[78]   "Chuck D: 'We battled the mainstream, we battled our label, we fought every goddamn minute'," *The Guardian*, November 22, 2015, https://www.theguardian.com/music/2015/nov/22/chuck-d-public-enemy-we-battled-the-mainstream-we-battled-our-company-we-fought-every-goddamn-minute.

[79]   Twitter account of Chuck D, https://twitter.com/MrChuckD/status/900872610573041664.

하지만 힙합계에서 투팍만큼 뉴턴을 떠올리게 하는 인물은 없다. 블랙팬서 당원의 아들인 그는 시와 가사로 당과 뉴턴에 대한 존경심을 끊임없이 표시했다. 사실 그의 어머니나 대부 제로니모 프래트*Geronimo Pratt*는 1970년대 초 뉴턴과 대립한 뒤 축출된 과격파에 속했지만, 투팍은 그런 차이보다는 블랙팬서의 대의에 더욱 공감했다. 마찬가지로 뉴턴과 대립했던 엘드리지 클리버도 투팍이 블랙팬서의 정신을 계승하고 있으며, 예전에 태어났다면 당연히 뉴턴과 같은 인물이었을 것이라고 평가했다.[80]

사실 투팍의 삶 자체가 여러모로 뉴턴을 닮았다. 투팍은 블랙팬서당이 탄생한 오클랜드의 힙합 그룹 디지털 언더그라운드*Digital Underground*와 함께 활동을 시작했고, 그곳의 경찰과 불화하며 소송을 진행하기도 했다. 뉴턴처럼 투팍도 활동 내내 백인 사회와 미디어의 비난에 시달렸고, 총격 사건과 수감 생활을 경험했으며, 결국 흑인의 총에 살해됐다. 무엇보다도 뉴턴과 투팍은 많은 흑인 대중에게 사랑받았고, 그들에게 영감을 주었다. 투팍

---

[80]   Henry Louis Gates Jr. and Eldridge Cleaver, "Interview Eldridge Cleaver," *PBS*, spring of 1997, https://www.pbs.org/wgbh/pages/frontline/shows/race/interviews/ecleaver.html.

을 존경하는 것으로 널리 알려진 2010년대 서부의 대표 래퍼 켄드릭 라마가 자신의 음악에서 블랙팬서당과 뉴턴의 영향력을 드러내는 것은 우연이 아니다.

아직 힙합 음악인들이 많이 영향받지 않은 뉴턴의 사상 하나가 있다. 힙합이 그를 사랑하는 한 언젠가는 이 주장도 주목받는 날이 올 것이다. 뉴턴이 1970년 남긴 글 중 일부다.

> "여러분이 동성애와 여성에 대해 가진 개인적 의견이나 불편함이 무엇이든, 우리는 그들을 혁명의 흐름 안에서 통합하려고 노력해야만 합니다. ⋯ 그들은 사회에서 가장 억압받는 사람들일 겁니다. ⋯ 동성애자가 혁명가가 되지 못할 이유는 전혀 없습니다. 아마 동성애자는 가장 혁명적인 이들이 될 수 있을 겁니다. ⋯ '패것*faggot*'이나 '펑크*punk*' 같은 단어들은 우리 어휘에서 삭제되어야 마땅합니다. ⋯ 우리는 게이와 여성 해방 집단과 같이하는 연합을 만들어야 합니다."[81]

---

[81] Huey P. Newton, "The Women's Liberation and Gay Liberation Movements" (August 15, 1970), in David Hilliard and Donald Weise, *The Huey P. Newton Reader*, (Boston: Seven Stories Press, 2002), 157–160.

앤절라 데이비스 (1944~)

아이스 큐브가 흑인 여성 혁명가에게 배운 것

거침없는 갱스터 랩으로 미국 사회를 놀라게 하던 아이스 큐브가 1991년 어느 날 특별한 사람을 만났다. 미국 공산당에서 활동한 고참 흑인운동가 앤절라 데이비스와의 대담이었다. 당시 큐브는 갱스터 랩으로 인기와 악명을 동시에 얻은 그룹 N.W.A를 떠나 정치색을 한층 강화한 솔로 앨범을 발표하며 성공 가도를 달리고 있었다. 큐브의 엄마뻘인 데이비스는 1960년대 말부터 전투적인 흑인 급진주의자로 이름을 알렸으나, 1991년 당시에는 한층 성숙한 운동가이자 교수로 활동하고 있었다.

급진적 흑인운동의 과거와 현재를 대표한 두 사람은 닮은 구석이 있었다. 주체적인 흑인 여성의 상징으로 공처럼 부푼 '아프로*Afro*' 헤어스타일을 선택한 데이비스처럼 큐브도 가수 마이클 잭슨*Michael Jackson*처럼 멋을 부려 늘어뜨린 자신의 '제리 컬*Jheri curl*'을 자르고 흑인다운 모습으로 돌아간 인물이었다. 이런 점들 때문에 두 사람은 다른 시대를 살아왔지만, 미국의 인종주의와 흑인 운동에 대해 흥미로운 대화를 할 수 있을 것 같았다.

하지만 대담이 진행될수록 차이가 드러났다. 데이비스가 큐브의 가사에 수없이 등장하는 '검둥이*nigga*', '개년*bitch*', '창녀*ho*' 같은 단어들의 문제를 지적하자 큐브는 자신이 일반 여성을 비하한다는 것은 오해이며, 사람들과 소통하기 위해 거리의 언어를 사용할 뿐이라고 대답했다. 또한 데이비스는 큐브에게 흑인 여성을 배제하려는 경향이 있다고 지적했고, 큐브는 "우리가 강해지지 않으면 흑인 여성이 흑인 남성을 존경하지 않을 것"이며 "평등하게 서로를 바라본다면 분열되고 말 것"이라고 대답했다.[82]

미국 흑인이 여성, 아메리카 원주민, 아시아인, 아프리카인 등과 적극적으로 연대해야 한다는 데이비스의 주장은 큐브가 보기엔 별 득이 없는 인종 통합적인 주장에 불과했다. 오히려 당시 큐브는 흑인이 LA의 한국인

---

[82] Ice Cube and Angela Y. Davis, "Nappy Happy," *Transition* 58 (1992), 182.

가게에서 도둑 취급을 받는 일에 화를 내고 있었다. 흑인 민족주의를 지향하는 종교인 이슬람민족의 엄격한 가르침에 매료된 젊은 큐브에게 데이비스의 조언은 엄마의 잔소리처럼 들렸다. 그러나 이 노련한 운동가는 큐브가 아직 보지 못하는 것들을 지적했고, 그것은 젊은 날의 데이비스 자신이 충분히 보지 못한 것들이기도 했다.

앤절라 이본 데이비스*Angela Yvonne Davis*는 1944년 앨라배마주 버밍햄시에서 태어났다. 그곳은 미국 남부의 전통적인 인종 격리 관습이 여전히 지배적인 가운데 시민권 운동가들과 쿠 클럭스 클랜 단원들이 옛 질서의 유지 여부를 두고 피 흘리며 다투게 될 곳이었다. 데이비스가 성인이 되는 1960년대 초까지 버밍햄시에서는 흑인이나 인종차별 철폐에 앞장서는 인물에 대한 폭탄 테러가 빈번했다. 그런 이유로 이 도시에는 '바밍햄*Bombingham*'이라는 별명이 붙었는데, 데이비스는 특히 테러가 빈번했던 다이너마이트 힐*Dynamite Hill* 인근에서 성장했다. 가장 참혹했던 테러는 1963년 9월 15일 시민권 운동 모임이 자주 열렸던 16번가의 침례교회에 쿠 클럭스 클랜 단원들이 시한폭탄을 터트려 4명의 흑인 소녀가 사망한 사건이었는데, 데이비스는 희생자 가운데 두 사람을 개인적으로 알고 있었다.

이처럼 참혹했던 남부의 인종차별적 관습을 겪

앤절라 데이비스. 출처: Oregon State University

으며 성장한 데이비스는 고등학교 시절부터 사회주의에 대한 지식을 접하기 시작했고, 브랜다이스대학 재학 당시 파리에서 세계 각지의 학생들을 만나며 정치적으로 각성해 공산주의자가 되었다. 이후 그는 20세기 중반 서구 마르크스주의의 한 축을 차지한 프랑크푸르트학파의 대표적 철학자 허버트 마르쿠제*Herbert Marcuse*의 제자로 서독과 미국에서 철학을 공부했고, 이후 동독의 훔볼트대학에서 박사학위를 받았다.

데이비스는 자연스럽게 1960년대 후반의 급진적 운동들에 몸을 실었다. 평등을 요구하는 시민권 운동뿐 아니라 전투적인 흑인운동인 블랙파워의 대의에도 공감한 그는 학생비폭력조정위원회와 블랙팬서당 활동에 가담했다. 1968년에는 미국공산당에 가입했고, 공산당 내 흑인 조직인 LA의 체-루뭄바 클럽에서도 활동했다. 블랙팬서당이 다른 정당의 당적을 정리할 것을 요구하자 데이비스는 미국공산당 활동에 집중하기로 결정했지만, 그와 블랙팬서당은 이후에도 우호적인 관계를 유지했다. 이처럼 그는 소련의 마르크스레닌주의, 서구 마르크스주의, 제3세계 혁명운동, 흑인 민족주의 등 온갖 종류의 혁명적 사상과 운동에 걸쳐 있는 흔치 않은 인물이었다.

하지만 곧 시련이 닥쳤다. 1969년 데이비스가

UCLA의 조교수로 채용되자, 훗날 대통령이 된 캘리포니아 주지사 로널드 레이건*Ronald Reagan*이 공산당원이라는 이유로 그를 해임했다. 그러나 이것은 시작에 불과했다. 1970년 당시 신변의 위협을 느끼던 데이비스는 무장한 경호원을 대동하고 다녔는데, 이 경호원은 1970년 8월 7일 캘리포니아주 마린 카운티 법정에서 인질극을 벌였다. 이후 투팍의 노래 "Soulja's Story"(전사의 이야기)에 영감을 주기도 한 이 사건은 교도소 내 흑인 공산주의 갱 조직인 블랙 게릴라 패밀리의 지도자 조지 잭슨*George Jackson*과 재소자들을 석방하라며 조지 잭슨의 동생인 17세의 조너선*Jonathan*이 일으킨 일이었다.

조너선과 인질이었던 판사를 포함해 4명의 총격 사망자가 발생한 이 사건에서는 데이비스의 이름으로 구매한 총기도 사용됐다. 급진 운동 탄압에 누구보다 열성적이던 FBI 국장 에드거 후버는 데이비스를 살인과 납치 혐의로 10대 지명수배자 명단에 올렸고, 대통령 리처드 닉슨은 데이비스를 위험한 테러리스트라고 비난했다. 데이비스는 2개월간의 도피 끝에 1970년 10월 13일 체포됐다. 그의 재판은 세계적인 주목을 받았는데, 비틀스*Beatles*의 존 레넌*John Lennon*과 롤링 스톤즈*Rolling Stones* 같은 유명 음악인들이 그를 위한 곡을 발표하기도 했다. 데이비스는 체포된 지 18개월 후 무죄 판결을 받았다.

데이비스는 1960년대의 급진 운동가로만 남지 않았다. 그는 공산주의자이자 페미니스트로서, 학자이자 운동가로서 끊임없이 자신의 활동을 발전시켰다. 1970년대에 그는 쿠바, 소련, 동독 등을 방문하며 사회주의적 반인종주의 활동을 이어나갔고, 1979년에는 모스크바에서 레닌 평화상을 받았다. 1980년과 1984년에는 미국공산당의 부통령 후보로 대선에 출마하기도 했다. 하지만 데이비스는 어떤 경우에도 소련과 공산당의 지침을 충실히 따르는 유형의 완고한 공산주의자는 아니었다. 그는 소련이 막 붕괴한 1991년 공산당을 떠났다. 소련공산당의 보수파가 서기장 미하일 고르바초프 Mikhail Gorbachev에 대항해 일으킨 쿠데타를 미국공산당이 지지한 데 대한 반발이었다.

데이비스의 가장 큰 관심사는 미국의 감옥제도 폐지다. 감옥 폐지론의 대표 인물로 꼽히는 그는 더 많은 사람을 가둘수록 더 큰 이익을 보는 '감옥산업복합체 prison-industrial complex'가 미국에 존재하며, 빈민과 소수인종이 이 오랫동안 팽창해온 교정산업의 희생자라고 지적한다. 이 문제를 해결하기 위해 그는 현재의 교정시설을 개혁할 것이 아니라 폐지해야 하며, 사람을 가두고 처벌하는 대신 그들이 재활할 수 있도록 투자해야 한다고 수십 년 동안 주장해왔다. 그는 감옥 폐지 운동이 노예제,

WANTED
BY THE FBI

INTERSTATE FLIGHT - MURDER, KIDNAPING
ANGELA YVONNE DAVIS

FBI No. 867,615 G

Photograph taken 1969   Photograph taken 1970

Alias: "Tamu"

Age:	26, born January 26, 1944, Birmingham, Alabama		
Height:	5'8"	**Eyes:**	Brown
Weight:	145 pounds	**Complexion:**	Light brown
Build:	Slender	**Race:**	Negro
Hair:	Black	**Nationality:**	American
Occupation:	Teacher		
Scars and Marks:	Small scars on both knees		

Fingerprint Classification: 4 M 5 Ua 6
I 17 U

CAUTION

ANGELA DAVIS IS WANTED ON KIDNAPING AND MURDER CHARGES GROWING OUT OF AN ABDUCTION AND SHOOTING IN MARIN COUNTY, CALIFORNIA, ON AUGUST 7, 1970. SHE ALLEGEDLY HAS PURCHASED SEVERAL GUNS IN THE PAST. CONSIDER POSSIBLY ARMED AND DANGEROUS.

A Federal warrant was issued on August 15, 1970, at San Francisco, California, charging Davis with unlawful interstate flight to avoid prosecution for murder and kidnaping (Title 18, U. S. Code, Section 1073).

IF YOU HAVE ANY INFORMATION CONCERNING THIS PERSON, PLEASE NOTIFY ME OR CONTACT YOUR LOCAL FBI OFFICE. TELEPHONE NUMBERS AND ADDRESSES OF ALL FBI OFFICES LISTED ON BACK.

DIRECTOR
FEDERAL BUREAU OF INVESTIGATION
UNITED STATES DEPARTMENT OF JUSTICE
WASHINGTON, D. C. 20535
TELEPHONE, NATIONAL 8-7117

Entered NCIC
Wanted Flyer 457
August 18, 1970

1970년 FBI 국장 에드거 후버 명의로 발행한 앤절라 데이비스 수배 전단.
적용된 혐의는 납치와 살인이다.
출처: Wikimedia Commons

린치, 인종 격리 정책 등에 대한 반대 운동처럼 미국 사회를 더욱 민주주의적인 방향으로 이끄는 혁명적 운동이라고 강하게 믿었다.*83*

　　이런 주장은 오랫동안 대중적 반향을 일으키지 못했지만, 비현실적인 공상만은 아니었다. 2020년 여름 조지 플로이드의 사망에 항의하는 시위에서는 '경찰 예산을 끊어라*defund the police*'라는 구호가 자주 등장했다. 경찰 예산을 삭감하고 그 예산을 교육, 주거, 재활 등 진정한 시민 안전 보장에 투자해야 한다는 것이 요지였다. 몇몇 지역에서 성과를 거두기도 한 이 주장의 배경에는 분명 데이비스를 비롯한 감옥 폐지론자들의 끈질긴 문제 제기가 있었다.

　　데이비스는 70대 후반이 된 2020년대에도 감옥 폐지론을 페미니즘과 연결하는 연구와 활동에 몰두하고 있다. 대표적으로 그는 젠더 폭력을 경찰력과 감옥에 의존해 줄일 수 있다는 주장에 대단히 비판적이다. 가해자에 대한 처벌 강화는 젠더 폭력을 늘 있는 정상적인 일로

83　　감옥 폐지론은 2000년 이후 대부분의 데이비스 저작에서 중심 주제이며, 한국에 소개된 것으로는 안젤라 데이비스, 문성호 옮김, 『미국, 아직도 노예제 국가? 안젤라 데이비스 인터뷰 모음집』(사람소리, 2013)이 있다.

1970년 보스턴에서 열린 반전 시위에서 "앤절라 데이비스를 석방하라"라는
현수막을 들고 있다.
출처: Nicholas DeWolf

가정하며 나오는 대응일 뿐 젠더 폭력을 멈추거나 줄일 수 있는 해결책이 아니라는 것이다. 데이비스와 같은 감옥 폐지론자들은 오히려 여성 보호라는 명분이 공권력의 폭력을 정당화하기 위해 손쉽게 동원된다는 점을 더욱 문제로 지적한다.[84]

사실 데이비스는 1960년대부터 여성을 주변화하는 흑인운동에 문제를 제기했고, 인종차별주의로 빠져드는 백인 여성 위주의 페미니즘 대신 흑인 페미니즘이라는 새로운 전통을 만드는 데 앞장섰다. 흑인 페미니즘은 흑인운동이나 여성운동 중 한쪽에 중점을 두는 것이 아니라 두 운동이 교차하고 연결되는 지점에 주목한다. 이런 맥락에서 그는 1995년 이슬람민족의 지도자 루이스 패러칸이 주도한 백만인 행진*Million Man March*이 여성을 배제하며 추진되자 흑인 페미니스트들의 조직을 결성해 비판했다. 커밍아웃한 레즈비언이기도 한 데이비스는 2017년에도 반여성적 인물로 여겨진 도널드 트럼프의 대통령 취임식 다음 날 워싱턴 여성 행진에 적극 참여했다. 데이비스는 줄곧 트럼프를 "대통령"이 아닌 "현

---

[84] 데이비스의 감옥 폐지론 페미니즘에 대한 견해는 대표적으로 Angela Davis et al, *Abolition. Feminism. Now.*, (Chicago: Haymarket Books, 2022).

재 백악관 점유자"라고 불렀다.

　데이비스는 여성비하 같은 힙합의 부정적 모습에 대단히 비판적이지만, 한편으로 힙합 음악인들이 문화 정치 영역에서 벌이는 싸움의 가치를 인정했다. 힙합 음악인들은 단순히 아프로 헤어스타일의 상징으로 그를 인용하기도 하지만, 음악과 사회의 관계를 고민하는 진지한 래퍼들에게 이 여성 급진주의자는 흘러간 패션 상징 이상을 의미했다. 퍼블릭 에너미의 "Most of My Heroes Still..."(내 영웅 대부분은 여전히...)에서 데이비스는 "우표에 나오지 않는 내 영웅들" 중 한 사람이다. 2012년 데이비스의 1970년대 당시 재판을 다룬 다큐멘터리 <앤절라와 모든 정치범을 석방하라*Free Angela and All Political Prisoners*>가 발표되자 윌 스미스*Will Smith*와 제이지 같은 유명 래퍼들이 홍보에 동참하기도 했다.

　나스는 "Stay Chisel"에서 "정신에 아무 칼로리도 주지 않는" 지방 낀 랩을 듣는 대신 읽어야 할 책의 저자 중 한 명으로 데이비스를 꼽았다. 2014년 나스는 데이비스와 함께 미국의 대량 투옥제도에 관한 대담에 참여하기도 했다. 감옥에 간 친구에게 보내는 편지 형식의 명곡 "One Love"(하나의 사랑)를 발표하기도 한 나스는 이 주제에 대해 할 말이 많았다. 데이비스와 나스는 감옥 대신 교육이 필요하며, 음악인들이 사람들을 일깨워야 한다고 생각하는 점 등에서 여러모로 생각이 일치했다.

그러면서 나스는 랩 음악이 잘못된 삶의 방식을 부추긴다는 주장에 대해 항변했다. 그는 랩을 "형사사법 제도의 산물"이라고 정의하며, 래퍼들이 범죄나 교도소에 가는 삶의 방식을 미화하는 것이 아니라 가혹한 현실에 관해 이야기하고, 교도소행이 실제로 일상적인 환경에서 의연하고자 하는 태도를 음악에서 나타낸다고 설명했다. 하지만 나스는 때때로 랩의 메시지가 오해받는다면서도 아티스트들이 지나치게 범죄 이미지에 매몰되는 경우가 있다고 인정했다.[85]

데이비스의 감옥 폐지론에 공감한 래퍼는 물론 더 있다. 시카고 출신 래퍼 커먼은 음악뿐 아니라 이매진 저스티스라는 자신의 사회운동단체 활동에도 열심이다. 이 단체는 미국의 대량 투옥제도를 비판하는 활동을 중점적으로 하는데, 커먼의 소셜미디어에서는 각지의 교도소를 돌아다니며 수감자들 앞에서 공연하는 그의 사진을 자주 발견할 수 있다.

커먼은 아마 힙합 음악인들 가운데 가장 데이비

---

[85]   "Education as the Rx for a soaring prison population," *Lehigh News*, March 12, 2014, https://www2.lehigh.edu/news/education-rx-soaring-prison-population.

스와 가까운 사이일 것이다. 데이비스는 2020년 <타임 Time>에서 선정한 세계에서 가장 영향력 있는 100인 목록에 포함됐다. '아이콘' 부문에 선정된 그의 소개글도 커먼이 썼다. 커먼은 데이비스를 인종주의 체제에 저항해온 사람이자 힙합 음악에서 자주 이름을 들을 수 있는 사람 중 한 명으로 언급하며 힙합 아티스트로서 자신이 왜 데이비스를 존경하는지 설명했다.

> "힙합 아티스트들은 세계의 흑인 어린이들에게, 그리고 그들을 위해 말하는 문화의 선도자들입니다. 아티스트들이 전설로 바라보고 존경심을 표현하는 사람이 누구인지는 상당히 중요한 일이죠. 앤절라 데이비스는 여전히 중요한 일들에 맥박이 뛰는 사람이에요. 작년에 저는 그의 집에서 열린 생일파티에서 그를 위해 프리스타일 랩을 했습니다. 그날 그는 발코니에서 재즈를 들으며 밤을 보냈죠. 콜린 캐퍼닉의 저지 셔츠를 입고서요. 혁명은 사랑입니다."[86]

---

[86]   Common, "Angela Davis," *Time*, Sep. 22, 2020, https://time.com/collection/100-most-influential-people-2020/5888290/angela-davis.

하지만 데이비스를 기념한 최고의 힙합 음악은 베테랑 여성 래퍼 라 디가가 2014년 발표한 "Angela Davis"(앤절라 데이비스)일 것이다. 이 곡에서 라 디가는 데이비스로 변신해 자신의 흑인다운 외모를 사랑하기에 스트레이트파마나 성형수술을 하지 않는다고 말하고, 데뷔 앨범이 차트 상위권에 오르지 않았지만 진정한 엠시의 모습을 보여줬다고 자랑스럽게 선언한다. 이 곡의 가사에서는 데이비스에 대한 설명 대신 라 디가의 주체적인 여성 래퍼로서의 자부심만 표현되지만, 다른 어떤 곡보다도 데이비스를 향한 강한 존경심을 느낄 수 있다.

I'm Angela Davis, I ain't shaking my buns
난 앤절라 데이비스, 엉덩이를 흔드는 사람이 아니야
I'm yelling Power to the People and waving'em guns
민중에게 권력을 주라고 외치며 총을 흔들지
I be pumping dat fist, I ain't running from shit
난 주먹을 치켜들어, 문제를 회피하지도 않아
It ain't too many of you broads got the stomach for this
이만한 배짱을 가진 여자들은 별로 없지

– 라 디가, "Angela Davis", 2014

아이스 큐브가 데이비스와의 대담 직후 발매한 앨범 <Death Certificate>에는 재미 한인에 대한 공격적 가사로 논란을 빚은 "Black Korea"가 실려 있다. 대담 이후 데이비스는 자신이 이 곡을 미리 들었더라면 문화를 넘나드는 협력에 대해 더 많이 이야기할 수 있었을 거라며 아쉬움을 드러냈다. 그리고 어느덧 중년의 나이가 된 큐브는 공연을 위해 2018년 내한해 그 곡에 대한 질문을 받았다. 그는 그 곡이 실패한 곡이며, "아시아인을 모욕하지 않는 다른 방식을 택할 수도 있었다"라는 입장을 밝혔다. 또 자신의 옛 작품들에 대해 "한때 감정이 앞서 잘못된 노래를 만들었다"며 한국인과 여성을 비하한 몇몇 곡을 수정하거나 무르고 싶다고 덧붙였다.[87] 큐브는 조금은 데이비스에게 가까워진 것처럼 보인다.

---

87   "아이스 큐브 '재미한인에 아픔 준 노래 Black Korea 시간 되돌릴 수만 있다면 지우고 싶어'", 동아일보 (2018년 6월 12일), A25면, https://www.donga.com/news/article/all/20180612/90534413/1.

스티브 비코 (1946~1977)
어 트라이브 콜드 퀘스트는 힙합으로 무엇을 하려 했을까?

1980년대 후반부터 1990년대 중반은 흔히 힙합의 황금기로 꼽힌다. 이 시기에 특히 N.W.A를 필두로 하는 미국 서부 해안의 래퍼들은 전례 없이 과격한 가사를 선보이며 기존의 힙합과는 확연히 다른 갱스터 랩을 발전시켰고, 수많은 비판에도 불구하고 엄청난 상업적 성공을 거두며 힙합의 주류로 올라섰다. 갱스터 랩의 충격은 서부 해안을 넘어 힙합의 탄생지인 뉴욕에까지 미쳤지만, 같은 시기 뉴욕의 힙합 역시 새로운 방향으로 움직이고 있었다. 유쾌하면서도 진지하며 아프리카의 문화적 요소들을 음악에 녹여낸 이 새로운 움직임은 거침없는 갱스터 랩과는 다른 방식으로 힙합을 한 단계 진화시켰다. 이 움직임을 주도한 것은 네이티브 텅스라고 자처한 젊은 음악인 집단이었다. 정글 브라더스*Jungle Brothers*, 데 라 소울*De La Soul*, 퀸 라티파, 모니 러브 등 네이티브 텅스에 속한 음악인들은 N.W.A나 퍼블릭 에너미처럼 직설적인 메시지를 전달하는 대신 한발 물러서 개인과 사회의 문제를 진지하게 탐구했고, 이후 '의식있는 랩*conscious rap*'이라고 불릴 양식의 발전에 큰 영향을 주었다.

뉴욕 퀸스 출신 그룹인 어 트라이브 콜드 퀘스트*A Tribe Called Quest* 역시 네이티브 텅스의 일원이다. 이들이 1993년 발표해 비평가들의 극찬을 받은 세 번째 앨범 <Midnight Marauders>(한밤중의 습격자)는 "Steve Biko(Stir It Up)"(스티브 비코(각성시켜))라는 곡으로 시작한다. 남아프리카 공화국 운동가의 이름을 제목으로 한 이 곡의 가사에는 사실 비코에 대한 언급이 거의 없다. 대신 멋있는 음악을 하겠다는 젊은 래퍼들의 자신감 넘치는 가사만 가득하다. 그럼에도 이 곡의 제목은 다른 어떤 표현보다도 이들이 힙합을 통해 무엇을 하려는지를 분명히 드러냈다. 이미 너무 많은 래퍼가 총격이 난무하는 거리의 삶을 이야기했기에 이들은 거기에 한 마디 더 보태기보다는 다른 이야기를 할 참이었다. 그리고 다른 정치적인 래퍼들이 자신들의 음악을 흑인운동의 역사에 위치시키기 위해 블랙팬서당이나 이슬람민족을 부지런히 인용할 때 이들은 비코를 택했다. 스티브 비코라는 이름은 '흑인 의식'의 동의어였고, 이들은 힙합을 통해 흑인

의식을 '각성'시킬 생각이었다.

[Phife Dawg]

I'm radical with this like the man this song is after

이 노래 제목인 사람처럼 이렇게 난 급진적이네

Yo Tip settle down, what's the reason for the laughter?

이봐 큐팁 진정해, 왜 웃는 거야?

[Q-Tip]

I really can't say, I guess I laugh to keep from crying

나도 뭐라 말하기 어려워, 울지 않으려고 웃는 것 같아

So much going on, people killing, people dying

너무 많은 일이 일어나고 있잖아, 사람들이 죽이고 또 죽어가고

But I won't dwell on that, I think I'll elevate my mental

하지만 그런 생각만 할 순 없지, 내 정신 상태를 고양할 거야

Thanks for these bars on the Biko instrumental

이 비코 비트 위에 랩을 얹어 줘서 고마워

— 어 트라이브 콜드 퀘스트. "Steve Biko(Stir it Up)", 1993

스티브 비코, 출처: Wikimedia Commons

1946년 남아프리카 공화국의 전신인 남아프리카 연방에서 태어난 스티븐 반투 비코*Stephen Bantu Biko*는 이스턴케이프주 킹윌리엄스타운에서 자라났다. 그가 채 2살도 되기 전인 1948년 네덜란드계 백인인 아프리카너*Afrikaner*들의 국민당*National Party* 정권은 인종차별로 세계적인 악명을 떨치게 될 아파르트헤이트 체제를 출범시켰다. 이에 따라 남아프리카 연방의 국민은 법적으로 백인, 흑인, 유색인으로 분류되고, 투표권은 백인에게만 주어졌다.

아파르트헤이트는 입법뿐 아니라 폭력으로 관철된 제도였다. 가장 큰 폭력은 1960년 3월 21일 샤프빌에서 열린 통행제한법 반대 시위에서 발생했다. 통행제한법은 백인 거주지역에 드나드는 타인종에게 통행증을 휴대하도록 해 수시로 검문하고 체포할 수 있게 한 제도였다. 이날 대표적인 흑인 정치조직들인 아프리카국민회의*African National Congress*와 범아프리카주의자회의*Pan Africanist Congress* 등의 주도로 대규모 흑인 집회가 열렸고, 백인 국민당 정부는 시위대에 발포해 69명을 살해하고 180명을 다치게 했다. 뒤이어 정부는 넬슨 만델라와 로버트 소부퀘*Robert Sobukwe* 같은 지도자들을 체포하면서 흑인 정치운동을 무력화했다.

비코가 운동가로서의 생애를 시작한 1960년대 중반은 이처럼 남아공의 흑인 정치에 공백이 생긴 시기였다. 1966년 나탈대학 의학부에 진학한 비코는 아파르트헤이트에 반대하는 다인종 학생운동 조직인 남아프리카전국학생연합*National Union of South African Students*에서 활동을 시작했다. 그 조직은 백인 자유주의자들이 주도했고, 조직의 인종 연대는 백인의 특권과 흑인의 차별을 어느 정도 용인하면서 이뤄졌다. 비코는 흑인 학생의 출입이 금지된 기숙사에서 조직의 파티가 열리거나 백인 학생들이 멀쩡한 숙소에 머무를 동안 흑인 학생들이 교회에서 자야 하는 상황을 마주하고 깊은 회의를 느꼈다. 곧 비코는 다인종 학생운동이 흑인의 투쟁에 도움되지 않으며, 아파르트헤이트 체제 내에서는 기만에 불과하다는 확신을 갖게 된다.

이러한 생각으로 비코는 1968년 흑인 학생들만의 조직 남아프리카학생연합*South African Students' Organisation*의 창설을 주도했고, 초대 의장에 선출됐다. 이들이 말하는 '흑인'은 반투어를 쓰는 아프리카인뿐 아니라 남아공의 인도계와 다른 유색인 학생들도 포함하는 것이었다. 비코의 문제의식은 1972년 학생운동의 틀을 벗어난 대중 조직인 흑인민중회의*Black People's Convention*가 탄생하는 데에도 기여했다. 그는 아파르트헤이트에 비판적인 백인 자유주의자들을 싫어하지 않았으나 그들의 지도와 도움으로 흑인 해방을 달성할 수 있다는 생각만큼은 단호히 배격했다.

비코의 운동은 흑인 의식을 고양하기 위한 활동이었다. 비코에 앞서 흑인 의식의 문제를 지적한 마르티니크 출신 사상가 프란츠 파농, 동시대인 1960년대 미국에서 독자적 흑인운동을 주장하던 맬컴 엑스와 블랙파워 운동가들이 그에게 영감을 주었다. "압제자들이 손에 든 가장 강력한 무기는 압제 받는 사람들의 의식"이라는 말을 남긴 그는 억압적 체제에 대항하려면 무엇보다 흑인의 정체성을 확립하고 자긍심을 불러일으키는 일이 중요하다고 보았다.[88] 이런 생각은 "검은 것은 아름답다"라는 간결하고도 단호한 구호로 표현됐다. 당시 통용되던 '비백인*nonwhite*'이라는 용어를 거부하고, 주체적이고 긍정적인 의미로 '흑인*black*'이라는 용어를 사용하기 시작한 것은 흑인 의식운동의 지향점을 보여준 대표적 사례였다.

비코에게 흑인 의식운동이란 단순히 반정부 투

88   Aelred Stubbs, ed., *I Write What I Like: A Selection of His Writings* (Oxford: Heinemann, 1987), 68.

1960년 3월 21일 벌어진 샤프빌 학살을 묘사한 그림.
작가: Godfrey Rubens

쟁을 의미하는 것이 아니었다. 그것은 흑인 해방을 위해 백인 부르주아 문화를 단호히 거부하고 억압적인 사회 경제적 구조를 완전히 전복해야 한다는 급진적인 주장이었다.

> "흑인들은 더 이상 체제 개혁 따위를 원하지 않는다. 왜냐하면 그것은 역설적으로 체제를 인정한다는 의미를 수반하기 때문이다. 흑인들이 진정으로 원하는 건 기존의 체제를 자신들이 원하는 모습대로 완전히 전복시키는 일이다. 이렇게 엄청난 일은 흑인들 스스로가 자신들의 입장에 내재한 일말의 진리에 대한 확신이 있을 때만 가능하다."[89]

비코의 혁명적 주장은 작은 개혁조차 허용하지 않는 남아공 정치의 산물이었다. 남아공의 현실에서는 1인1표제를 실시해 흑인과 유색인에게 투표권을 달라는 비코의 주장조차 터무니없는 것으로 치부됐다. 비코의 운동은 비폭력적이고 합법적인 대중운동을 지향했지만,

---

[89] 이석호 편역, 『범아프리카주의 이론과 실천의 계보학』 (아프리카, 2018), 188-189.

남아공 당국이 보기에 흑인 의식운동은 그저 백인에 대한 폭력을 선동하는 과격분자들의 주장이었다.

사실 비코가 주장하는 혁명은 사회주의적 전망을 담고 있었으나, 그가 소련식 공산주의를 지향하지는 않았다. 그는 미국이 아닌 소련이 아프리카인의 해방 투쟁을 도왔다는 것은 인정했지만, 소련이 진정으로 흑인 민중 해방에 관심이 있는지에 대해 회의적이었다. 또 남아공의 흑인운동이 소련의 도구로 이용되어서는 더더욱 안 된다고 생각했다.

1973년부터 비코는 정치활동을 금지당했고, 심지어 그의 발언을 인용하는 일도 허용되지 않았다. 그럼에도 그는 공동체 운동을 조직하고 정치범 지원 기금을 조성하는 등 체포를 감수하며 활동을 계속했다. 그러나 남아공의 상황은 점점 나빠졌다. 1976년 6월 16일에는 소웨토에서 백인의 언어인 아프리칸스로 진행하는 수업에 항의하는 흑인 학생들의 대규모 시위가 일어났다. 비코의 흑인 의식운동에 직접적으로 영감을 받은 이 시위는 며칠 동안 계속됐고, 경찰의 발포로 최소 176명의 시위대가 사망했다.

소웨토 항쟁 이후 흑인 지도자들의 체포와 의문사가 급증했다. 비코도 1977년 8월 18일 테러행위법 위반 혐의로 체포당했고, 고문이 동반된 취조 과정에서 뇌손상을 입어 9월 12일 30세의 나이로 사망했다. 비코는 자신이 체포된다면 곧 살해당할 것을 알고 있었다. 사후에 공개된 인터뷰에서 그는 자신의 죽음을 암시한 바 있다.

> "너희들이 너희 방식대로 일을 처리하고 싶다면, 내게 수갑을 채우고 발도 함께 묶어야 할 거야. 그래야 내가 대응할 수 없을 테니까. 너희가 나를 대응하도록 내버려 두면, 나는 반드시 저항할 거야. 그렇게 되면 너희들이 의도치 않게 나를 죽여야만 하는 상황이 벌어질지도 모르지."[90]

경찰은 비코가 단식투쟁 끝에 사망했다고 밝혔고, 이후에는 스스로 벽에 머리를 부딪혀 사망했다고 주장했으나 그 말을 믿는 사람은 없었다. 비코 이전에도 경찰 조사 중 수십 명의 흑인운동가가 사망했고, 그들의 사인이 자살, 자연사, 사고사, 불명 등으로 발표됐기 때문이다. 비코의 사망으로 기소된 사람은 아무도 없었다. 하지만 그런 은폐도 비코가 반아파르트헤이트 운동의 상

---

[90] Donald Woods, *Biko* (1978), 최호정 옮김, 『아자니아의 검은 거인, 반투 스티브 비코』(그린비, 2003), 27.

징으로 부상하는 것을 막을 순 없었다. 비코의 장례식에
는 약 2만 명이 운집했다. 충돌은 일어나지 않았지만, 장
례식이 끝나고 2주 뒤 모든 흑인 의식운동 조직의 활동
이 금지됐다.

퍼블릭 에너미, 브랜드 누비언, 사울 윌리엄스,
와이클레프 장*Wyclef Jean*처럼 흑인 의식에 관심이 많은 힙
합 음악인들은 자신들의 가사에서 비코를 언급했다. 와
이클레프 장은 2010년 아이티 대통령 선거 출마를 선언
하면서 자신에게 영향을 준 인물로 만델라와 비코를 꼽
기도 했다.**91** 다만 출마 자격을 충족시키지 못해 후보 등
록에 실패했기 때문에 그가 얼마나 진지하게 남아공의
정치인들을 계승하고자 했는지는 확인할 수 없다.

비코의 사상을 분명하게 급진적인 주장과 연결
한 래퍼들도 있다. 비코보다 더 좌파적인 정치성향을 지
닌 미국의 힙합 듀오 데드 프레즈는 "I'm a African"(난 아
프리카인이야)에서 자신들이 비코처럼 검다며 아프리카
인으로서의 긍지를 강조한다. 이들은 아프리카에서 태

91
"Wyclef Jean Details His Run for President of Haiti," *Rolling Stone*, August 10, 2009, https://www.rollingstone.com/music/music-news/wyclef-jean-details-his-run-for-president-of-haiti-49833/.

어나지 않았으나 아프리카가 자신들의 어머니라고 말하며, 자신들이 아프리카계 미국인 따위가 아니라고 선언한다.

[stic.man]

I'm black like Steve Biko, raised in the ghetto by the people

난 스티브 비코처럼 검어, 게토에서 민중에 의해 자랐지

Fuck the police, you know how we do

경찰은 X까, 우리가 어떻게 하는지 알겠지

[M-1]

I'm a African, never was a African-American

난 아프리카인이야, 아프리카계 미국인이었던 적은 한번도 없어

Blacker than black, I take it back to my origin

검은색보다도 검어, 내 기원으로 돌려놓지

Same skin hated by the Klansmen

KKK가 증오하는 바로 그 피부

Big nose and lips, big hips and butts dancing, what!

큰 코와 입술, 큰 엉덩이와 엉덩이춤, 그래서 뭐!

– 데드 프레즈, "I'm a African", 2000

스티브 비코의 살해를 보도한 1977년 9월 24일 <블랙팬서> 기사.
출처: The Black Panther Newspaper

반면 영국의 지적인 래퍼 아칼라는 비코가 주장한 흑인 의식 문제가 특정 피부색을 가진 사람들의 문제가 아니라 모든 억압받는 사람의 문제라는 점을 이해한 것 같다. 그는 "Fire in The Booth Part 4"(부스 안의 불꽃 4)에서 자신을 "마이크를 잡은 스티브 비코"라고 소개하며 10분이 넘는 라이브 퍼포먼스를 이어나간다. 이 곡의 하이라이트인 마지막 부분에서 그는 자신이 전쟁과 폭력이 있는 모든 곳에 있는 것처럼 느낀다고 말하며, 인류가 저지른 수많은 폭력의 역사를 열거한다. 그가 여기서 예로 든 사례는 남아공 샤프빌 학살 같은 흑인 민중의 억압뿐 아니라 네이팜탄에 피부가 탄 베트남인과 원자폭탄에 희생된 일본인을 포함한 세계 각지의 전쟁 피해자들, 마녀재판과 여성 성기 절제술로 피해를 본 여성들까지 포함한다. 이처럼 아칼라를 포함한 많은 힙합 음악인은 비코가 하고자 했던 억압받는 사람들의 의식을 고양하는 일을 실천하고 있다.

남아공 정부가 은폐하고자 한 비코의 사인은 그의 친구였던 백인 언론인 도널드 우즈*Donald Woods*에 의해 드러났다. 우즈는 이전부터 비코로부터 자신이 체포되어 사망한다면 사인이 자살로 발표될 것이니 믿지 말라는 말을 들어 왔다. 비코의 사인을 밝히려 한 까닭에 당국의 감시 대상이 된 우즈는 가택 연금 상태에서 비밀리에 비코에 관한 글을 써나갔다. 우즈는 비코 관련 글의 출간이 금지된 남아공을 떠나 영국으로 망명한 후 1978년 비코가 정부에 의해 살해당했음을 폭로하는 책을 내 큰 반향을 일으켰다. 비코의 사연이 영국에 알려지면서 유명 록 음악인 피터 가브리엘*Peter Gabriel*은 1980년 비코의 죽음을 추모하는 곡 "Biko"(비코)를 발표해 아파르트헤이트의 심각성을 널리 알렸다. 비코와 우즈의 이야기는 1987년 영국에서 <자유의 절규*Cry Freedom*>라는 제목으로 영화화됐다. 이런 책과 영화, 음악 역시 당연하게도 남아공에서는 접할 수 없었다.

비코의 사인과 관련자는 아파르트헤이트 체제가 무너진 뒤 재조사를 통해 어느 정도 밝혀졌지만, 공소시효 만료와 증거 부족으로 누구도 기소되지 않았다. 남아공에는 흑인 권력이 등장했으나 비코가 생각한 사회경제적 구조 변화는 일어나지 않았고, 대신 많은 흑인 민중은 백인이 만들어내고 흑인 권력이 집행하는 신자유주의 체제의 억압을 경험해야만 했다. 오늘날 남아공의 고위 인사들은 비코를 위대한 운동가로 추앙하지만, 비코가 진정으로 원한 것은 그런 식의 명예가 아니었을 것이다. 어떤 의미에서 그것은 비코 정신의 기만이라고도 할 수 있다.

난 너의 병사가 되지 않을 거야

전쟁과 군대에 저항한 미국의 흑인들

Sorry America, but I will not be your soldier

미안 아메리카, 하지만 난 너의 병사가 되지 않을 거야

Obama just wasn't enough, I need some more closure

오바마로는 충분하지 않았어, 내겐 끝을 봐야 할 것들이 좀 더 있거든

– 조이 배드애스, "Land of the Free"(자유인의 나라), 2017

    뉴욕 출신 래퍼 조이 배드애스는 22살이던 2017년 발표한 "Land of the Free"에서 미국을 위해 싸울 생각이 없다고 말했다. 그가 미국의 병사가 될 수 없는 이유는 이 곡이 실린 앨범 제목인 <All-Amerikkkan Badass>(KKK 미국의 대표 배드애스)에서 드러나듯 그가 오늘날의 미국

을 여전히 인종차별이 만연한 "쿠 클럭스 클랜의 나라 AmeriKKKa"로 보기 때문이었다. 물론 랩 스타인 그가 자원해서 미군에 입대할 일은 없을 것이다. 그렇지만 이 곡을 들을 많은 또래 아프리카계 미국인에게 입대는 나쁘지 않은 보수와 명예를 포함해 여러 혜택을 제공하는 고민해볼 만한 진로 선택일 것이었다. 조이는 이 가사로 미국의 흑인들이 오랫동안 품어온 군대에 대한 문제의식을 다시 끄집어내며 자신의 팬들에게 말을 걸고 있었다.

역사적으로 아프리카계 미국인들의 전쟁 참여에 대한 입장은 '싸울 권리를 위한 싸움'과 '백인의 전쟁'이라는 대립하는 두 표현으로 요약된다. 미국이 전쟁할 때마다 군에 입대해 애국심을 증명하고 평등한 권리를 요구하고자 한 흑인들이 있었다. 그뿐만 아니라 미국 독립전쟁을 촉발한 1770년의 보스턴 학살 사건 당시 영국 주둔군의 총에 희생된 부두 노동자 크리스퍼스 애턱스 Crispus Attucks, 독립전쟁 개시 이후 식민지인들의 편에서 싸운 노예 출신 군인 피터 세일럼Peter Salem, 1941년 일본군의 하와이 진주만 공습 당시 도망치지 않고 대공 사격을 한 해군 병사 도리스 밀러Doris Miller처럼 미국이 전쟁을 수행할 때마다 애국적인 흑인 영웅이 등장했다. 전설적인 헤비급 복싱 챔피언 조 루이스Joe Louis는 나치 독일의 막스 슈멜링Max Schmeling을 링 위에서 때려눕혔을 뿐 아니

진주만 공습 당시 대공 사격을 하는 흑인 병사 도리스 밀러를 묘사한 미국 전시정보국
Office of War Information 선전물.
출처: National Archives and Records Administration

라 제2차 세계대전이 발발하자 미 육군에 입대해 애국자의 상징이 되었다. 이들은 흑인이 무능력하고 신뢰할 수 없다는 백인의 편견을 깨부수고 자신의 능력과 애국심을 증명한 모범적인 인물로 널리 선전됐다.

문제는 전쟁이 끝난 뒤 참전한 흑인 군인들이나 다른 흑인들의 처지가 별로 나아지지 않았다는 점이다. 나아지기는커녕 제1차 세계대전 후의 붉은 여름*Red Summer*이나 털사*Tulsa*의 대학살처럼 백인 인종주의자들이 수십 수백 명의 흑인을 살해하고 집을 불태우는 사건들이 미국 전역에서 터지기도 했다. 이런 인종 폭동과 학살 사건의 폭발점은 모두 달랐지만, 배경에는 대개 전쟁에 참여한 백인 노동자들의 자리를 흑인이 메우거나 전쟁에서 돌아온 흑백 군인들이 일자리를 놓고 경쟁하면서 빚어진 갈등이 있었다.

이처럼 매번 반복되는 실망을 경험한 다른 흑인들은 전쟁이 자신과는 관계없는 백인의 일이라고 생각하게 되었다. 그리고 가끔은 불이익을 감수하고 미국 정부에 당당히 저항하는 다른 흑인 영웅이 등장하기도 했다. 조 루이스에 비견할 만한 헤비급 챔피언 무하마드 알리는 베트남전쟁 당시 이슬람민족의 일원으로서 입대를 거부해 수년간 링에 오르지 못했다. 언제나 당당했던 그는 1976년 내한해 미군 장병을 상대로 자신의 전쟁 반대 이

미국 독립전쟁에 참전한 해방 노예 피터 세일럼을 묘사한 그림.
출처: Freedom Newspaper

유를 설명하며 "결국 내가 옳았고, 정부가 어리석었음이 드러났다"라고 주장해 "장병들의 비난과 환호를 함께" 받을 정도였지만, 그 와중에도 엄청난 인기를 구가했다.[92]

　　어떤 흑인 지도자도 미국의 전쟁 협력에 대한 이 딜레마를 피해갈 수 없었다. 이들은 때에 따라 전쟁에 협력하기도 했지만, 최소한 한 번씩은 불이익과 위험을 무릅쓰고 저항의 목소리를 냈다. 흑인 노조를 이끈 에이서 필립 랜돌프*Asa Philip Randolph*는 사회주의자로서 제국주의 국가들의 전쟁인 제1차 세계대전에 반대했고, 제2차 세계대전 시기였던 1941년에는 군대와 방위산업체의 인종 분리 정책 폐지를 위한 흑인의 항의 집회인 워싱턴 행진을 조직했다. 22년 후인 1963년에 마틴 루서 킹과 워싱턴 행진을 재조직한 바이어드 러스틴*Bayard Rustin*은 전쟁에 반대하는 기독교 교파인 퀘이커*Quaker* 신자였고, 젊은 시절에는 제국주의 전쟁에 반대하는 공산당원이었다. 그는 제2차 세계대전 시기에 평화주의자로서 징병을 거부해 옥살이를 했다. 흑인 민족주의자 마커스 가비는 영국 시민권자였기에 미군에 징집될 일은 없었지만, 미

<hr>

92　　"알리!알리! 열광의 백만인파", <경향신문> (1976년 6월 28일), 7면.

제2차 세계대전 당시 육군에 입대한 복싱 챔피언 조 루이스.
출처: Wikimedia Commons

국에서 활동한 그의 지지자들은 제2차 세계대전 시기에 일본을 옹호하며 징병에 반대해 체포당했다. 당시 마찬가지로 흑인 민족주의를 지향한 이슬람민족 지도자 일라이자 무하마드와 신자들도 가비 지지자들과 함께 체포당했다.[93]

세계대전이 끝난 뒤에도 흑인 지도자들은 미국의 전쟁에 반대 목소리를 냈다. 가수 폴 로브슨과 노학자 W.E.B. 듀보이스는 미국의 한국전쟁 개입을 비판해 1950년대 내내 여권이 말소된 채 법정 다툼을 벌여야 했다. 이들은 제국주의 세력인 미국과 그 하수인인 이승만 정부가 한반도 민중의 해방 투쟁을 억압한다는 공산주의자들의 주장에 동의했다. 그 주장은 사실과는 차이가 있었지만, 존경받아온 흑인 지도자들이 자신들의 안전과 직업을 포기하고 미국 정부와 싸워야 할 충분한 이유가 됐다. 제2차 세계대전 시기 정신이상자 흉내를 내 병역을 면제받은 맬컴 엑스는 한반도에서 전쟁이 터지자 옥중에서 트루먼 대통령에게 편지를 보내 자신이 과거 일본군에 입대하려 했었고, 지금은 공산주의자로서 미

---

[93] 제2차 세계대전 시기 흑인의 전쟁 반대 운동은 박형주. "2차 세계대전 시기 미국의 동원 정책에 대한 흑인의 반응", 고려대학교 대학원 사학과 석사학위 논문 (2012). 참고

국의 개입에 반대한다는 다소 의심스러운 주장을 펼쳐
FBI의 감시 대상이 되었다.[94]

　　1960년대 말 청년들에게 징병 거부를 권유하며
매섭게 베트남전쟁에 반대하기 시작한 마틴 루서 킹은
얼마 지나지 않아 살해당했다. 한발 더 나아간 블랙팬서
당의 엘드리지 클리버는 북베트남을 방문해 흑인 병사들
에게 미국 정부가 아닌 자신들의 해방을 위해 싸우자고
선전했다. 1970년 당시 평양에 머물던 그의 아내 캐슬린
클리버*Kathleen Cleaver*도 <블랙팬서>에 장문의 글을 보내
미국의 한반도 군사 점령에 협조하지 말고 한국의 통일
운동을 돕자고 남한에 파병된 흑인 병사들에게 호소했
다.[95]

　　보통 흑인 청년 남성의 주된 관심사는 군대에 끌
려가지 않는 것이었다. 훗날 전설이 될 1940년대의 젊은
흑인 음악인들도 2차 세계대전 당시 징집을 피하고자 온
갖 방법을 동원했다. 쉬운 방법은 각종 대체복무로 타협
하는 것이었다. 블루스 기타리스트 비비 킹*B.B. King*은 목

94 　　Manning Marable, *Malcolm X: A Life of Reinvention* (New York: Viking, 2011), 95.

95 　　Kathleen Cleaver, "A Message to the Black GI's in South Korea," *Black Panther*, December 14, 1970, 12–13.

화밭에서 일하며 징병 유예 판정을 받았고, 블루스 피아니스트 에디 보이드*Eddie Boyd*는 급료가 적어 남들이 가지 않는 방위산업체를 찾아다닌 끝에 취업에 성공했다. 운이 좋은 소수는 면제 판정을 받아내는 데 성공했다. 비밥*bebop* 재즈를 발전시킨 트럼페터 디지 길레스피*Dizzy Gillespie*가 정신이상자 행세를 한 끝에 면제 판정을 받은 한편, 그와 함께 재즈를 혁신한 색소포니스트 찰리 파커는 헤로인 사용 사실이 드러나면서 손쉽게 면제 판정을 받았다.

　　반면 운이 나쁜 이들은 면제 판정을 받지 못하고 여러 고초를 겪었다. 재즈 작곡가 지미 데이비스*Jimmy Davis*는 군 내 인종 격리에 항의하며 입대를 거부해 수감됐고, 감옥 생활로 심신이 약해진 이후 마지못해 입대했다. 블루스의 거장 윌리 딕슨*Willie Dixon*도 비슷한 이유로 양심적 병역 거부를 주장했으나 5년 형을 선고받았고, 10개월간 옥살이를 한 후에야 풀려났다. 훗날 재즈로 온갖 실험을 하게 될 선라*Sun Ra*도 양심적 병역 거부 신청, 입영 기피, 체포, 옥살이 등으로 몸과 마음이 완전히 망가진 뒤 겨우 재검에서 면제 판정을 받았다.

　　미군이 모병제로 전환한 1970년대 중반 탄생한 힙합은 군대보다는 주로 경찰을 적대시해 왔지만, 정치적으로 각성한 래퍼들은 현실의 군대와 전쟁에 대한 비

A MESSAGE TO THE BLACK G.I.'s IN SOUTH KOREA

FROM KATHLEEN CLEAVER,
COMMUNICATIONS SECRETARY,
BLACK PANTHER PARTY

people, brothers! etary of the Black and I am present- Democratic Peo- f Korea. I would e chance to meet directly --we're ct, but the legacy r makes that ut- e. I know that ing down there in the U.S. Army,

at this time. I have received while here the most excellent and thorough medical attention in my life, and been afforded the most pleasant and comfortable living conditions for myself and my family. All my desires and needs have been freely taken care of by the government of the Democratic People's Republic of Korea. This has been done because of the genuine desire of the Korean people and government to offer our

Minister of Defense Huey P. Newton and Chairman Bobby Seale picked up the gun and organized our brothers to go forth with organized arms and force to get us this freedom and this power. Point number 6 states: "We want all Black men to be exempt from military service. We believe that Black people should not be forced to fight in the military service to defend a racist government that does not protect us. We will not

the U.S. Army. If you come from Los Angeles, like brother Jerry Lee Amie, who won three purple hearts in Vietnam, you don't even have the freedom to stand outside your own front door and talk to your sister without being murdered in cold blood, shot 25 times by racist fascist pigs. And just as the pigs who run the army don't wait until you get back home to segregate and brutalize and murder you, to jail and attack and

the Asian peoples. These are the forces backing Nixon and the Pentagon, whose foreign policy demands unlimited aggression in Asia for unlimited profits in the U.S. for the rich racist capitalist elite who are exploiting us to the extent that our people can hardly get jobs or decent housing and force young brothers like you to join the army to make a living.

The heroic Korean people opened a beachead for freedom by

남한의 흑인 병사들에게 미군을 돕지 말 것을 권유하는 1970년 12월 14일 <블랙팬서>
기사로, 평양에 있던 캐슬린 클리버가 썼다.
출처: The Black Panther Newspaper

판을 놓치지 않았다. 퍼블릭 에너미가 1989년 발표한 "Black Steel in the Hour of Chaos"(혼란한 때의 검은 총) 는 아마 이 주제를 다룬 가장 중요한 곡일 것이다. 이 곡의 주인공은 병역 대상으로 등록하라는 정부의 통지서를 받고는 흑인을 신경쓰지 않는 나라의 군인이 될 수 없다고 결심해 결국 감옥에 갇힌다. 그러나 주인공은 순순히 징역을 살 생각이 없었고, 기회를 엿봐 폭동을 일으켜 탈옥에 성공한 뒤 유유히 사라진다.

I got a letter from the government the other day
일전에 정부에서 보낸 통지서를 받았지

I opened and read it, it said they were suckers
뜯어서 읽어 봤더니 자기들이 멍청이라는 내용이었어

They wanted me for their army or whatever
날 보고 육군에 들어오라느니 어쩌고 하더라고

Picture me giving a damn, I said never
내가 신경이나 쓸 것 같아? 절대 아니지

[중략]

Public enemy serving time
징역을 사는 공공의 적이라네

They drew the line y'all, to criticize me some crime
그들은 내가 무슨 범죄를 저질렀다며 비난하려고 선을

그었지

Nevertheless, they could not understand that I'm a Black man

그렇지만 그들이 이해할 수 없었던 건 내가 흑인이기 때문에

And I could never be a veteran

결코 군대를 다녀온 사람이 될 수는 없다는 점

– 퍼블릭 에너미, "Black Steel in the Hour of Chaos", 1988

이 곡의 가사는 하루아침에 나온 것이 아니었다. 퍼블릭 에너미의 척 디는 이 곡을 설명하면서 자신이 아주 어렸던 1960년대 중반 어머니가 "무슨 일을 하든 이 나라를 위해 전쟁에 나가지 말고 양심적 병역 거부자가 되거라"라고 한 말을 언급했다.**96** 척 디는 베트남전쟁이 한창이던 1967년 삼촌이 징병 통지서를 받아들고 낙심하는 걸 보았고, 20년 뒤 이 곡을 써내려갔다.**97** 척 디가 볼 때는 자신이 전쟁 참여를 거부해 수감된다면 탈옥하

---

96 Chuck D and Yusaf Jah, *Fight the Power: Rap, Race, and Reality* (New York: Dell Publishing, 1998), 25.

97 Twitter account of Chuck D, https://twitter.com/MrChuckD/status/979530787472076800.

는 건 정당했다. 이후 수많은 래퍼가 이 곡의 가사를 인용했다. 대표적으로 언제나 날카로운 탈립 콸리는 2012년 "Letter from the Government"(정부가 보낸 통지서)에서 이 가사를 언급한 뒤 테러조직인 알카에다를 뒤쫓는 일이 오늘날의 십자군 전쟁이며, 자신은 결코 국가를 위해 싸우지 않겠다고 강조했다.

퍼블릭 에너미와 함께 정치적 힙합 발전에 크게 기여한 샌프란시스코 출신 래퍼 패리스는 1992년 "Bush Killa"(부시 킬러)를 발표했다. 이 곡에서 그는 베트남전쟁 시기의 반전 구호를 인용한 "이라크는 날 검둥이라 부른 적 없어"라는 가사로 걸프전쟁에 대한 반대 입장을 밝혔다. 2003년 이라크전쟁이 발발하자 "AWOL"(탈영)이라는 곡을 발표하고, 이번 전쟁에 가장 많은 영향을 받는 세대가 힙합 세대라는 점을 지적했다. 이 곡에서는 힙합 음악을 즐겨 듣는 가난한 흑인 청년이 더 많은 기회와 보상을 제공한다는 모병관의 말에 넘어가 입대를 결심하고, 군대에서의 생활과 전쟁을 거치면서 모두 거짓이었음을 깨닫는다.

에릭 비 앤 라킴*Eric B. & Rakim*이 1992년 발표한 "Casualties of War"(전쟁의 희생자들)에서 라킴은 걸프전쟁에 참여한 미군 병사가 느끼는 정신적 문제와 참전 후유증을 묘사했다. 이 곡의 주인공인 흑인 무슬림 병사는 그저 무사히 돌아오기만을 바라며 떠난 전장에서 많은 죽음을 보며 혼란을 느낀다. 이슬람민족이나 5퍼센트민족의 가르침대로 흑인이 아시아에서 온 최초의 인류라고 알고 있는 이 병사는 혼란 속에서 전쟁이 정부가 지휘하는 보드게임 같은 것이며, 자신이 무언가 잘못하고 있음을 깨닫고 총구의 방향을 바꾼다.

Allah is my only protection

알라는 내 유일한 보호자시네

But wait a minute, Saddam Hussein prays the same

그런데 잠깐, 사담 후세인도 똑같이 기도하겠지

And this is Asia, from where I came

그리고 여기는 아시아, 내가 떠나온 곳인데

I'm on the wrong side, so change the target

난 잘못된 편에 서 있었군, 그럼 목표물을 바꿔야지

Shooting at the general, and where's the sergeant?

장군을 쏘고, 부사관은 어디 있지?

Blame it on John Hardy Hawkins for bringing me to America

이건 날 아메리카에 데려온 존 하디 호킨스를 탓할 일이지

– 에릭 비 앤 라킴, "Casualties of War", 1992

라킴은 이 행동을 그저 잘못된 생각을 한 병사의 일탈이 아니라 16세기 대서양 노예무역을 개척한 영국인 존 호킨스*John Hawkins*에게까지 책임을 물어야 할 뿌리 깊은 문제로 판단했다. 그리고 라킴이 제기한 흑인 병사의 혼란은 이후 아프가니스탄과 이라크를 상대로 한 전쟁에서도 미국의 흑인 무슬림이 실제로 고민하게 될 문제였다.

조금도 주저하는 법이 없는 아이스 큐브는 1991년 발표한 "I Wanna Kill Sam"(샘을 죽이고 싶어)에서 엉클 샘*Uncle Sam*을 죽이고 싶다는 가사를 쏟아냈다. 엉클 샘은 미군 모병 포스터에 등장하는 나이 든 백인 남자 캐릭터로, 19세기부터 애국주의의 상징으로 널리 사용됐다. 흑인 청년들을 군대로 꼬드기는 모병관의 말을 반박하는 이 곡에서 큐브는 엉클 샘이 자신의 삼촌이 아니라 죽이고 싶은 놈일 뿐이며, 전쟁은 직접 하라고 쏘아붙인다.

남부 힙합의 선구자들인 게토 보이스*Geto Boys*가 1991년 발표한 "Fuck a War"(전쟁 X까)의 입장도 큐브와 비슷했다. 작은 키와 당당한 가사로 유명한 멤버 부시윅 빌*Bushwick Bill*은 적이 미국에 있으며, 외국인들은 자신에게 나쁜 짓을 한 적이 없다고 말한다. 그는 미국과 이라크의 멍청한 지도자들이 벌이는 전쟁에 결코 협조할 생각이 없었다.

제1차 세계대전 당시의 엉클 샘 포스터.
출처: Wikimedia Commons

Motherfuck a war, that's how I feel

전쟁은 엿 같은 짓, 그게 내 느낌이야

Sendin' a nigga to a desert to get killed

검둥이를 사막에 죽으라고 보내는 일

'Cause two suckas can't agree on something

두 멍청이가 뭔가에 동의하지 못한다는 이유로 말이지

A thousand motherfuckers dying for nothing

1,000명이나 되는 멍청이가 쓸데없이 죽어갔지

You can't pay me to join an army camp

넌 내가 육군 캠프에 가도록 할 수 없어

Or any other motherfuckin' military branch

물론 다른 어떤 형편없는 군부대에도 갈 생각이 없지

Of this United goddamn States of that bitch America

이 빌어먹을 개 같은 미국에선 말이야

Be a soldier, what for?

병사가 되다니, 뭘 위해서?

– 게토 보이스, "Fuck a War", 1991

　　한국전쟁에 참전한 흑인 병사 소니 카슨*Sonny Carson*은 대치하던 북한 인민군으로부터 "너는 왜 미시시피에서 같은 음수대로 물도 못 마시게 하는 나라를 위해 싸우려 하지?"라는 말을 들었다.**98** 이 질문을 떨쳐내지 못한 그는 전역 후 열성적인 지역활동가로 거듭났다. 흑인 민족주의자이자 힙합 그룹 엑스클랜의 멤버 프로페서 엑스*Professor X*의 아버지이기도 한 그는 영화로도 만들어진 자서전 『소니 카슨의 교육*The Education of Sonny Carson*』을 통해 우탱 클랜과 로린 힐*Lauryn Hill*을 비롯한 여러 힙합 음악인에게 영향을 주었다.

카슨의 생애에 한국인과의 인연은 한 차례 더 등장한다. 그는 1990년 뉴욕의 한인 가게 주인이 아이티계 미국인 여성을 폭행했다는 이유로 촉발된 한인 상점들에 대한 불매운동을 주도하게 된다. 패밀리 레드 애플 보이콧*Family Red Apple boycott*이라는 이름으로 1년 넘게 지속된 불매운동에서 흑인들은 한인들을 향한 인종주의적 욕설과 함께 "코리안 고 홈*Korean Go Home*"이라는 구호를 외쳤다.**99** 한국의 사회운동에서 "양키 고 홈*Yankee Go Home*"이라는 구호가 여전히 힘을 가지던 때였다.

---

98   "Happy Physical Day, Abubadika Sonny Carson," *New York Amsterdam News*, June 10, 2010, p. 36.

99   "Trouble in Store," *New Republic*, July 2, 1990, https://newrepublic.com/article/90877/brooklyn-boycott-racism-1990.

동아시아의 블랙팬서

난 마오, 맬컴, 마우마우를 공부하지

I read Mao Tse-Tung

난 마오쩌둥을 읽지

– 데드 프레즈, "These Are the Times"(해야 할 때야), 1998

힙합 그룹 데드 프레즈의 스틱 맨은 1998년 발표한 "These Are the Times"에서 자신이 마오쩌둥의 글을 읽는다는 묘한 가사를 썼다. 래퍼들은 늘 창의적인 표현을 위해 가사에 낯선 단어를 동원하지만, 이 정치적 듀오는 사망한 지 20년도 넘은 중국 공산당 지도자를 그저 각운을 맞추기 위해 불러낸 것이 아니었다. 이 곡의 뮤직비디오에서 해당 가사가 나오는 장면에는 체 게바라, 마오쩌둥, 김일성의 사진이 지나갔고, 곡이 실린 카세트테이프의 새빨간 디자인은 영어로 '빨간 소책자*Little Red Book*'

라는 별명을 가진 『마오 주석 어록』을 연상시켰다. 이들은 분명 진지했다. 2005년 발표한 곡 "Together"(함께)에서도 다른 멤버 엠원이 "난 마오 주석, 맬컴, 마우마우*Mau Mau*를 공부하지"라는 가사를 선보였다. 이들은 계속해서 미국의 흑인 민족주의자 맬컴 엑스, 1950년대 영국령 케냐의 반식민주의 투쟁인 마우마우 봉기와 더불어 중국의 혁명가로부터 영감을 얻고 있었다.

마오쩌둥을 언급한 힙합 음악인은 데드 프레즈가 처음이 아니다. 퍼블릭 에너미의 멤버 프로페서 그리프는 1990년 발표한 솔로 앨범의 "It's A Blax Thanx"(흑인이 감사드립니다)에서 시민권 운동가 마틴 루서 킹부터 쿠바의 혁명가 피델 카스트로, 농구선수 마이클 조던에 이르기까지 흑인의 이익에 기여했다고 생각한 수많은 이름을 나열하면서 그 맨 앞에 마오쩌둥과 베트남 지도자 호찌민의 이름을 올렸다. 루페 피아스코가 2018년 발표한 "Quotations from Chairman Fred"(프레드 지부장 어록)의 제목은 물론 『마오 주석 어록』의 영문판 제목인 "Quotations from Chairman Mao"에서 가져왔고, 곡 중간에는 마오쩌둥의 문예론 '연안문예강화'가 삽입됐다.

1990년대 중반 감각적인 재즈 랩으로 인기를 끈 그룹 디거블 플래닛츠*Digable Planets*의 멤버 버터플라이*Butterfly* 역시 "Borough Check"(구역 확인)에서 "난 마오 주석을 공부하지"라는 가사를 쓴 바 있었다. 디거블 플래닛츠는 마오쩌둥 외에도 중국 역사에 관심이 많았던 것 같다. 이들의 두 번째 앨범 <Blowout Comb>(부풀림 빗)의 첫 번째 곡은 "The May 4th Movement Starring Doodlebug"(두들버그 주연 5·4운동)인데, 제목의 5·4운동은 1919년 중국에서 발생한 반제국주의 운동을 가리킨다. 가사에서 이런 제목이 붙은 이유를 바로 알아내기는 어렵지만, 그렇다고 이들이 전혀 정치적 함의 없이 제목을 정한 것은 아니었다. 이 곡의 여유 있고 자신감 있는 가사 속에는 무미아 아부자말 같은 흑인 정치범들의 이름과 FBI의 흑인운동 탄압 프로그램인 코인텔프로처럼 명백히 급진적이고 반제국주의적인 정치적 지향을 드러내는 구절들이 들어 있기 때문이다.

이 힙합 음악인들과 마오쩌둥 사이에는 블랙팬서당이라는 연결고리가 있었다. 버터플라이의 부모는 블랙팬서 당원이었는데, 그는 "Appointment at the Fat Clinic"(비만 클리닉 예약)에서 "넌 내 아버지에게 마오 주석 동지에 관해 물어볼 수 있어"라는 가사로 이 연결고리를 드러낸 적도 있다. 흑인 민족주의의 영향이 곳곳에서 드러난 디거블 플래닛츠의 <Blowout Comb> 앨범 표지는 블랙팬서당 기관지의 디자인을 흉내 낸 것이었다. 퍼블릭 에너미는 블랙팬서당 지도자 휴이 뉴턴과 직접 교류했을 뿐 아니라 패션으로도 블랙팬서를 계승한 그룹이었다. 데드 프레즈의 엠원은 블랙팬서당처럼 국제적 사회주의 흑인운동을 지향하는 우후루*Uhuru* 운동 단체에서 활동하다가 지쳐 전업 음악인이 되기로 결심한 인물이었다. 블랙팬서당의 혁명가들이 마오쩌둥의 사상에 매료된 것처럼 미국의 많은 흑인 합합 음악인은 블랙팬서당의 정신을 자신의 음악적 원천으로 삼았다. 따라서 진지하게 블랙팬서당의 정신을 계승하려는 음악인들이 마오쩌둥에게 관심을 갖는 것은 어찌 보면 자연스러운 수순이었다.

　　그런데 미국의 흑인운동이 동아시아에 관심을 가진 것은 이것이 유일한 사례는 아니다. 적어도 20세기 미국의 흑인운동은 꾸준히 동아시아에 주목해왔고, 아시아의 경험으로부터 배우려 하거나 아시아 민중과 자신들의 운명을 동일시하며 연대 의식을 보이기도 했다.

　　20세기 전반기에는 미국의 흑인들이 일본에 큰 관심을 보였다. 일본이 러일전쟁에서 승리함으로써 유색인도 백인을 이길 수 있다는 간단하면서도 불가능해 보였던 사실을 증명했기 때문이다. 온건한 개선을 주장한 부커 워싱턴, 완전한 인종 평등을 주장한 시민권 운동가 W.E.B. 듀보이스, 아프리카에 흑인이 다스리는 정부를 세워야 한다고 역설한 흑인 민족주의자 마커스 가비처럼 서로 대립한 흑인 지도자들도 일본인들로부터 배워야 한다고 생각한 점에서는 견해가 일치했다. 1930년대 중반 만주국과 일본을 방문해 환대받은 듀보이스는 일본이 백인 국가들에 대항하는 유색인종의 투사 역할을 할 것이라는 믿음을 가졌는데, 일본이 미국과 전쟁을 시작한 이후에도 이 생각을 바꾸지 않았다.

물론 같은 시기인 1930년대 중반에 중국과 일본을 둘러보며 일제의 엄혹함을 간파하고, 흑인은 일본인이 아닌 한국인과 비슷하다고 느낀 시인 랭스턴 휴스 같은 이도 있다. 휴스는 상하이에서 제국주의에 침탈당한 중국의 현실을 관찰한 후 "포효하라, 중국이여*Roar, China*"라는 시를 발표하기도 했는데, 그는 이 시기 발전된 일본이 아니라 고통받는 중국과 한국의 처지에 공감한 몇 안 되는 흑인 지식인에 속했다.

상당한 흑인 대중도 유색인종의 투사로 자처하는 일본인에게 호의를 보였다. 1930년대 중반 일본의 우익단체 흑룡회黑龍會 출신의 예비역 육군 소령 나카네 나카中根中가 사토카타 다카하시 등의 이름으로 디트로이트에서 친일본 흑인 단체를 조직해 상당한 세를 불리고 흑인 민족주의자들과 교류한 것이 대표적인 사례다. 미국 흑인을 억압하는 세력이 미국의 백인과 그들의 정부인 이상 미국에 반대하는 세력이라면 누구든 흑인의 친구가 되지 못할 이유가 없었다.

　　하지만 소수를 제외한 대부분 흑인에게 태평양 전쟁 발발 이후 일본은 더 이상 모범이 될 수 없었다. 일본 제국의 패망으로 전쟁이 끝난 뒤에는 막 태어난 중화인민공화국이 미국 흑인들에게 새로운 희망을 제공했다. 미국 흑인들은 이제 제3세계의 운명에 감정 이입하기 시작했고, 한반도에서 미국과 대등하게 싸우고 핵무기까지 개발하며 자력으로 발전해가는 중국의 모습에 깊은 인상을 받았다. 거대한 영토와 인구, 독자적인 문명과 빛나는 역사를 가졌지만, 서구 열강의 침탈 이후 완전히 피폐해진 중국이 다시 발전할 수 있다면 비슷한 처지에 놓였던 아프리카인들도 같은 일을 하지 못할 이유가 없었다. 맬컴 엑스는 중국이 1964년 핵실험에 성공하자 "오랫동안 억압받은 민중의 약진"이라며 대단히 기뻐했다.**100** 그에게 중국의 핵개발은 가난한 사람도 부자와 같은 일을 해낼 수 있음을 보여준 대사건이었다.

　　마오쩌둥이나 중국 정부가 지속적으로 미국 흑인의 운동을 포함한 제3세계의 혁명운동을 지원한 사실

100　　George Breitman, ed., *Malcolm X Speaks: Selected Speeches and Statements* (New York: Grove Weidenfeld, 1990), 149–150.

도 급진적인 미국 흑인들에게는 대단히 중요했다. 1959
년 생애 어느 때보다도 급진적이었던 91세의 듀보이스
는 마오쩌둥의 초청으로 중국을 방문했다. 듀보이스는
여성 권리 신장을 포함한 중국의 발전상에 감명받았고,
이제 일본이 아닌 "잠자는 거인" 중국이 제국주의에 대
항하는 유색인종의 세계적 투쟁에서 선봉에 설 것으로
기대했다.

　　1960년대에 들어 미국의 급진적 흑인과 중국인
의 관계는 더욱 돈독해졌다. 시민권 운동가 로버트 윌리
엄스*Robert F. Williams*는 1961년 납치 혐의로 FBI의 수배 명
단에 오르자 미국을 떠나 1960년대 내내 쿠바와 중국에
서 망명 생활을 했다. 그는 중국에서 약 4년 동안 머물며
환대받았고, 직접 마오쩌둥을 만나기도 했다. 이런 경험
을 바탕으로 망명 도중에도 여러 기사와 책을 미국에서
발표했고, 1964년 만들어진 미국 최초의 마오주의 흑인
운동 단체인 혁명적 행동운동*Revolutionary Action Movement*을
이끌었다.

　　윌리엄스의 활동은 몇 년 뒤 휴이 뉴턴을 비롯한
젊은 혁명가들이 블랙팬서당을 결성하는 데 가장 직접
적인 영향을 주었다. 마오쩌둥의 열렬한 지지자였던 뉴
턴이 1971년 9월 중국을 방문해 크게 환영받고 "생애 처
음으로 완전한 자유를 느꼈다"라는 소감을 자서전에 남

긴 것도 무리가 아니었다.**101** 다만 미국의 흑인 급진주의
자들과 중국 정부의 친밀한 관계는 곧 중국과 미국의 관
계가 개선되면서 자연스럽게 사그라들었다. 사실 뉴턴
이 중국을 방문했을 때 이미 중국은 은밀히 미국 정부와
의 관계 개선을 준비하고 있었고, 뉴턴이 중국을 떠나고
5개월 후인 1972년 2월 21일 닉슨 대통령의 전용기가
베이징에 착륙했다.

　　한반도의 정치 상황 역시 미국 흑인운동에 영향
을 주었다. 가수 폴 로브슨은 미국의 한국전쟁 개입에 반
대하는 발언으로 여권 발급이 거부됐고, 1950년대 내내
반공주의자들의 공격을 온몸으로 받아내야 했다. 1950
년 7월 3일 뉴욕의 흑인 거주 지역인 할렘에서 열린 집
회에서는 "모든 인민의 자기결정권, 한국에서 손을 떼
라"라는 피켓이 등장했는데, 로브슨을 포함해 집회 발언
자와 청중 대부분이 흑인이었다. 흑인 공산주의자들이
주도한 이 반전운동은 결코 대중적인 지지를 받지 못했
지만, 흑인을 징집해 아시아의 전쟁에 보내서는 안 된다
는 주장은 적어도 아프리카계 미국인 사이에서 설득력

101　　Huey P. Newton, *Revolutionary Suicide* (London: Writers and Readers, 1995), 322.

1966년 중국에서 마오쩌둥(오른쪽)과 만난 로버트 윌리엄스.
윌리엄스의 책과 활동은 미국 흑인 사이에 마오주의를 알렸다.
출처: 孟昭瑞

을 가질 만한 것이었다. 이런 반제국주의적 주장은 십수 년 후 베트남전쟁 시기에 다수의 지지를 받는 대규모 반전운동으로 나타나게 된다.

맬컴 엑스도 연설에서 미국 정부가 흑인 병사를 징집해 한반도에서 피 흘리게 한 사례를 수차례 인용했다. 그에게 이 사건은 사악한 미국 정부와 그에 놀아난 어리석은 흑인을 보여 준 사례였고, 흑인이라면 한반도에서 8억 명의 중국인을 상대로 무의미하게 싸우는 대신 미국 내의 흑인 자신을 위한 싸움에서 용기를 내야 할 것이었다.[102]

맬컴은 사실 한반도를 계속 주목했다. 그는 1965년 트로츠키주의 성향 학생운동 조직과 인터뷰하며 세계 각지의 혁명에서 학생이 중요한 역할을 했음을 언급했다. 1964년 10월의 수단 혁명, 1960년 터키 총리 아드난 멘데레스*Adnan Menderes*의 실각, 이승만을 대통령 자리에서 몰아낸 4·19가 그 대표적인 사례였다. 맬컴은 제3세계 젊은이들이 발전된 미국에서 무언가를 배워야 한다고 주장하지 않았다. 오히려 그 반대였다. 그에게는 혁명이나 불평등에 맞서는 일에 별 관심이 없던 미국 학생

102　　　　Breitman, ed., *Malcolm X Speaks*, 25.

Standing in front of the Great Wall, Dr. Tolbert Small, top-right, is part of a Black Panther Party delegation which visited the People's Republic of China in 1971.

1971년 중국의 만리장성을 방문한 블랙팬서당 사절단.
출처: The Black Panther Newspaper

들이 조금씩 세계의 혁명적인 학생들을 닮아가는 것이 긍정적인 신호였다.**103**

하지만 흑인 급진주의자들이 진정으로 주목한 것은 남한의 민중운동이 아닌 북한이었다. 1968년부터 망명 생활을 하던 블랙팬서당의 지도부 엘드리지 클리버는 알제리에서 북한 외교관들과 접촉하며 한반도 역사를 접했고, 1969년과 1970년 동료들과 함께 두 차례 북한을 방문해 환대받았다. 북한 정부의 환영사는 미국에서 발행된 블랙팬서당 기관지에도 소개됐다.

> "조선 인민은 미국의 블랙팬서당과 흑인에게 굳건한 투쟁의 연대를 보냅니다. 그들은 세계 제국주의자들의 우두머리이자 세계 반동의 주모자이며, 세계 인민의 공동의 적인 미 제국주의자들의 모진 탄압의 이빨에 피 흘리면서도 힘들지만 의로운 투쟁을 해왔습니다. 조선 인민은 미래에도 적극적인 지지와 격려를 보낼 것입니다. 진보적인 미국 인민과 전 세계 혁명적 인민으로부터 지지와 격려를 받는 미국의 블랙팬서당과 흑인은 그들의 의로운 투쟁에서 반드시 최종 승리를 거둘 수밖에 없습니다."**104**

---

103   *Ibid.*, 221.

블랙팬서들보다 10여 년 전인 1960년 12월 북한을 방문해 사회주의 낙원이라고 평가한 체 게바라처럼 클리버가 보기에 북한은 의식주 문제나 불평등, 범죄가 없는 완벽한 사회였다. 클리버는 마오쩌둥과 마찬가지로 김일성을 고전적인 마르크스레닌주의 원리를 추종하는 대신 자신들의 상황에 맞게 적용한 창조적인 인물로 보았고, 미국의 흑인 해방운동 역시 북한으로부터 배워야 한다고 생각했다. 이 시기부터 '주체'라는 김일성의 매력적인 사상은 미국의 블랙팬서당 기관지에 수차례 보도되어 시선을 끌었다. 평양에서 태어난 클리버 부부의 딸에게 김일성의 아내 김성애는 주체 조선의 여자아이라는 의미를 담아 '조주 영희'라는 이름을 선사했고, 김일성이 아이의 대부가 되었다.[105]

미국 흑인들은 일본의 군사력과 경제적 발전상, 중국의 사회주의적 재건, 북한의 독자적인 행보에 주목해 이들로부터 배우고자 했다. 일본 제국주의의 잔혹한

---

104   "Savage Repression against Black Panther Party of U.S.A. Must Be Stopped Immediately," *D.P.R.K. Pyongyang Time, Black Panther*, August 8, 1970, 18에서 재인용.

105   이춘입, "미국의 블랙파워운동과 제3세계 – 블랙팬더당과 흑인 여성을 중심으로," 「서양사론」 제128호 (2016), 342.

착취, 중국 대약진운동과 문화대혁명 시기의 희생, 북한 정권의 경직성과 개인숭배 같은 체제의 본질적인 문제들은 부차적인 것으로 여겨지거나 알려지지도 않았다. 동아시아로부터 영향을 받은 급진적인 흑인운동은 큰 성공을 거두지 못했다. 국제 혁명가 엘드리지 클리버는 1975년 미국에 돌아온 후 통일교를 비롯한 종교에 심취하며 공화당 지지자로 변신했다. 블랙팬서당은 1982년 해산했고, 휴이 뉴턴은 1989년 마약 판매원에게 살해당했다. 그러나 오늘날에도 많은 힙합 음악인이 끊임없이 블랙팬서의 이름을 불러내고 있다. 경찰의 총격으로 흑인의 생명이 위협받는 이상 흑인의 자기방어를 위해 일어선 선배들의 주장에 여전히 배울 것이 많다고 보기 때문일 것이다. 적어도 데드 프레즈는 그렇게 생각하는 것 같다.

The older generation sing songs of Black Power
나이 든 세대들은 블랙파워 노래들을 부르지
And me, well I was reading Fanon and Chairman Mao
그리고 나는, 그래 난 파농과 마오 주석을 읽고 있었어
So I could change the situation I'm in right now
그러니 난 내가 지금 처한 상황을 바꿀 수 있을 것 같아

– 데드 프레즈, 라스트 포에츠, 커먼, "Panthers"(팬서), 2004

<블랙팬서>에 실린 엘드리지 클리버와 김일성.
"미 제국주의는 세계 민중의 가장 극악한 공동의 적이자 그들의 투쟁에서 제일 목표다"
라는 김일성의 어록이 보인다.
출처: The Black Panther Newspaper

미국의 흑인운동이 아시아 운동에서 일방적으로 배운 건 아니다. 1965년 2월 21일 뉴욕 오듀본 볼룸에서 맬컴 엑스가 연설 도중 암살당할 때 객석 앞자리에는 그의 친구였던 일본계 미국인 유리 고치야마*Yuri Kochiyama*가 있었다. 태평양전쟁 당시 미국 대통령령으로 강제 이주 당해 수용소에서 생활한 약 12만 명의 일본계 미국 주민 중 하나인 고치야마는 1960년대 들어 뉴욕으로 이주한 뒤 급진적 흑인운동에 가담하기 시작했다. 그는 로버트 윌리엄스의 혁명적 행동운동에 가담한 마오주의자였고, 이슬람민족을 떠난 맬컴 엑스의 동지였다. 고치야마는 이후에도 아사타 샤쿠르와 무미아 아부자말 같은 흑인 정치범 구명운동을 펼치는 등 꾸준히 흑인운동과 관계를 맺었고, 평생 운동가로 살다가 2014년 사망했다.

힙합에서는 오직 시애틀 출신 듀오 블루 스콜라스*Blue Scholars*만이 고치야마의 활동에 주목한 것 같다. 2011년 발표한 "Yuri Kochiyama"에서 래퍼 지올로직*Geologic*은 어릴 때 고치야마를 만난 경험을 떠올리면서 "내가 성장하면 유리 고치야마 같은 사람이 되고 싶어"라는 가사로 존경심을 표현했다. 필리핀인 이민자의 아들인 지올로직은 꾸준히 필리핀계 미국인 공동체에서 여러 사회활동을 한 인물이기도 하다. 한국인이 고치야마에게서 배울 것은 왜 없겠는가? 고치야마는 일본 정부에 소송을 제기한 '위안부' 피해자 송신도와 연대하기 위해 2005년 샌프란시스코 일본 영사관 앞에서 한인들과 함께 항의하기도 했는데 말이다.**106**

---

106   Katrina Socco, "In Yuri's Lap: Memories for My Daughter," June 2, 2014, http://af3irm.org/insurgent/2014/06/in-yuris-lap/.

모든 정치범을 석방하라

우리는 쇠사슬 말고는 잃을 것이 없다

"무툴루 샤쿠르*Mutulu Shakur*, 제로니모 프래트, 무미아 아부자말, 세쿠 오딩가*Sekou Odinga*와 모든 정치범을 석방하라." 래퍼 투팍이 교도소에 다녀온 후 발표한 <All Eyez on Me>(모두의 눈이 내게 향하네) 앨범 속지에 남긴 문장이다. 미국에서만 천만 장이 넘게 팔리며 대성공을 거둔 이 갱스터 랩 앨범에서 언급된 네 사람은 모두 블랙팬서당과 흑인해방군*Black Liberation Army* 같은 급진적 흑인운동 단체에서 활동했다. 흑인해방군은 블랙팬서당에서 파생된 조직으로, 더욱 강경한 무장투쟁 노선을 앞세우고 미국 정부와 끊임없이 충돌하며 1970년부터 1980년대 초까지 활동했다.

투팍이 언급한 네 사람은 앨범이 발표된 1996년 당시 살인이나 강도 등의 혐의로 최소 25년에서 사형에 이르는 중형을 선고받고 수감된 상태였다. 그러나 투팍이 보기에 이들은 흉악한 범죄자가 아니라 흑인 해방을 위해 투쟁했기에 억울한 누명을 쓰고 갇힌 정치범들이었다. 이들의 무죄를 주장하는 가사는 투팍의 곡에 대단히 자주 등장하는데, 그가 유독 이 문제에 집착한 이유는 자신의 개인사와 관련이 있다.

투팍은 부모를 포함한 가까운 흑인 급진주의자들의 삶이 망가지는 것을 지켜보며 자라났다. 그의 어머니 아페니 샤쿠르는 투팍을 임신했을 때 뉴욕의 경찰서 폭파 모의 혐의로 구속되어 법정 공방을 벌였다. "팬서 21인조Panther 21"라는 이름이 붙은 이 사건은 1969년 21명의 블랙팬서 당원이 다이너마이트와 저격용 총으로 경찰서 두 곳과 교육 관련 사무소 한 곳에 테러를 가하려 했다는 무시무시한 내용이었다. 모두 156가지나 되는 혐의가 적용된 이 사건에서 블랙팬서 당원들은 무죄 판결을 받아냈고, 아페니는 출산 직전 겨우 무죄로 석방됐다.

투팍과 그의 친구 아버지들은 사정이 더 나빴다. 투팍의 새아버지 무툴루 샤쿠르는 투팍과 함께 활동한 그룹 아웃로우즈Outlawz의 멤버 모프림Mopreme의 친아버지다. 그는 흑인해방군의 지도부로 활동하던 1981년 3명이 사망한 강도 사건의 주모자로 지목되어 FBI의 10대 지명수배자 명단에 올랐고, 1986년 체포되어 60년형을

"팬서 21인조" 사건의 수감자 석방을 촉구하는 <블랙팬서> 기사.
출처: The Black Panther Newspaper

선고받았다. 그는 2022년 감옥에서 72세 생일을 맞았고, 말기 골수암으로 가석방을 신청했으나 거부되었다.

무틀루와 마찬가지로 흑인해방군에서 활동했으며, 아웃로우즈의 멤버 야키 카다피*Yaki Kadafi*의 아버지인 세쿠 오딩가는 살인미수와 강도, 탈옥 조력 등의 혐의로 1981년 체포됐고, 33년을 복역한 후 2014년 석방됐다. 투팍의 대부 제로니모 프래트는 블랙팬서당의 지도부로 활동했으며, 투팍이 태어난 1971년 이미 강도살인 혐의로 수감되어 있던 유명인사였다. 그는 결국 사회에서 투팍을 한 번도 만나지 못했다. 27년을 감옥에서 보낸 프래트는 투팍이 사망한 다음 해인 1997년에야 재판 과정의 위법성이 인정되어 풀려났고, 2011년 사망했다.

투팍의 대모 아사타 샤쿠르*Assata Shakur*의 사연은 특히 극적이다. 블랙팬서당과 흑인해방군에서 활동한 그는 1973년 경관 살해를 포함한 다수의 혐의로 체포되어 무기징역을 선고받았다. 교도소에서 6년을 보낸 후인 1979년 그는 흑인해방군 동료 무틀루 샤쿠르와 세쿠 오딩가 등의 도움으로 탈옥에 성공했다. 수년간의 도피 끝에 1984년 쿠바 망명에 성공했고, 그곳에서 책과 인터뷰 등을 통해 계속 자신의 무죄를 주장하고 있다. 2013년 그는 FBI의 최우선 수배 테러리스트*Most Wanted Terrorists* 명단에 오른 최초의 여성이 되었고, 2017년에는 트럼프 대통령이 쿠바 정부에 그의 송환을 요구하기도 했다.

무미아 아부자말의 사건 역시 주목할 만하다. 블랙팬서당 출신 라디오 방송국 기자였던 그는 1981년 필라델피아 거리에서 자신의 동생이 경찰에게 구타당하는 걸 보고 개입했고, 권총으로 경관을 살해한 혐의로 체포됐다. 변호인 측은 무미아가 경관을 쏘지 않았다는 여러 증거를 제시했지만, 결국 법원은 사형을 선고했다. 재판 과정에서 무미아는 인종차별적인 미국 사법제도의 희생자로 세계에 널리 알려졌다. 그의 사형 집행이 임박한 1999년에 교황 요한 바오로 2세를 비롯한 유명인사들이 동참한 세계적인 구명운동이 일어나 집행이 유예됐고, 이후 무미아에게 유리한 증거들이 발견되면서 2011년 가석방 없는 종신형으로 감형됐다. 아사타 샤쿠르와 마찬가지로 무미아는 감옥에서 여러 권의 책을 발표하고 미국의 여러 문제에 목소리를 내는 등 무기수 신분의 인권 운동가로 쉼 없이 활동하고 있다.

투팍의 사례를 제외하더라도 많은 힙합 음악인에게 흑인 정치범들은 각별한 의미가 있다. 미국의 래퍼 중 대다수는 미국에서 교도소에 가장 많이 가는 인구 집단인 젊은 흑인 남성이며, 이들은 흑인 남성의 비정상적으로 높은 수감률을 미국의 인종주의적인 형사 정책의 결과로 생각한다. 따라서 누명을 썼다는 주장이 강하게

TO OUR BLACK
BROTHERS IN PRISON
BLACK PANTHER PARTY U.S.A.

A man's got a right to be free
He can't be caged up like a dog
And not strike out in agony
I just can't take no more--it's
   wrong for them to chain me
   like this

My mind won't rest in this cage
I've got to try, I just gotta
   take the risk

It's either resist, or let this
   anger turn to rage
And then I'll be to blind to
   think

I'll be too hung up to fight
How much lower must I sink
Before I begin to do what's
   right

I'd rather be dead in my grave,
   than live this life as a slave
A captured man, I'll never be
There's nothing left, but to be
   free

These bars are sho' nuff cold!
But they ain't got nothing on
   these pigs

They not only murder but they
   plenty bold!

They beat brothers every hour
   on the hour

They chain you to the bars and
   spit in your face

They got mo' nerve than the
   Lord will allow!

If they look at me wrong today
   I'm gonna lay 'em to waste!

A man's got a right to be free
They can't expect me to live
   like this

I'd rather be dead and in my
   grave, than live this life as
   a slave

A captured man, I'll never be
There's nothing left, but to be
   free!

They killed my cellmate just
   last night

We've gotta stop this jive time
   game

We can do it, all there is, is
   a big bad fight

They think because we're
   caged we're all tame

But they'll find out in a day or
   so

I know I can't take this trap no
   more

The walls are too close, the
   windows too small

But if we take the warden we'll
   get through the door

I'd rather be dead and in my
   grave, than live this life as
   a slave

There's nothing left but to die
   FREE!

Afeni Shakur

탈옥을 노리는 흑인 수감자의 심정을 묘사한 에모리 더글러스*Emory Douglas*의 그림으로,
아페니 샤쿠르의 시와 함께 실려 있다.
출처: The Black Panther Newspaper

제기되는 흑인 정치범들의 사건에 이들이 민감하게 반응하는 것도 자연스러운 일이다.

나스는 1996년 발표한 "If I Ruled the World"(내가 세상을 지배한다면)에서 자신이 세계를 지배한다면 정치범들을 석방하고 뉴욕 아티카 교도소 수감자들을 아프리카로 돌려보내겠다고 선언했다. 켄드릭 라마는 오랫동안 세계에서 가장 유명한 흑인 정치범이었던 남아프리카 공화국의 전 대통령 넬슨 만델라의 삶에 관심을 가지며 그가 수감됐던 로벤섬 감옥을 방문하기도 했는데, 이런 사례들은 그리 대단한 일도 아니다.

정치의식이 강한 래퍼들은 가사에서 이름을 언급하는 정도를 넘어 다양한 방식으로 흑인 정치범 석방 운동에 참여했다. 데드 프레즈의 엠원은 음악을 시작하기 전부터 오랫동안 지역의 흑인운동 활동가였고, 1969년 미국 경찰의 총에 사망한 블랙팬서당 지도부 프레드 햄프턴의 아들인 프레드 햄프턴 주니어 석방운동에 오랫동안 가담했다. 공교롭게도 엠원의 아프리카식 이름인 무툴루 올루그발라*Mutulu Olugbala*에는 무툴루 샤쿠르의 이름과 아사타 샤쿠르의 중간 이름인 올루그발라가 들어 있다. 이름으로 이 두 정치범과 얽힌 래퍼는 또 있다. 본명이 아사타 퍼킨스*Assata Perkins*인 래퍼 사록이 2011년 정치범 아사타의 탈옥을 도운 무툴루를 위해 자선공연이 열렸을 때 래퍼로서의 첫 무대에 오른 것은 어찌 보면 운명과도 같은 일이었다.

투팍과 비슷하게 흑인 정치범들에 대한 메시지를 앨범에 남긴 래퍼들도 있다. 디거블 플래닛츠의 1994년 앨범 <Blowout Comb> 표지는 블랙팬서당 기관지를 연상시키는데, 속지에도 제로니모 프래트 구명운동과 양심수 석방 촉구 파티 안내처럼 흑인 정치범 관련 내용이 가득하다. 그룹 블랙스타 멤버 야신 베이는 1999년 발표해 극찬받은 앨범 <Black on Both Sides>(양면 모두 검정)를 정의와 자유를 추구하며 살고 죽은 모든 사람에게 바친다며 특별히 아사타 샤쿠르, 무툴루 샤쿠르, 프레드 햄프턴 주니어, 무미아 아부자말, 러셀 쇼아츠*Russell Shoatz*, 순디아타 아콜리*Sundiata Acoli*의 이름을 언급했다.

쇼아츠와 아콜리도 블랙팬서당과 흑인해방군에서 활동했는데, 이들은 각자 거의 50년을 무기수로 보낸 후에야 겨우 석방됐다. 1943년생 쇼아츠는 1970년 필라델피아에서 비무장 흑인 젊은이의 살해에 보복하기 위해 4명의 동료와 함께 경찰서를 습격했다. 경관 한 명을 살해해 체포된 그는 두 번의 탈옥과 한 번의 교도소 폭동을 일으켜 22년 동안 독방에 수감되기도 했다. 그는 78세가 된 2021년 10월에야 직장암 4기 상태로 석방됐고, 2달도 지나지 않아 사망했다. 1937년생 아콜리는 1969

년 팬서 21인조 사건 때 투팍의 어머니 아페니와 함께 체포됐다가 풀려났고, 1973년에는 뉴저지 경관을 살해한 혐의로 아사타 샤쿠르와 함께 체포됐다. 8차례 가석방을 거부당한 그는 85세가 된 2022년 5월에야 더 이상 사회에 위협이 되지 않는다는 뉴저지 대법원의 판단으로 석방됐다.

야신 베이는 앨범이나 곡에 흑인 정치범들을 위한 메시지를 남겼을 뿐 아니라 수차례 프레드 햄프턴 주니어와 함께 무대에 올라 흑인 정치범 석방을 요구했다. 베이는 2010년 탈립 콸리, 커먼, R&B 가수 에리카 바두 *Erykah Badu* 등과 함께 아사타 샤쿠르 등 흑인 정치범들을 위한 공연에 참여했다. 이 공연은 <블랙 어거스트: 힙합 다큐멘터리 콘서트*Black August: A Hip-Hop Documentary Concert*> 라는 제목으로 영화화되기도 했다. 블랙 어거스트는 미국의 흑인 해방 운동가들과 정치범들을 위한 기념행사로, 1979년부터 매년 8월에 이와 관련된 행사들이 열린다. 2020년 블랙 어거스트 행사의 일환으로 맬컴 엑스 풀뿌리 운동*The Malcolm X Grassroots Movement*과 흑인 생명을 위한 운동*The Movement for Black Lives*이 개최한 온라인 연대 공연에도 야신 베이, 엠원, 사록을 포함해 랩소디, 빅 크릿*Big K.R.I.T.* 등 늘 정치적인 가사를 써 온 래퍼들이 참여했다.

아사타 샤쿠르의 이름은 퍼블릭 에너미에서 제

다큐멘터리로도 만들어진 2010년 블랙 어거스트 힙합 콘서트 포스터. 블랙 어거스트는 오른쪽 위에 보이는 조지 잭슨의 사망을 추모하기 위해 1979년부터 시작됐다.

이지에 이르는 수많은 힙합 음악인의 곡에 등장한다. 아사타를 위한 활동을 꾸준히 펼쳐온 탈립 콸리가 2017년 발표한 "All of Us"(우리 모두)의 도입부에는 다음과 같은 구호를 외치는 시위대의 목소리가 담겨 있다.

> "우리의 자유를 위해 싸우는 것은 우리의 의무다. 승리하는 것이 우리의 의무다. 우리는 반드시 서로를 사랑하고 지지해야 한다. 우리는 쇠사슬 말고는 잃을 것이 없다."

이 구호는 본래 아사타의 자서전에 등장하는 것으로, 그가 흑인해방군 활동과 당국의 탄압을 설명하며 쓴 시의 일부다.[107] 삽입된 시위대의 음성은 2014년 8월 10대 흑인 남성 마이클 브라운*Michael Brown*의 총격 사망 이후 미주리주 퍼거슨시에서 발생한 대규모 시위에서 따온 것으로, 뮤직비디오에서 구호를 외치는 시위대 사이에 함께 서 있는 탈립 콸리, 엠원, 임모탈 테크닉 등 사회운동가 래퍼들을 발견할 수 있다. 이 래퍼들은 대규모 시위가 발생하자 곧바로 현장으로 달려간 이들이었다.

---

[107]   Assata Shakur, *Assata: An Autobiography* (Chicago: Lawrence Hill Books, 2001), 52.

또 다른 사회운동가 래퍼 커먼도 아사타를 각별하게 생각하는 인물이다. 커먼은 쿠바에서 아사타를 만난 후 2000년 "Song for Assata"(아사타를 위한 노래)라는 곡을 발표했는데, 곡 끝부분에서 아사타의 목소리를 직접 들을 수 있다. 커먼은 이 곡에서 아사타가 체포되고 재판받은 사연을 자세히 묘사하면서 그가 누명을 썼다고 변호했고, 모든 억압받는 이와 투쟁하는 이에게 곡을 바쳤다.

Assata had been convicted of a murder she couldn't've done
아사타는 그가 저지를 수 없었던 살인으로 유죄를 선고받았지
Medical evidence shown she couldn't have shot the gun
의학적 증거들은 그가 총을 쏠 수 없었다는 사실을 보여줬어
[중략]
She untangled the chains and escaped the pain
그는 쇠사슬을 풀고 고통에서 탈출했지
How she broke out of prison I could never explain
그가 어떻게 감옥에서 빠져나왔는지 나는 결코 설명할

수 없어

And even to this day they try to get to her

그리고 오늘날까지도 그들은 그를 잡으려 하네

But she's free with political asylum in Cuba

하지만 그는 쿠바라는 정치적 망명지에서 자유롭지

– 커먼, "A Song for Assata", 2000

커먼은 이 곡 때문에 비난과 불이익을 감수하기도 했다. 그가 2011년 백악관 행사에 초대되자 경관 살해범을 옹호하는 곡을 쓴 자를 초대해선 안 된다는 비판이 등장했고, 2015년에는 아사타의 사건이 발생한 뉴저지에서 예정된 대학 연설이 경관들의 항의로 취소되기도 했다.[108] 커먼은 자신의 딸에게 아사타라는 이름을 붙일 정도로 아사타 샤쿠르를 존경했다.

무미아 아부자말에 대한 음악인의 연대는 장르와 국가를 넘어 나타났는데, 좌파 록 밴드인 미국의 레이

---

[108]   "Common gets disinvited from New Jersey university's commencement," *Washington Post*, April 1, 2015, https://www.washingtonpost.com/news/arts-and-entertainment/wp/2015/04/01/common-gets-disinvited-from-new-jersey-universitys-commencement.

지 어게인스트 더 머신이나 영국의 첨바왐바*Chumbawamba*
의 사례가 특히 유명하다. 힙합계에서는 무미아의 사형
집행이 임박했던 1999년에 척 디, 데드 프레즈, 레이지
어게인스트 더 머신의 잭 델라로차*Zack de la Rocha*, 블랙 소
트 등 의식 있는 래퍼들이 단체로 모여 언바운드 올스타
스*Unbound Allstars*라는 이름으로 "Mumia 911"(무미아 911)이
라는 곡을 발표한 것을 주요 사례로 들 수 있다.

　　이외에도 수많은 래퍼가 무미아의 석방을 요구하
는 가사를 꾸준히 써왔다. 누구보다도 혁명적인 가사를 쓰
는 임모탈 테크닉은 2003년 발표한 앨범 <Revolutionary
Vol. 2>(혁명가 2집)에 무미아의 목소리를 직접 수록했다.
무미아는 인트로에서 이 앨범이 힙합이라는 형식으로
진실을 전하고 있다고 소개하고, 다른 트랙 "Homeland
and Hip-Hop"(국토 안보와 힙합)에서는 힙합 비트 위에
녹음된 음성을 들려주는 식으로 힙합과 사회의 관계에
대한 메시지를 전달했다.

　　무미아와 관련된 다른 특이한 사례는 1995년 케
이알에스 원이 발표한 "Free Mumia"(무미아를 석방하라)
다. 이 곡은 제목만 보면 무미아의 무죄와 석방을 주장하
는 것처럼 보이지만, 정작 가사에는 그에 대한 언급이 거
의 없다. 이 곡은 갱스터 랩의 저속한 가사를 비판한 정
치인 신시아 델로리스 터커*Cynthia Delores Tucker* 등 보수적인

흑인 유명인사들에게 힙합의 폭력성을 비판할 시간에 무미아 구명운동에나 나서라고 응수한 곡이다. 랩은 폭력을 조장한다고 비난받아왔지만, 미국은 랩이 탄생하기 전부터 폭력적이었다는 것이 케이알에스 원의 생각이었다. 그에게 힙합은 폭력적인 이미지가 덧씌워져 부당한 비난을 받는 또 다른 무미아였다.

때때로 힙합 음악인의 정치범을 위한 연대 의식은 국경이나 인종을 뛰어넘기도 했다. 세네갈 출신으로 프랑스 힙합의 전설적 인물이 된 엠시 솔라*MC Solaar*는 1991년 프랑스 레게 그룹 사이 사이*SAÏ SAÏ*와 함께 남한의 정치범 구명을 위한 곡을 발표했다. 이 곡의 제목은 "Pour Kim Song-Man"(김성만을 위하여)으로, 1985년 이른바 '구미 유학생 간첩단' 사건으로 사형 선고를 받은 김성만의 석방을 요구하는 내용이다. 김성만은 1991년 국제사면위원회가 선정한 세계 30인의 양심수 명단에 포함되면서 세계에 알려졌고, 프랑스 영화감독 코스타 가브라스*Costa Gavras*가 김성만 사건을 다룬 다큐멘터리를 제작하면서 영화음악으로 엠시 솔라의 곡이 만들어졌다.

1988년 무기징역으로 감형된 김성만은 1998년 13년의 수감을 마치고 석방됐다. 그러나 그와 함께 체포되어 오랜 수감 생활을 했던 이들에게 1985년의 사건을 정리하는 데는 수감된 시간보다 더 오랜 시간이 필요했다. 1999년 출소 후 보안관찰법에 불응해 오랜 법정 공방을 벌인 강용주는 2018년 마침내 무죄 확정판결과 보안관찰처분 면제를 받아냈다. 김성만, 양동화, 황대권, 이원중은 2020년 8월 21일에야 재심 항소심에서 35년 전 혐의에 대해 무죄를 선고받았다. 2022년 4월 김성만은 약 17억 원의 국가 보상금 지급 판결을 받았다. 그러나 소송에 참여하지 않은 이 사건 관련 피해자들의 누명은 여전히 벗겨지지 않았다.

2020년 10월 7일에는 블랙팬서당과 흑인해방군에서 활동한 잘릴 문타킴*Jalil Muntaqim*이 49년 동안의 무기수 생활을 끝내고 가석방됐다. 데드 프레즈가 "I Have a Dream Too"(나에게도 꿈이 있습니다)에서 정치범으로 언급하기도 한 문타킴은 두 명의 뉴욕 경관을 살해한 혐의로 1971년 체포되어 무기징역을 선고받았다. 그는 11차례 가석방을 거부당하고 69세의 나이로 코로나19에 감염되어 몸이 쇠약해진 이후에야 풀려날 수 있었다. 사망한 경관의 유가족은 즉시 문타킴의 석방을 비판했다.

문타킴은 풀려난 지 1달도 되지 않은 10월 30일 대통령 선거를 위한 유권자 등록을 하다가 가석방 조건 위반으로 체포됐다. 주지사가 그의 투표권 회복을 승인하지 않은 상태이므로 투표 관련 행위는 가석방자에게 허가되지 않은 행동이라는 이유였다. 문타킴은 구속되

잘릴 문타킴.
출처: www.facebook.com/JalilMuntaqim

진 않았으나, 미국 정부가 여전히 그를 교도소로 돌려보
낼 힘이 있음이 확인되었다. 출옥 후 미국의 감옥제도와
흑인운동에 대해 강연활동을 하는 문타킴에게는 여전히
경관 살해범의 활동에 반대한다는 항의가 빗발친다.**109**
그리고 미국의 래퍼들이 수십 년째 무죄를 주장하는 아
사타와 무미아가 오랜 망명과 수감 상태에서 벗어날 수
있을지는 아무도 모른다.

---

109   "Police officers were furious at university for hosting cop killer," *Campus Reform*, June 1, 2022, https://campusreform.org/article?id=19645.

주먹을 들고 무릎 꿇은 선수들

백인 사회가 원하는 흑인이 되기를 거부하다

21세기 힙합 음악의 최고 스타 중 하나인 카녜이 웨스트는 여러모로 기이한 인물이다. 그는 수차례 미국 대통령 도널드 트럼프를 지지하는 발언들로 동료들의 눈총을 받았고, 2020년 미국 대선에 출마해 황당한 공약들을 내거는 등 도무지 종잡을 수 없는 행보를 보였다. 웨스트의 독특한 발언과 행동이 한두 번에 그친 것은 아니다. 그는 "노예제는 선택"이라는 발언, 인종주의적 이미지를 가진 남부연합기가 부착된 의상 착용 등 아프리카계 미국인 사이에서 금기시되는 언행으로 이미 여러 차례 미국 사회에서 논란을 일으켜왔다.

물론 웨스트가 매번 인종주의자들의 주장과 비슷해 보이는 발언만 남긴 것은 아니다. 급진적 흑인운동 조직인 블랙팬서당 출신 아버지를 둔 그는 2005년 텔레

비전 생방송에서 조지 부시*George W. Bush* 대통령이 허리케인 카트리나*Katrina*로 피해를 본 흑인들을 신경 쓰지 않는다며 돌발적으로 대통령을 맹비난했다. 또한 그는 자선과 구호활동을 위한 재단을 만들어 수차례 큰돈을 지원했는데, 2020년에도 그해 여름 경찰 폭력에 항의하는 대규모 시위의 배경이 된 흑인 희생자들인 조지 플로이드, 브리오나 테일러, 아머드 알버리*Ahmaud Arbery*의 유가족에게 큰돈을 기부했다. 그러나 2022년에는 "백인의 생명도 소중하다*White Lives Matter*"라는 문장이 적힌 옷을 입고 나와 2년 전 "흑인의 생명도 소중하다*Black Lives Matter*" 캠페인이 사기였다고 주장하며 다시 사람들을 놀라게 했다.

웨스트는 본업인 음악에서도 인종주의에 비판적인 활동을 해왔다. 그는 2000년대 초부터 상당 기간 야신 베이, 탈립 콸리, 커먼, 루페 피아스코, 데드 프레즈 같은 의식 있는 래퍼들에게 곡을 써 주며 그들의 급진적인 가사를 빛냈다. 많은 찬사와 존경을 받는 이 래퍼들의 커리어에서 웨스트와의 작업은 대단히 중요한 의미가 있다.

2018년 9월 웨스트는 한 행사에서 대단히 혼란스러운 메시지를 전달하는 의상으로 사람들의 주목을 받았다. 그 자리에 그는 트럼프의 슬로건인 "미국을 다시 위대하게 만들자*Make America Great Again*"가 적힌 모자와 미식축구 선수 콜린 캐퍼닉을 지지하는 문구가 적힌 상의를 착용하고 나왔다. 캐퍼닉은 2016년 잇따른 경찰에 의한 흑인 사망 사건에 항의해 미국 국가 연주 때 기립하기를 거부하고 한쪽 무릎을 꿇어 항의 표시를 한 선수다. 캐퍼닉은 웨스트가 자신에게 트럼프를 직접 만나볼 것을 권하기도 했다고 밝혔다.[110]

　　웨스트는 보통 사람들이 쉽게 이해할 수 없는 별난 인물임이 틀림없고, 이상한 행동의 원인은 그의 전 부인이 밝힌 것처럼 조울증과 관련한 문제일 수도 있다. 하지만 그의 모순적인 행동들은 미국인과 흑인이라는 두 개의 정체성 사이에서 고민해온 아프리카계 미국인의 갈등 의식을 극단적으로 표현한 것이기도 하다. 흑인 아버지와 백인 어머니 사이에서 태어나 백인 가정에 입양되어 자란 흑인 캐퍼닉 역시 웨스트와 같은 고민을 마주해 스포츠라는 자신의 영역에서 결론을 표현한 인물이었는데, 그가 스포츠계에서 이런 문제로 고민한 첫 선수는 아니다.

110 "Kanye West really wants to introduce Colin Kaepernick to Trump," *Washington Post*, October 4, 2018, https://www.washingtonpost.com/sports/2018/10/04/kanye-west-really-wants-introduce-colin-kaepernick-trump/.

카네이 웨스트. 출처: David Shankbone

아프리카계 미국인 운동선수들의 활동은 늘 인종주의에 대한 도전이었다. 1908년 복서 잭 존슨*Jack Johnson*은 캐나다 출신 백인 챔피언 토미 번스*Tommy Burns*를 꺾고 흑인 최초로 헤비급 챔피언 자리에 올라 세계를 놀라게 했다. 흑인이 백인을 주먹으로 때려눕힐 능력이 있다는 명백한 사실을 어떤 백인들은 도저히 인정할 수 없었다. 무패의 챔피언으로 명예롭게 은퇴한 미국의 제임스 제프리스*James Jeffries*도 그중 하나로, 그는 건방진 흑인에게 본때를 보여주기 위해 5년 만에 복귀를 선언했다. 결국 1910년 7월 4일 열린 이 "세기의 대결"에는 미국뿐 아니라 전 세계의 이목이 집중됐고, 존슨은 백인의 희망을 담고 도전한 제프리스를 15회 TKO로 물리쳤다.

이제 백인은 다른 방식으로 자신의 강함을 표현해야 했다. 존슨의 승리 소식은 곧 전신으로 각지에 전해졌고, 미국 독립기념일이던 그날 저녁 미국 전역에서 백인들이 폭력사태를 일으켜 수백 명의 사상자가 발생했다. 하지만 미국의 백인들이 더 참을 수 없었던 것은 따로 있었다. 존슨이 공공연하게 링 바깥에서 백인 여성들과 어울렸던 것이다. 존슨은 1912년 훗날 그의 부인이 될 백인 여성과 주 경계를 넘었다는 이유로 백인 배심원들에게 유죄를 선고받았고, 수년간의 국외 도피 후 귀국해 1년 동안 옥살이를 했다.

문제는 물론 실력이 아니었다. 1915년 러트거스 대학 미식축구부의 유일한 흑인 선수가 된 폴 로브슨은 두 차례나 전미 대학 올스타로 선발될 정도로 뛰어난 선수였다. 그는 연습에서 같은 팀 선수들의 거친 플레이를 버텨내는 데는 성공했지만, 상대 팀 백인 선수들이 그와의 경기를 거부해 결국 벤치에 앉아 있어야만 했다. 흑인 선수와의 경기를 거부한 상대 팀은 버지니아주의 워싱턴 앤드 리 대학 미식축구부였는데, 교명을 따온 미국 초대 대통령 조지 워싱턴과 남부전쟁 당시 남부군의 지휘관 로버트 리*Robert Lee*는 모두 노예 소유주였다.**111**

국제무대에서 미국의 흑인 선수들이 느끼는 인종차별은 복잡하면서도 혼란스러운 문제였다. 제시 오언스*Jesse Owens*는 1936년 베를린 올림픽 육상에서 무려 4개의 금메달을 따내며 대회 최고의 스타가 됐다. 미국에서 오언스의 승리는 아리아인의 인종적 우월성을 증명하려던 독일 총통 아돌프 히틀러*Adolf Hitler*의 계획에 찬물을 끼얹은 쾌거로 보도됐고, 히틀러가 흑인 오언스에게 축하 인사를 했는지가 화제가 되기도 했다.

그러나 오언스에게 본국의 그런 반응은 뭔가 이

111　　　　　　　　Horne, *Paul Robeson*, 15.

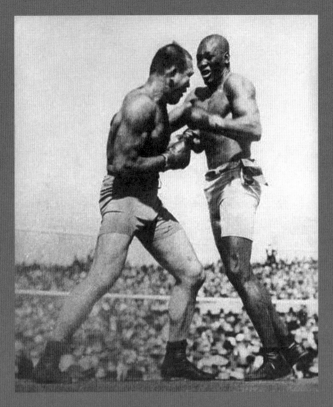

1910년 7월 4일 미국 네바다주 레노에서 열린 챔피언 잭 존슨(오른쪽)과
도전자 제임스 제프리스의 경기 장면. "세기의 대결"로 불리며 세계적인 관심을 끈
이 시합을 보기 위해 2만 명의 관중이 몰려들었다.
출처: Wikimedia Commons

상한 것이었다. 그는 나치 독일의 수도에서 백인 선수들과 같은 호텔을 이용했지만, 귀국 후에는 자신을 위한 축하 행사가 열리는 호텔에서조차 정문으로 들어가지 못했기 때문이다. 그는 자신의 심경을 다음과 같이 표현했다.

> "히틀러에 관한 그 많은 이야기가 오가고 고국에 돌아왔지만, 나는 버스도 앞으로 탈 수가 없었습니다. … 뒷문으로 가야만 했죠. 내가 살고 싶은 곳에서 살 수도 없었어요. 나는 히틀러와 악수하는 자리에 초대받지 못했습니다. 하지만 우리 대통령도 백악관에 나를 초대하지 않은 건 마찬가지였어요."[112]

백인 사회가 원하는 흑인 선수가 되는 일은 쉽지 않았다. 전설적인 헤비급 복서 조 루이스는 챔피언이 되기 위해 복싱 기술뿐 아니라 식사예절부터 백인 여성과 단둘이 있어선 안 된다는 주의사항까지 익혀야 했다. 때때로 그에게는 파시즘을 때려눕히는 전사 역할이 기대되기도 했다. 그는 1935년 무솔리니의 에티오피아 침

---

[112]   Larry Schwartz, "Owens Pierced a Myth," *ESPN*. https://www.espn.com/sportscentury/features/00016393.html.

1936년 베를린 올림픽 멀리뛰기 시상식. 금메달을 딴 제시 오언스가
미국 국기에 경례하는 한편, 그와 친구가 된 은메달리스트 루츠 롱*Luz Long* 등
독일인들은 나치식 경례를 하고 있다.
출처: Bundesarchiv, Bild 183-G00630

략 계획에 분개한 세계 흑인의 응원을 받으며 이탈리아의 프리모 카르네라*Primo Carnera*를 KO시켰고, 1937년에는 미국 민주주의를 대표해 나치 독일의 막스 슈멜링을 2분 만에 쓰러뜨렸다. 이후 파시즘에 맞선 세계 전쟁이 터지자 육군에 입대해 세계를 돌며 시범 경기를 가졌다. 그는 백인 엘리트와 흑인 공산당원에게 모두 사랑받은 미국의 영웅이었지만, 너무 많은 사람의 이익을 대표해 싸운 탓에 훗날 빈털터리가 되어 조롱받았다.

흑인 최초로 메이저리그 야구선수가 된 재키 로빈슨*Jackie Robinson*에게도 미국은 야구 실력 이외의 것을 요구했다. 미국 사회의 모든 영역을 반공주의로 공격한 매카시즘이 도래한 1949년, 그는 하원비미국적활동조사위원회의 요청에 따라 당시 세계적인 가수이자 배우였던 폴 로브슨을 비난했다. 로브슨이 파리에서 열린 세계평화회의에 참석해 소련을 찬양하고, 미국 흑인들에게 소련을 상대로 한 전쟁에 가담해선 안 된다고 주장했다는 이유였다. 위원회는 공산당원임을 인정하라며 끊임없이 로브슨을 추궁하고 있었고, 흑인을 대표하는 운동선수로 불려 나온 로빈슨은 로브슨에게 흑인을 대표할 자격이 없다며 반공주의적 공격을 가해 미국 사회의 찬사를 받았다.

이 사건은 여기서 끝나지 않았다. 십수 년 후 맬

컴 엑스는 이 사건을 다시 끄집어내 백인의 도구로 행동한 로빈슨을 비난했다. 로빈슨도 장문의 반박문을 통해 백인과의 협력이 필요하다고 주장하며 맬컴의 호전적인 언사를 비난했다. 그러나 로빈슨의 심경은 조금 더 복잡했다. 반공주의자이자 공화당원이었던 그는 격렬한 시민권 운동이 절정에 도달한 1964년, 노골적인 인종주의자 배리 골드워터*Barry Goldwater*가 공화당 대통령 후보로 지명되는 현장에 있었다. 말년에 쓴 자서전에서 로빈슨은 이때 히틀러 치하 유대인의 심경을 잘 이해하게 됐고, 백인이 궁극적으로 정의로운 존재가 아니라는 사실을 깨달았다며 좌절감을 드러냈다. 또한 자신이 로브슨을 점점 더 존경하게 됐으며, 과거의 행동을 후회하지는 않지만, 로브슨을 공격하라는 제안을 지금 받는다면 거부할 것이라고 회고했다.**113**

　　백인 사회가 원하는 흑인이 되기를 거부한 선수들의 대가는 컸다. 1960년 로마 올림픽 금메달리스트 캐시어스 클레이*Cassius Clay*는 1964년 헤비급 복싱 챔피언에 올랐다. 다음날 그는 자신이 흑인 민족주의 종교인 이슬

113　　마이크 마커시, 차익종 옮김, 『알리, 아메리카를 쏘다』 (당대, 2003), 60-61.

람민족의 일원임을 밝히며, 미국, 기독교, 백인과의 단절을 선언했다. 모든 미국인이 경악했고 선배 챔피언 조 루이스마저 비난에 가담했지만, 클레이는 개의치 않고 이름마저 이슬람식인 무하마드 알리로 개명했다. 1967년 베트남전쟁에 반대해 징병 거부를 선언한 알리는 즉시 링에서 추방되어 재판에서 징역 5년을 선고받았다. 그는 실제로 수감되진 않았지만, 3년 6개월 동안 링에 오르지 못하고 연방대법원에서 유죄판결이 파기될 때까지 4년간 싸워야 했다.

그러나 이제 알리는 혼자가 아니었다. 알리의 징병 거부 기자회견에 함께 나서기도 한 21세의 촉망받는 대학 농구선수 루 앨신더*Lew Alcindor*는 알리와 비슷한 이유로 1968년 멕시코시티 올림픽 미국 남자 농구 대표팀 선발 과정에 지원하지 않았다. 그는 거의 확정된 올림픽 금메달을 포기했을 뿐 다행히 알리처럼 선수 경력이 단절되는 고통을 겪지는 않았다. 앨신더는 이듬해 미국 프로농구리그 NBA에 뛰어들어 카림 압둘자바*Kareem Abdul-Jabbar*라는 이름으로 20년간 리그 최고의 센터로 활약하며 여섯 번의 우승을 거뒀다.

그러나 압둘자바의 개인적인 보이콧은 멕시코시티 올림픽에서 실제로 일어난 일에 비하면 아무것도 아니었다. 200m 달리기에서 금메달을 딴 토미 스미스

*Tommie Smith*와 동메달을 딴 존 카를로스*John Carlos*는 시상대에서 미국 국가가 연주되는 동안 검은 장갑을 낀 주먹을 치켜들었다. 흔히 '블랙파워 경례*Black Power Salute*'로 알려진 이 행동은 자신들이 미국인이기보다 흑인이라고 선언하며 미국의 인종주의에 항의하는 의미였다. 이 장면은 전 세계에 방송됐다. 곧바로 두 사람은 선수촌에서 쫓겨났고 귀국 후 살해 위협에 시달렸으며 육상 선수로서의 생명도 끝났다. 미국 올림픽 관계자들은 헤비급 복싱에서 소련 선수를 꺾고 금메달을 딴 조지 포먼의 손에 급히 성조기를 쥐여줬다. 애국적인 흑인 역할을 수행한 포먼에게는 이후 FBI의 주선으로 상이 수여됐다.

　　많은 래퍼가 자신들의 가사에서 스포츠 스타들의 이름을 즐겨 인급하는데, 위에서 거론된 이들 역시 마찬가지다. 복잡한 사연을 가진 잭 존슨이나 제시 오언스의 이름은 시대를 뛰어넘어 자연스럽게 랩 가사에 등장하고, 콜린 캐퍼닉의 사연은 켄드릭 라마와 에미넴*Eminem*을 포함해 그를 지지하는 수많은 래퍼의 가사에서 쉽게 찾아볼 수 있다.

　　무하마드 알리는 단순히 랩 가사에서만 기념되는 인물이 아니라 오히려 그 자신이 래퍼에 가까웠다. 그는 늘 자신의 위대함을 자랑하며 상대 선수와 미국 사회의 불의를 거침없이 공격했는데, 이는 힙합에서 수없이 찾을 수 있는 전형적인 래퍼의 모습이었다. 2018년 래퍼 커먼과 나스는 자신들의 SNS를 통해 토미 스미스와 존 카를로스의 항의 50주년을 기념했다. 커먼은 이들과 콜린 캐퍼닉의 이름을 언급하며 "자신들의 무대를 이용해 불의에 항의하고 목소리 없는 사람들을 대변한 운동선수들의 용기에 깊은 영향을 받았다"는 의견을 밝혔다.[114] 그는 이전에도 "무하마드 알리 이후로 본 적 없는 유형의 선수"라며 캐퍼닉을 칭찬한 바 있다.[115]

I think of images that fuel my youth
내 어린 날에 불을 지핀 이미지들을 생각하네

Been influenced by Craig Hodges and Abdul-Rauf
크레이그 호지스와 압둘라우프에게 영향을 받았지

Examples like Olympic, Black Power salutes
블랙파워 경례가 나온 올림픽과 비슷한 거였어

To Panther troops, I saw as I pursued my truth

---

114   Instagram Account of Common, https://www.instagram.com/p/BpA9F9aAOt5/.

115   J'na Jefferson, "Common Compares Colin Kaepernick To Muhammad Ali," *Vibe*, Sep. 28, 2016, https://www.vibe.com/2016/09/common-compares-colin-kaepernick-to-muhammad-ali.

1968년 멕시코시티 올림픽 시상대에서 미국 인종주의에 항의하는
블랙파워 경례를 선보인 선수들.
왼쪽부터 호주의 피터 노먼*Peter Norman*, 미국의 토미 스미스와 존 카를로스.
출처: Wikimedia Commons

블랙팬서 대원들에게 보냈던 것, 난 진실을 찾는 듯 그걸
보았네

– 블랙 소트, 퍼블릭 에너미, "Fight the Power: Remix 2020", 2020

　루츠의 래퍼 블랙 소트는 퍼블릭 에너미의 "Fight the Power: Remix 2020"에 참여해 자신이 1990년대에 활동한 NBA 선수 크레이그 호지스*Craig Hodges*와 마흐무드 압둘라우프*Mahmoud Abdul-Rauf*에게 영향을 받았다고 언급했다. 1992년 NBA 우승팀인 시카고 불스*Chicago Bulls* 소속으로 백악관을 방문한 호지스는 조지 부시 대통령에게 정부가 가난한 사람과 소수자를 외면한다고 비판하는 손편지를 건넸다. 스포츠 스타들이 사회에 기여해야 한다는 믿음을 가진 호지스는 최고의 스타임에도 정치와 사회 문제에 대해서는 거리를 둔 팀 동료 마이클 조던의 태도를 비판하기도 했다. 호지스는 이 시즌을 끝으로 팀에서 방출되어 더는 NBA에서 뛰지 못했는데, 다른 팀들이 그를 외면한 이유 중 실력 외적인 부분이 얼마나 결정적이었는지는 알 수 없다. 그는 2014년 농구로 북한과 미국의 관계를 개선하고자 한 데니스 로드맨*Dennis Rodman*에게 공감해 그와 함께 평양을 방문할 계획이었으나, 항공편 지연으로 북한에 입국하지는 못했다.

　마흐무드 압둘라우프는 덴버 너기츠*Denver Nuggets*

소속이던 1996년 경기 시작 전 미국 국가가 연주될 때 기립하기를 거부했다. 미국의 억압을 상징하는 성조기 앞에 충성을 맹세할 수 없다는 이유였다. 그가 알고 있었는지는 모르지만, 국민의례 거부는 1960년대 말 카림 압둘자바를 비롯한 대학농구 선수들이 취한 바 있는 항의였다. 압둘라우프 사건이 전국적인 화제가 되는 바람에 그는 즉시 수많은 비난과 위협에 시달렸고, NBA 사무국은 그에게 출장 정지와 벌금을 부과했다. 다행히 타협이 이뤄져 출장 정지 이후 돌아온 압둘라우프는 국가가 연주되는 동안 그것을 무시하는 몸짓을 취하거나 이슬람식 기도를 하는 등 자신의 신념을 표현했다. 같은 시기 시애틀 수퍼소닉스*Seattle SuperSonics*의 샘 퍼킨스*Sam Perkins*도 여호와의 증인 신도로서 국가에 충성을 맹세할 수 없다는 이유로 국가가 연주될 동안 동료들과 떨어져 서 있었다.

콜린 캐퍼닉은 2010년대를 대표하는 용기 있는 스포츠 스타로 널리 알려졌다. 그는 항의 행동으로 수많은 비난을 받았지만 동시에 많은 이의 존경과 지지를 얻었고, 심지어 스포츠 브랜드 나이키조차 그의 용기를 추앙하는 광고를 제작했다. 그는 2016년 설립한 단체 너의 권리를 찾아 캠프*Know Your Rights Camp*와 함께 점점 더 많은 사회적 활동에 나서고 있다. 2020년 6월 조지 플로이드의 죽음에 항의하는 시위가 세계적으로 알려진 이후 유럽 축구 리그들은 인종주의 반대 캠페인에 동참해 경기 시작 전 모든 선수가 캐퍼닉처럼 한쪽 무릎을 꿇는 의식을 거행하고 있다. 그러나 정작 캐퍼닉은 2017년 구단과의 계약이 만료된 이후 2022년 6월까지 어느 미식축구 팀과도 계약하지 못했다. 그가 알리처럼 다시 선수로 복귀할 수 있을지, 스미스와 카를로스처럼 이대로 선수 경력이 끝날지는 알 수 없다.

그리고 기억해야 할 이름이 더 있다. 멕시코시티 올림픽 시상대에서 스미스와 카를로스가 주먹을 들 때 은메달리스트였던 백인 선수 피터 노먼은 미국 흑인 선수들이 결성한 올림픽인권프로젝트*Olympic Project for Human Rights*의 배지를 달아 두 사람의 시위에 동참했다. 노먼은 남반구의 인종주의 국가인 호주 대표였고, 이 사건으로 자국에서 철저히 외면받아 다시는 올림픽에 참가할 수 없었다. 2006년 그가 사망하자 스미스와 카를로스가 관을 들었다. 2012년에야 호주 의회가 노먼에게 사과했고, 2018년에는 호주올림픽위원회가 노먼에게 훈장을 추서했다. 노먼이 멕시코시티 올림픽 200m 달리기에서 달성한 20초06은 2022년 6월까지 여전히 호주 최고 기록으로 남아 있다.

로버트 무가베 (1924~2019)

곧 우리는 누가 진짜 혁명가들인지 알게 되겠지

Soon we'll find out who is the real revolutionaries

곧 우리는 누가 진짜 혁명가들인지 알게 되겠지

– 밥 말리, 더 웨일러스*The Wailers*, "Zimbabwe"(짐바브웨), 1979

자메이카의 세계적인 레게 스타 밥 말리는 1980년 4월 중순 어느 밤 짐바브웨의 수도 솔즈베리에서 열린 무대에 올랐다. 영국의 식민 통치와 그 뒤를 이은 백인 정착민 통치를 끝내고 아프리카인이 이끄는 국가가 탄생한 순간을 기념하는 무대였다. 3만 명 이상의 관객 앞에서 그의 대표곡 "Zimbabwe"가 울려 퍼졌고, "아프리카인들이 짐바브웨를 해방시킬 거야"라는 이 곡의 가사는 더 이상 바람이 아닌 현실이었다. 자메이카까지 포함하는 아프리카인의 디아스포라 전역이 짐바브웨의 독립을 기뻐했다.

그로부터 25년 후인 2005년 밥의 아들이자 레게 음악인 데미언 말리*Damian Marley*는 뉴욕 출신 래퍼 나스와 함께 "Road to Zion"(시온으로 가는 길)이라는 곡을 발표했다. 이 곡의 제목에서 시온은 돌아가야 할 이상적인 공간을 뜻한다. 유대교 전통에서 시온은 대개 예루살렘의 시온산 또는 이스라엘 땅을 가리키지만, 나스나 데미언 같은 북아메리카와 카리브해 출신 흑인들에게는 그 의미가 달랐다. 미국 흑인 노예들의 영가에서 시온은 물론 자신들이 떠나온 서아프리카 땅을 떠올리게 하는 단어였고, 말리 부자가 깊이 영향받은 자메이카의 흑인 종교인 라스타파리 전통에서는 메시아 하일레 셀라시에의 땅인 에티오피아를 가리켰다.

그런데 미국과 자메이카의 흑인들이 고통스러운 현실을 벗어나 돌아가야 할 아프리카는 평화로운 곳이 아니었다. 음울한 기운이 감도는 이 곡에서 나스는 세계 각지에서 흑인이 겪는 고통을 묘사하면서 당시 짐바브웨 대통령 로버트 무가베*Robert Mugabe*의 학살을 예로 들었다.

What I'm seein' is hauntin', human beings like ghost and zombies

내가 보는 것이 머리를 떠나지 않네, 유령과 좀비 같은
사람들

**President Mugabe holdin' guns to innocent bodies
in Zimbabwe**

무가베 대통령은 짐바브웨에서 무고한 사람들에게 총을
겨눴지

[중략]

Revolutionary warfare with Damian Marley

데미언 말리와 함께하는 혁명적 전투

We sparkin' the irons, marchin' to Zion

우리는 철에 불꽃을 튀기며 시온으로 행진하네

– 나스, 데미언 말리, "Road to Zion", 2005

데미언의 아버지가 탄생을 축하했던 아프리카
인의 국가가 무가베의 오랜 독재 치하에서 황폐해졌
음은 누구도 부정하기 어려웠다. 그리고 나스가 자라
난 미국에서는 흑인들이 경찰의 총에 사망하거나 감옥
에 갇히는 일이 다반사였다. 따라서 나스는 그저 아프리
카로 돌아가는 대신 지금은 현실 문제에 맞서 불꽃 튀
는 혁명적 투쟁을 하는 일이 더욱 필요하다고 이야기했
다. 나스와 데미언은 밥의 혁명적 정신을 이어받아 공권
력의 폭력이 만연한 자메이카와 미국, 짐바브웨의 절망

적 현실을 헤쳐나가자는 데 의견이 일치했다. 이들의 문제의식은 5년 후인 2010년 발매한 공동 앨범 <Distant Relatives>(떨어져 지낸 동족)에서 더욱 분명한 메시지로 다시 표현됐다.

그런데 미국의 혁명적 힙합 그룹 데드 프레즈의 멤버 엠원은 나스와 생각이 달랐다. 두 사람은 수차례 같이 음악 작업을 한 가까운 사이였다. 엠원 역시 밥 말리에게서 영감을 얻고 있었다. 2011년 발표한 "Real Revolutionaries"에서 엠원은 누가 진짜 혁명가인지 묻는 말리의 가사를 인용하면서 나스는 틀렸고 무가베가 옳았다는 단호한 태도를 내비쳤다.

Nas was wrong, Mugabe was right

나스는 틀렸어, 무가베가 옳았지

We gotta fight, Izwe Lethu i Afrika

우리는 싸워야 해, 이즈웨 레투 이 아프리카

Afrika's our Land

아프리카는 우리의 땅이란 뜻이지

The future is in our hands

미래는 우리 손안에 있어

So here's a list of demands

그러니 여기 요구 목록이 있지

Reparations for what they stole

그들이 빼앗은 것에 대한 배상이야

The People, the Land, the Diamonds, the Gold

사람들, 토지, 다이아몬드, 황금을 가져갔잖아

– 엠원, AP2P(aka M-1 and Bonnot), "Real Revolutionaries", 2011

1980년부터 계속 짐바브웨 정권을 장악했던 무가베는 2009년 미국의 주간지 <퍼레이드*Parade*>가 꼽은 세계 최악의 독재자 순위에서 1위로 꼽힐 정도로 악명이 높았다. 하지만 엠원은 그런 평판에 개의치 않고 "자유로운 짐바브웨를 축하하자"라는 놀라운 가사를 남겼다. 그가 보기엔 나스가 아니라 무가베야말로 밥 말리가 이야기한 진정한 혁명가였다.

엠원이 옳았다고 평가한 무가베의 행위는 2000년 강행한 백인 소유의 토지 몰수였다. 엠원이 보기에 토지 몰수는 백인이 빼앗아간 아프리카인의 자산을 되찾는 극히 정당한 조치였다. 또 그는 무가베의 폭정이 아니라 국제통화기금과 세계은행이 짐바브웨에 실행한 잘못된 정책, 토지 몰수 이후 가해진 미국과 유럽연합의 제재가 짐바브웨 경제를 파탄시켰다고 판단했다. 2013년 그는 여전히 필요한 아프리카 해방을 위해 짐바브웨를 옹호해야 한다는 입장을 밝히며 쿠바와 짐바브웨에 대한

1979년의 로버트 무가베. 출처: Nationaal Archief

국제 사회의 제재 철회 촉구 운동을 시작했고, 다른 아프리카계 예술가들에게도 동참할 것을 호소했다.**116** 이처럼 말리의 투쟁 정신을 이어받고자 하는 두 정치적 래퍼는 짐바브웨 대통령에 대해 전혀 다른 평가를 내렸다.

짐바브웨의 전 대통령 로버트 가브리엘 무가베 *Robert Gabriel Mugabe*는 2019년 9월 6일 싱가포르에서 95세의 나이로 사망했다. 그는 한때 국제적 감각으로 식민주의에 대항한 급진적인 지도자였고, 민중의 지지를 받으며 합법적으로 집권한 국가수반이었다. 그러나 결코 권력을 내려놓을 생각이 없었던 그는 수단과 방법을 가리지 않고 반대파를 억압했다. 아프리카인의 해방운동을 이끌던 무가베가 짐바브웨 민중에게서 등을 돌리고 자신의 측근을 국가의 가장 큰 억압자 집단으로 만들었음은 부정할 수 없다. 결국 그는 자신이 구축한 지배 권력에 의해 권력을 내려놓았지만, 비참한 최후를 맞는 대신 마지막까지 국가 원로로서 예우를 받았다. 무가베는 해방운동의 지도자이자 잔혹한 독재자로 짐바브웨 역사에

---

116   Mutulu Olugbala, "M-1 of Dead Prez Calls Artists To Action Concerning Cuba & Zimbabwe," *Hip-Hop and Politics*, July 30, 2013, https://hiphopandpolitics. wordpress.com/2013/07/30/m-1-of-dead-prez-calls-artists-to-action-concerning-cuba-zimbabwe/.

기록될 것이다.

　　짐바브웨의 식민지화는 1888년 은데벨레*Ndebele* 인의 왕 로벤굴라*Lobengula*가 영국남아프리카회사*British South Africa Company*에 광산 채굴권을 넘겨주면서 시작됐다. 곧 이 지역은 회사의 설립자로 오늘날의 남아프리카 공화국인 영국 케이프 식민지의 총리, 제국주의자 세실 로즈*Cecil Rhodes*의 이름을 따 로디지아*Rhodesia*라는 이름으로 불리게 되었다. 로디지아는 잠베지강을 경계로 오늘날의 잠비아인 북로디지아와 오늘날의 짐바브웨인 남로디지아로 이뤄진 지역이다. 로디지아에는 금광 채굴 사업을 계기로 백인 정착민이 몰려들었고, 이들은 인접한 남아프리카의 백인만큼이나 강한 정치권력과 광대한 땅을 차지했다.

　　1960년을 전후해 많은 아프리카 국가가 독립했다. 남로디지아는 1953년부터 아프리카 남부의 영국령 지역들의 연합인 로디지아 니아살랜드 연방을 구성하고 있었는데, 1964년 니아살랜드와 북로디지아가 각각 말라위와 잠비아로 독립하며 아프리카인의 정부를 수립했다. 그러나 두 지역과 달리 남로디지아의 백인 정착민 권력은 굳건했다. 그들은 인근 국가들처럼 인구의 다수를 차지하는 흑인에게 정치권력을 내줄 생각이 없었고, 마찬가지로 자신들을 압박하는 영국 정부와 타협하기를 거부했다. 결국 총리 이언 스미스*Ian Smith*를 중심으로 한 남로디지아 백인들은 1965년 일방적으로 영국으로부터의 독립을 선포하고 국명을 로디지아로 정했다. 소수의 백인이 계속해서 정치와 경제의 권력을 장악하는 이웃 국가 남아프리카 공화국이 이들의 본보기였다.

로디지아의 백인 정부 수립과 동시에 그에 대항하는 흑인들의 오랜 게릴라 투쟁이 시작됐다. 흔히 로디지아 덤불숲 전쟁*Rhodesian Bush War*으로 불리는 이 전쟁은 1964년부터 1979년까지 지속됐다. 로디지아의 흑인들은 이 전쟁을 제2차 치무렝가*Chimurenga*로 불렀다. 치무렝가는 쇼나어로 혁명적 투쟁이라는 뜻으로, 1896년 영국 남아프리카회사에 대항한 전쟁인 제1차 치무렝가를 계승한다는 의미다. 무장투쟁을 이끈 단체는 둘이었다. 조슈아 은코모*Joshua Nkomo*가 이끄는 짐바브웨아프리카인민연합*Zimbabwe African People's Union*과 여기서 갈라져 나온 조직인 로버트 무가베의 짐바브웨아프리카민족연합*Zimbabwe African National Union*이 서로 경쟁하며 백인 정부에 맞섰다.

무가베와 민족연합은 은코모의 인민연합보다 강경한 투쟁 노선을 견지하며 해방운동의 상징으로 부상했다. 무가베는 백인 정권에 의해 민족연합이 불법화된 후 체포되어 1963년부터 1974년까지 거의 11년 동안 옥살이를 했지만, 그가 감옥에 있는 동안에도 민족연합은 끈질기게 투쟁을 계속해 나갔다. 반면 초창기 괜찮은 경제적 성과를 내던 로디지아의 백인 정권은 1970년대에 들어 국제적 고립이 길어지면서 경제적으로 흔들리기 시작했다. 실업과 가난이 늘어나면서 점점 더 많은 아프리카인이 게릴라 진영에 공감하게 되었다. 감옥에서 풀려난 무가베는 1975년 포르투갈에서 독립해 사모라 마셸Samora Machel을 필두로 사회주의 정권을 수립한 이웃 모잠비크의 지원을 받았고, 은코모의 인민연합과 공동전선을 형성하며 스미스의 로디지아 백인 정부를 점점 압박해갔다.

스미스 정부는 군사적으로 점차 밀렸고, 그들이 우방으로 여기던 남아프리카 공화국마저 흑인 게릴라들과 협상하도록 권고했다. 이처럼 내외의 압력이 가중되자 스미스 정부는 마지못해 아프리카인을 통치 주체로 인정했다. 1980년 선거에서 무가베는 은코모를 누르고 압도적인 승리를 거두며 총리직에 올랐고, 나라 이름을 짐바브웨로 바꿨다.

집권한 무가베는 과감하게 식민주의의 잔재를 털어내는 정책들을 단행했다. 그가 집권한 첫 10년 동안 짐바브웨는 문맹률을 대폭 낮추고 고학력자를 다수 배출하는 등 남아프리카 최고 수준의 교육 체계를 마련했고, 다수의 국민이 접근할 수 있도록 의료 개혁도 실시했다. 토지 분배와 종족 갈등 등 내부 문제가 없는 건 아니었지만, 이때까지만 해도 짐바브웨의 무가베 정부는 비교적 안정적이었고 나름대로 정통성을 주장할 수 있었다.

1980년대 당시 무가베가 외국의 흑인들에게 가졌던 긍정적인 이미지는 1987년 미국의 선구적인 힙합 밴드 스테쳐소닉 *Stetsasonic* 이 발표한 "A.F.R.I.C.A."에서 잘 드러난다. 남아공의 아파르트헤이트에 반대하는 내용의 이 곡에서 무가베는 탄자니아에 사회주의 정권을 세운 초대 대통령 줄리어스 니에레레 *Julius Nyerere* 와 더불어 넬슨 만델라의 옥중 투쟁을 도울 자랑스러운 아프리카의 지도자로 묘사된다.

Mugabe, he's first freedom's power
무가베, 처음 등장한 자유의 권력

This here is Africa's hour, the unforgotten people in our
여기 아프리카의 시간이 왔네, 우리 안의 잊히지 않은 사람들

[중략]

Those are our brothers and sisters across the sea
바다 건너편에 우리 형제자매들이 있지

I'm speakin' for the Stet, and we make a plea
난 스테쳐소닉을 대표해 말하고, 우리는 탄원할 게 있어

Only Western Intervention Could Delay Ian Smith's Overthrow

Z.A.N.U. 's ROBERT MUGABE: "WE ARE COMMITTED TO VICTORY THIS YEAR IN RHODESIA"

ZANLA forces with arms and military equipment captured after successful encounter with enemy troops.

SAM/ President ROBERT MUGABE

1979년 3월 12일 <블랙팬서>에 로디지아 백인 정부와의 투쟁에서 승리를 목전에 둔 무가베 인터뷰가 실렸다.
출처: The Black Panther Newspaper

To fight apartheid, everybody

아파르트헤이트에 맞서 싸우자는 거야, 모두들

To fight against the wicked and help Mugabe

악당들에 맞서고 무가베를 돕자고

To fight apartheid and assist Nyerere

아파르트헤이트에 맞서고 니에레레를 거들자고

Support the MK and the ANC

음콘토 웨 시즈웨(아프리카국민회의 무장조직)와 아프리카

국민회의를 지원해

We wanna see Nelson and Winnie free

우리는 넬슨과 위니 만델라의 자유를 보고 싶어

– 스테쳐소닉, "A.F.R.I.C.A.", 1987

그러나 1990년대에 들어 짐바브웨에 문제가 발생했다. 무가베의 정치적 수사는 사회주의적이었지만, 짐바브웨의 경제 구조는 여전히 백인 농장주가 많은 토지를 소유하는 등 자본주의적이었다. 무가베는 경제 상황이 나빠지자 시장 자유화를 골자로 하는 국제통화기금의 구조조정 권고안을 받아들였으나 소용이 없었고, 콩고 내전 개입 등으로 재정이 더욱 악화했다. 경제가 더욱 악화하고 노동자들이 대규모 파업에 나서며 민심이 동요하자 무가베는 상황을 타개할 결정적인 정책인 토

지개혁을 들고 나왔다.

그가 선택한 토지개혁은 백인 소유 농장을 몰수하려는 계획이었다. 내부에서 큰 반발에 부딪히며 2000년 몰수를 가능하게 하는 개헌안이 부결됐지만, 결과와 관계없이 퇴역군인과 민병대 등은 백인 농장들을 습격했고, 백인 농장주와 흑인 노동자 수백 명이 살해당했다. 경악한 국제 사회는 경제 제재를 시작했고, 이후 짐바브웨의 모든 산업 분야가 쇠퇴했다. 2008년 재정이 고갈되자 짐바브웨 정부는 화폐를 마구 찍기 시작해 유례없는 초인플레이션을 발생시켰고, 결국 자국 화폐 대신 미국 달러를 화폐로 삼는 지경에 이르렀다. 무가베는 위기를 맞으면서도 폭력적인 수단을 동원하며 선거에서 계속 승리했다. 하지만 자신의 부인을 정치적 후계자로 지명하는 것은 그의 지지자들조차 용납할 수 없었다. 결국 그는 2017년 쿠데타로 사임했다.

그런데 무가베의 짐바브웨에서 발생한 최악의 사건은 백인 토지 몰수가 아니었다. 1983년부터 1987년까지 정부군은 반정부세력 진압을 구실로 마타벨렐란드 지역에서 소수 부족인 은데벨레인을 학살했다. 이 학살 사건은 쇼나어로 봄비가 내리기 전 곡식 겉껍질을 씻어내는 비를 뜻하는 구쿠라훈디*Gukurahundi*라고 불린다. 학살의 희생자는 2만 명이 넘는 것으로 추정되지만, 국제 사

짐바브웨 수도 하라레의 현충원에 놓인 무명용사 동상.
무가베 정권 당시 북한 기술자들이 제작했다.
출처: Gary Bembridge

2008년 이후 짐바브웨의 초인플레이션 상황을 보여주는 100조 짐바브웨달러 지폐.
출처: Reserve Bank of Zimbabwe

회의 큰 주목을 받지 못했다. 무가베와 대단히 친밀한 관계를 맺었던 김일성이 1980년 광주가 아닌 짐바브웨에 북한 장교 파견을 결정했고, 106명의 북한 교관이 태권도로 훈련시킨 특수부대가 학살을 주도했다.[117]

무가베의 뒤를 이어 짐바브웨 대통령이 된 에머슨 음낭가과*Emmerson Mnangagwa*는 본인의 부인에도 불구하고 학살에 책임이 있다는 의혹을 계속 받았다. 그는 2020년 7월 29일 20년 전 무가베 정권에서 토지를 몰수당한 백인 농장주들에게 보상금을 지급하는 협정에 서명했다. 새 정권이 들어선 짐바브웨에서는 대통령 일가의 비자금 조성, 반체제 인사 탄압 등 무가베 시기와 크게 다르지 않은 뉴스가 계속 전해진다. 짐바브웨가 무가베의 정치적 유산을 극복하기에는 더 많은 시간이 필요할 것이다.

---

117   Elinor Sisulu, *Gukurahundi in Zimbabwe: A Report on the Disturbances in Matebeleland and the Midlands, 1980–88* (Johannnburg: Hurst, 2007), 73.

무아마르 카다피 (1942~2011)

레이건과 오바마는 왜 똑같이 카다피의 뒤를 쫓았을까?

Ronald Reagan was a actor, not at all a factor

로널드 레이건은 연기자였지, 문제의 근원은 전혀 아냐

Just an employee of the country's real masters

이 나라의 진짜 주인들이 고용한 사람일 뿐이지

Just like the Bushes, Clinton, and Obama

부시 두 명, 클린턴, 오바마처럼 말이야

Just another talking head telling lies on

teleprompters

프롬프터를 보고 거짓말하는 게 일인 다른 한 명일 뿐

If you don't believe the theory, then argue with this

logic

이 이론을 못 믿겠으면 논리적으로 따져 보자

Why did Reagan and Obama both go after Qaddafi?

레이건과 오바마는 왜 똑같이 카다피의 뒤를 쫓았을까?

We invaded sovereign soil, going after oil

우리는 주권국의 영토에 침입했어, 석유를 찾아갔지

Taking countries is a hobby paid for by the oil lobby

다른 나라를 장악하는 건 석유업계 로비로 돈을 대는 취
미야

– 킬러 마이크, "Reagan"(레이건), 2012

애틀랜타 출신 래퍼 킬러 마이크는 2012년 발표한 "Reagan"에서 자신이 겪은 모든 미국 대통령을 자본가들의 꼭두각시로 묘사했다. 특히 그는 리비아의 지도자 무아마르 알 카다피*Muammar al Qaddafi*를 제거하려 한 로널드 레이건과 버락 오바마를 지목해 비판했다. 레이건은 1986년 미군의 리비아 폭격 작전을 승인했고, 오바마는 2011년 북대서양조약기구*NATO*의 폭격을 지원해 카다피의 사망에 일조했다. 마이크는 같은 앨범에 실린 "Untitled"(무제)의 뮤직비디오에서도 예수, 맬컴 엑스, 카다피를 연상시키는 복장으로 등장했는데, 마치 카다피가 다른 두 사람처럼 오해와 비난을 받으며 살해된 희생자라고 보는 것 같았다.

당시 카다피의 죽음은 2011년 반정부 시위대 폭

격 등 그의 잔혹한 행위에 대한 자업자득으로 여겨졌다. 또한 카다피 일가의 막대한 재산이 화제가 되면서 머라이어 캐리*Mariah Carey*, 어셔, 비욘세, 50센트*50 Cent* 등 세계적인 가수들이 카다피 일가 행사에서 공연한 사실에 변명을 늘어놓거나 그 일로 번 수입을 기부하는 등 급히 이미지 관리에 들어간 상태였다. 그런데도 미국의 진보 정치인 버니 샌더스 지지자로 유명한 마이크는 악명 높은 독재자를 변호했다. 놀랍게도 카다피를 긍정적으로 본 래퍼는 오래전부터 있었다. 인텔리전트 후드럼*Intelligent Hoodlum*이라는 이름으로도 알려진 뉴욕의 베테랑 래퍼 트래지디 카다피*Tragedy Khadafi*나 투팍의 친구인 아웃로우즈의 야키 카다피는 아예 활동명을 그에게서 따 왔다. 세계적인 래퍼 나스도 2011년 '아랍의 봄'으로 리비아에서 대규모 시위가 발생하자 자신이 카다피를 적으로 본 적이 전혀 없으며, 오해받아온 인물이라고 카다피를 옹호했다. 나스는 "민중이 그에게 저항하고, 그가 민중에게 저항해야 하는 상황은 보고 싶지 않아"라는 착잡한 느낌을 밝혔다.**118**

물론 "중동의 미친개"라는 레이건의 유명한 비난처럼 미국 정부나 언론이 2000년대 중반 리비아와 외교관계를 개선하기 전까지 오랫동안 악마화한 카다피의 이미지를 그대로 받아들일 필요는 없다. 하지만 42년 동안의 독재, 가족과 특정 종족에게 편중된 권력, 테러 연루, 시위대 유혈 진압, 국제 인권단체가 제기해온 여러 정치적 탄압과 인권 침해 등 카다피 정권이 보여준 문제들을 모두 미국의 거짓말이나 별것 아닌 문제로 치부해서도 안 될 것이다. 카다피의 리비아는 독특한 혁명적 수사 뒤에 석유로 얻은 부와 정치적 억압이 공존한 사회였다. 어쨌든 여기서는 카다피를 변호하거나 비판하는 것보다는 아프리카계 미국인 래퍼들이 베두인계 아랍인 정치인에게 공감했던 이유를 살펴보는 것이 더 흥미로울 것이다.

킬러 마이크는 한 인터뷰에서 조금 더 분명한 입장을 밝혔다. 그는 카다피의 죽음이 미국인인 자신에게 낮은 유가라는 이득을 줄 수 있겠지만, 진실을 말하자면 이미 깊게 골이 패인 세계적인 빈부 격차를 더욱 벌려 놓을 수 있다고 말했다. 범아프리카주의를 지지하는 아프리카계 미국인의 입장에서 볼 때 카다피는 리비아와 다른 아프리카 국가들에 좋은 일을 했으며, 세계적으로 몇

---

118   D. L. Chandler, "Nas says Libya leader Gaddafi is misunderstood," *MTV News*, March 15, 2011, http://www.mtv.com/news/2495142/nas-says-libya-leader-gaddafi-is-misunderstood.

안 되는 아프리카계 미국인의 편이었다는 것이 그의 생각이었다. 구체적으로는 카다피가 아프리카계 미국인이 이중 국적으로 리비아 시민권을 가질 수 있도록 했다는 점, 그리고 아프리카의 모든 자원을 아프리카인이 사용할 수 있도록 아프리카 합중국 건설을 주장했다는 점을 사례로 들었다. 그러나 카다피가 리비아 석유에 대해 미국 달러 대신 금으로 지급받는 방식으로의 제도 개혁을 원했기에 미국인들이 그를 살해했다는 것이 마이크의 결론이었다.[119] 마이크의 대담한 주장들은 진위를 자세히 따져볼 필요가 있었지만, 그가 미국 정부보다 카다피의 대의에 더 공감했다는 점만큼은 분명했다.

　　미국의 흑인 래퍼들과 카다피의 연결고리 중 가장 중요했던 것은 범아프리카주의라는 오래된 정치적 이상이었다. 그것은 인종과 문화를 넘어 아프리카 전역을 통합하고자 한 과감한 주장이었고, 대서양 양쪽의 아프리카인 디아스포라에 호소하는 운동이었다. 카다피는

119　　Paul Arnold and Killer Mike, "Killer Mike explains his comparison of Barack Obama to Ronald Reagan, his brotherly bond with El-P," *Hiphopdx*, May 21, 2012, https://hiphopdx.com/interviews/id.1896/title.killer-mike-explains-his-comparison-of-barack-obama-to-ronald-reagan-his-brotherly-bond-with-el-p.

흑인이 아닌 아랍인이었지만 분명 아프리카 국가를 이
끄는 아프리카인이었고, 제국주의의 침탈에 대항해 아
프리카 국가들의 단결을 촉구할 자격은 충분했다.

집권 후 카다피는 오랫동안 아랍 국가들의 통합
에 열중했으나 별 성과를 내지 못했다. 다음으로 그는
1990년대 말부터 본격적인 아프리카 통합 운동에 나섰
다. 기존에 설립된 아프리카통합기구를 계승하기 위해
2002년 아프리카연합*African Union* 창설을 주도한 그는 더
나아가 아프리카합중국*United States of Africa* 건설을 주장하
고 나섰다. 그러나 아프리카는 아랍 세계 이상으로 다양
한 문화가 공존하며 갈등을 빚어온 대륙이었고, 특히 사
하라 사막 북쪽의 아랍 국가들과 남쪽의 소위 '검은 아프
리카'는 달라도 너무 달랐기에 이 두 세계를 하나로 통합
하는 일은 불가능해 보였다.

2010년 10월 리비아의 시르테에서 열린 2차 아
랍아프리카 정상회담에서 카다피는 아프리카 국가 지
도자들에게 유럽보다 더 오랜 역사를 가진 아랍인에 의
한 아프리카인 노예무역에 대해 사과했다. 이는 카다피
가 인종과 종교를 뛰어넘어 아프리카인을 통합하기 위
해 역사적 화해가 필요하다고 생각했기 때문이었다. 물
론 아프리카 통합 국가 건설이 단기간에 가능하리라고
본 사람은 거의 없었다. 그렇지만 카다피는 20세기의 범

2009년 아프리카연합 회의에서 의장으로 선출된 카다피.
출처: U.S. Navy

아프리카주의 사상가들인 마커스 가비와 콰메 은크루마 이후 잊힌 옛 이상을 다시 끄집어내고 있었다.

케이알에스 원은 1992년 발표한 부기 다운 프로 덕션스의 "Build and Destroy"(짓고 파괴하고)에서 카다피의 주장처럼 피부색과 문화를 넘어선 범아프리카주의의 맥락을 잘 표현했다. 그는 1960년대 미국의 급진적 학생 운동가에서 범아프리카주의 혁명가로 변신한 콰메 투레를 스승으로 여겼다. 이 곡에서 그는 당시 아프리카계 최초로 미국 합동참모본부의장이 된 콜린 파월*Colin Powell*을 악마라고 부르며 미국의 리비아 공격 계획을 비난했다.

> You talk about being African and being black
> 너는 아프리카인과 흑인이 된다는 게 무엇인지 이야기 하지
> Colin Powell's black, but Libya he'll attack
> 콜린 파월은 흑인인데 그는 리비아를 공격하려 해
> Libya's in Africa, but a black man
> 리비아는 아프리카에 있지, 근데 한 흑인이
> Will lead a black man, to fight against his homeland
> 다른 흑인더러 그의 고향을 상대로 싸우라고 부추기네
> An accomplice to the devil is a devil too
> 악마에게 협력하는 자도 같은 악마야

The devil is anti-human, who the hell are you?

악마는 인간의 반대지, 넌 대체 누구야?

I lecture and rap without rehearsal

난 리허설 없이 강의하고 랩을 해

I manifest as a black man but I'm universal

난 흑인이라고 당당히 이야기하지, 하지만 보편적인 인간이야

– 부기 다운 프로덕션스, "Build and Destroy", 1992

사실 이 곡이 진짜 비판하는 대상은 푸어 라이처스 티처스*Poor Righteous Teachers*나 엑스클랜처럼 백인은 악마이며 흑인이 옳다는 단순한 메시지를 전달하는 힙합 그룹들이다. 케이알에스 원은 인종이나 피부색에 대한 집착이 아니라 아프리카라는 지리를 매개로 억압받아온 사람들의 연대가 더 중요하다는 걸 알고 있었다.

늘 사려 깊은 가사를 쓰는 것으로 유명한 탈립 콸리도 카다피의 아프리카 통합 구상에 공감했다. 콸리의 그룹명 블랙스타는 범아프리카주의자 마커스 가비의 아프리카 귀환운동을 상징하는 단어다. 콸리는 2017년 발표한 "All of Us"에서 카다피를 아프리카 통합운동의 상징으로 언급하며 카다피의 구상이 맬컴 엑스나 마틴 루서 킹의 혜안과 비슷하다고 평가했다.

Every problem can't be solved at the ballot box

모든 문제가 투표함에서 풀리는 건 아니지

We unifying Africa like Gaddafi, that's what got Malcolm shot

우리는 카다피처럼 아프리카를 통합하려 해, 그건 맬컴이 총에 맞은 이유이기도 하지

They ought to stop anybody with knowledge that figured out the plot

그들은 음모를 알아챌 지식이 있는 사람이라면 누구든 멈춰 세워야 했거든

On the balcony like Martin Luther King, I've been to the mountaintop

마틴 루서 킹은 발코니에서 당했지, "저는 산 정상에 올랐습니다" 연설 말이야

– **탈립 콸리**, "All of Us", 2017

맬컴은 생애 말년에 백인을 악마라고 가르치던 이슬람민족을 떠난 후 메카를 성지순례하며 피부색을 넘어선 연대에 눈을 뜨게 된다. 아프리카 국가들을 둘러보며 당시 활발히 운영되던 아프리카통합기구에서 영감을 얻은 그는 미국에 돌아온 뒤 아프리카계미국인통합

기구*Organization of Afro-American Unity*를 설립하고 이전과 달리 포용적인 자세로 미국 흑인들의 운동을 조직했으나 곧 암살당했다. 마틴은 "저는 산 정상에 올랐습니다"라는 제목으로 알려진 마지막 연설에서 자신이 죽음을 두려워하지 않으며 함께 약속된 땅으로 가자는 내용을 역설한 후 멤피스의 모텔 발코니에서 총격당해 숨졌다. 칼리는 자신의 곡에서 카다피의 독재나 비참한 최후에 대해 직접 언급하지는 않지만, 적어도 그의 아프리카 통합운동만큼은 중요하고 긍정적인 것으로 보는 것 같다.

미국의 흑인들이 카다피에게 고마워할 이유는 더 있었다. 카다피는 1969년 집권 후 미국의 흑인운동 세력인 블랙팬서당과 이슬람민족을 포함한 세계의 혁명운동을 지원해왔다. 블랙팬서당의 복장을 하고 이슬람민족의 메시지를 전달한 퍼블릭 에너미의 척 디도 그 사실을 알고 있었다. 그는 자신의 책에서 1996년 카다피가 이슬람민족 지도자 루이스 패러칸에게 10억 달러를 선물로 주면서 미국 흑인을 위해 써 달라고 했다는 사실을 언급했다. 미국 재무부의 불허로 자금이 실제로 전달되지는 않았지만 그런 것은 중요하지 않았다. 척 디에게 이 사건은 "리비아가 미국 정부에 의해 '테러리스트' 국가로 여겨지긴 하지만, 리비아와 카다피는 흑인 공동체를 결코 가만히 보고만 있지 않았다"라는 증거였다.**120**

패러칸도 물론 미국의 흑인 대통령보다 리비아의 아랍인 지도자와 더 가까웠다. 한때 오바마의 대통령 당선을 축하했던 패러칸은 2011년 오바마가 리비아 공격을 지원하자 즉시 지지를 철회하며 저주를 퍼부었다. 패러칸은 카다피가 사망하자 "위대한 형제 지도자"를 잃은 데 깊은 애도를 표했고, 오바마와 국무부 장관 힐러리 클린턴이 군사력을 믿고 눈이 먼 오만한 자들이므로 몰락할 것이라고 다시 경고했다.[121]

아프리카의 흑인운동 지도자들도 카다피에게 고마워했다. 남아프리카 공화국의 전 대통령 넬슨 만델라가 대표적이다. 만델라와 그가 이끈 아프리카국민회의가 1980년대 미국 정부의 테러리스트 명단에 오르는 등 국제적 고립을 겪던 시절에도 카다피는 지원을 계속했고, 만델라는 이 사실을 평생 잊지 않았다. 만델라는 유엔이나 빌 클린턴*Bill Clinton* 미국 대통령이 리비아 방문을 만류하자 "우리의 도덕적 권위는 우리나라 역사상 가

---

120 Chuck D, *Fight the Power*, 23.

121 "Farrakhan: Nation of Islam mourns assassination of Muammar Gadhafi," *Final Call*, October 25, 2011, http://www.finalcall.com/artman/publish/National_News_2/article_8242.shtml.

넬슨 만델라. 출처: John Mathew Smith

장 암울했던 시기에 우리를 도와준 이들을 버려선 안 된다고 명령합니다"라며 리비아를 방문해 카다피와 우정을 나눌 정도였다.**122** 이후 카다피가 죽자 그가 어려운 시기에 자신들을 도와준 반아파르트헤이트 투사였다며 죽음을 애도했다.

　　정작 리비아인이나 리비아계 미국인 래퍼들은 아프리카계 미국인 래퍼들과는 정반대의 입장을 가졌다. 2011년 리비아 시위 당시 래퍼들은 투쟁의 노래를 만들어 라디오와 인터넷에 방송하면서 시민들 편에서 카다피 정권에 맞선 것으로 알려져 있다. 대표적인 곡으로는 리비아계 미국인 래퍼 칼리드 엠*Khaled M*이 이라크계 영국인 래퍼 로우키*Lowkey*와 함께 만든 "Can't Take Our Freedom"(우리 자유를 빼앗을 수 없어)을 들 수 있다. 여기서 칼리드 엠은 카다피 정권에서 투옥되고 고문받은 아버지와 삼촌의 이야기를 꺼내며 저항의 메시지를 전달했다. 로우키는 임모탈 테크닉이나 데드 프레즈 같은 미

122　　R. W. Apple Jr., "Clinton in Africa: The overview; From Mandela, a gentle admonishment," *New York Times*, March 28, 1998, Section A, P1, https://www.nytimes.com/1998/03/28/world/clinton-in-africa-the-overview-from-mandela-a-gentle-admonishment.html.

국의 급진적 래퍼들과 함께 작업하기도 한 영국의 대표적인 정치적 래퍼.

이븐 타비트*Ibn Thabit*는 2011년 발표한 아랍어 곡 "Victory or Death"(승리 아니면 죽음)에서 사실을 똑바로 보라며 미국의 래퍼 루페 피아스코를 비판하기도 했다. 피아스코가 리비아 민중이 카다피에게 저항하는 것이 옳다면서도 소총을 든 시위대가 순수한 시위대가 아니라 외국에서 온 것 같다고 의심했기 때문이다.**123** 이 곡의 뮤직비디오에는 "자유의 가격은 죽음이다"라는 맬컴 엑스의 발언이 삽입되어 있기도 하다.**124** 아프리카인의 해방운동을 지원한 지도자가 자국 아랍인 민중의 저항으로 몰락한 복잡한 맥락은 흥미롭지만 비슷한 전례가 없는 건 아니다. 어쨌든 리비아와 미국의 래퍼들이 자신들의 억압자에게 저항해왔다는 사실이 더 중요하지 않은가?

123   "Libya and Middle East uprising – live updates," *Guardian News Blog*, April 14, 2011, https://www.theguardian.com/world/blog/2011/apr/14/libya-middle-east-uprising-live.

124   Ibn Thabit and MC Swat, "Victory or Death" (2011), performed by Ibn Thabit (Youtube video), https://youtu.be/DkfEEa9KkBg.

BLM에서 BDS로

탈립 콸리가 독일에서 공연을 취소당한 이유

2019년 6월 1일 독일 뒤셀도르프 오픈소스 페스티벌의 주최 측은 공연이 예정됐던 미국인 래퍼 탈립 콸리의 섭외를 취소했다. 콸리가 팔레스타인인의 권리를 위해 이스라엘을 압박하는 운동인 BDS운동을 지지한다는 이유였다.[125] 불매*Boycott*, 투자철회*Divestment*, 제재*Sanctions*의 앞글자를 따 BDS라고 불리는 이 운동은 이스라엘의 팔레스타인 점령에 항의하며 2005년부터 본격화된 국제적 캠페인이다. 남아프리카 공화국의 악명 높은 인종차별 체제인 아파르트헤이트 철폐 운동을 모델로 시작된

---

125   "Absage Talib Kweli," Open Source Festival homepage, https://www.open-source-festival.de/en/news/absage-talib-kweli.

BDS운동은 세계 각지에서 지지자들을 모았다. 하지만 동시에 반유대주의적이라는 이유로 끊임없이 공격받았고, 반유대주의에 엄격한 제재를 가하는 독일에서는 특히 논란을 일으킬 수밖에 없었다.

사건의 시작은 1달 전이었다. 2019년 5월 독일 연방의회에서 집권 기독민주당·기독사회당 연합, 사회민주당, 녹색당 등 주요 정당의 지지로 BDS를 반유대주의적 운동으로 규정한 결의안이 통과됐다.[126] BDS운동의 방법과 논거가 반유대주의적이라는 내용이었다. 얼마 후 뒤셀도르프 시의회는 BDS운동 지지자로 알려진 콸리의 공연을 취소하지 않으면 지원을 중단하겠다고 공연 주최 측에 통보했고, 콸리가 지지 철회를 거부해 섭외가 취소됐다.

콸리나 BDS운동 지지자들은 공연 주최 측의 방침에 전혀 동의하지 않았다. 콸리는 자신의 소셜미디어에 장문의 글을 올려 BDS가 반유대주의 운동이 아닌 비폭력적 항의 수단이며, 독일 정부가 파시즘에 가담하고 있다고 강도 높게 비판했다. 이어 팔레스타인인이 이슬

---

126 "獨하원, '反이스라엘 운동 지원단체에 지원중단' 결의안", 연합뉴스 (2019년 5월 18일), https://www.yna.co.kr/view/AKR20190518004900082?input=1195m.

람 혐오와 어두운 피부색 때문에 이등 시민으로 대우받고 있으며, 그러한 처우는 나치나 쿠 클럭스 클랜이 유대인에게 했던 일과 유사하다는 점을 지적했다. 마지막으로 그는 "독일에서 공연하고 싶었지만 이제 그럴 필요가 없다"며 "스스로를 검열하고 돈벌이를 위해 BDS에 대한 거짓말을 하기보다는 차라리 당당한 인간으로서 옳은 일을 위해 일어서겠다"라고 밝혔다.**127**

콸리의 입장 발표에 이어 영국과 미국의 지식인과 문화예술인 103명도 영국 신문 <가디언*Guardian*>에 공연 주최 측의 조치를 비판하는 성명을 발표했는데, 더 쿠 *The Coup*의 리더 부츠 라일리, 데이비드 배너, 어 트라이브 콜드 퀘스트의 알리 샤히드 무하마드, 데드 프레즈의 엠원 같은 정치적인 힙합 음악인들도 동참했다. 이들은 독일이 팔레스타인인의 권리를 지지하는 예술가들의 활동에 정치적 조건을 내걸어 허가하는 것은 검열, 반팔레스타인적 억압, 양심의 자유에 대한 공격이라고 비판하며, 특히 유색인과 퀴어 예술가들이 주된 공격 대상이 되고

---

127   Facebook account of Talib Kweli, https://www.facebook.com/permalink.php?story_fbid=10157846812215606&id=7940560605.

탈립 콸리. 출처: Tuomas Vitikainen

있다고 지적했다.[128]

사실 반유대주의 딱지가 붙은 미국 래퍼는 칼리가 처음은 아니다. 퍼블릭 에너미의 멤버 프로페서 그리프는 1989년 "세계에서 일어나고 있는 나쁜 일 대부분의 책임은 유대인에게 있다"는 발언으로 당시 세계에서 가장 주목받던 힙합 그룹을 한동안 해산시켰다. 그리프의 발언은 나치 동조자이기도 했던 미국 기업가 헨리 포드 *Henry Ford*의 반유대주의 출판물들에서 직접 영향을 받았다는 점에서 심각한 문제가 있었다. 아이스 큐브는 1991년 발표한 솔로 앨범에서 수익 배분 문제로 원한이 있던 전 소속 그룹 N.W.A의 유대인 매니저 제리 헬러*Jerry Heller*를 매섭게 비난했다. 여기서 비롯된 반유대주의 논란은 한국인 비하 논란과 함께 큐브를 당대의 가장 악명 높은 갱스터 래퍼로 만드는 데 일조했다.

공교롭게도 퍼블릭 에너미와 큐브가 빈번하게 반유대주의자로 비판받는 이슬람민족의 지도자 루이스 패러칸의 사상에 심취한 이들이라는 점이 논란을 더욱

128
"Talib Kweli's removal from festival lineup is part of anti-Palestinian censorship trend," *Guardian*, July 2, 2019, https://www.theguardian.com/world/2019/jul/02/talib-kweli-removal-from-festival-lineup-is-part-of-anti-palestinian-censorship-trend.

부채질했다. 마찬가지로 신실한 이슬람민족 신자 래퍼인 제이 일렉트로니카는 2020년 "Fruits of the Spirit"(성령의 열매)에서 "사탄은 박격포로 팔레스타인을 연이어 포격하네"와 같은 가사로 반유대주의자라는 비판을 받았다. 그는 자신을 둘러싼 비판에 절대 흔들리지 않는 인물이었는데, 이미 2014년 발표한 "Better in Tune(With the Infinite)"(무한함과 잘 조화되도록)에서 유대인을 악마화하는 표현인 "사탄의 시너고그들"을 사용하며 그들이 자신을 고발하고 감옥에 가두려 해도 절대 신경 쓰지 않겠다는 의사를 표명한 바 있다. 이외에도 제이지, 스카페이스*Scarface*, 야신 베이, 루페 피아스코 같은 유명 래퍼들이 논란에 휩싸인 바 있는데, 주로 유대계 백인이 힙합 사업을 지배한다는 불만이 원인이었다.

유럽의 힙합 음악인 또한 반유대주의 논란에서 자유롭지 않다. 영국의 힙합 스타일인 그라임*Grime*의 대표주자 와일리*Wiley*는 2020년 6월 유대인 공동체를 쿠 클럭스 클랜에 비유하는 등 유대인을 비난하는 게시물을 소셜미디어에 다수 업로드했다. 곧 날 선 비판과 계정 정지 등의 반응이 이어졌고, 이에 와일리는 자신의 행동을 사과했다. 독일에서는 2018년 반유대주의적 가사가 포함된 래퍼들의 음반에 상을 준 것이 논란이 됐다. 콜레가*Kollegah*와 파리드 방*Farid Bang*이 "0815"라는 곡에서 홀로 코스트와 아우슈비츠 수감자를 언급하며 자신들의 근육을 자랑한 것이 화근이었다. 이들은 서둘러 사과했지만 논란을 덮을 수 없었고, 이들에게 상을 준 독일의 유명 음악상인 에코상*Echo Music Prize*은 이 문제로 결국 폐지됐다.[129]

그런데 콸리의 공연 취소 사건은 힙합의 다른 반유대주의 논란과는 맥락이 사뭇 달랐다. 그는 유대인 개인이나 집단을 공격하는 가사를 쓰는 인물이 아니었다. 즉 이 사건을 일으킨 원인은 그의 음악이 아닌 정치적 활동이었다. 무슬림도 아랍계도 아닌 이 아프리카계 미국인 래퍼가 BDS운동과 관련을 맺게 된 것은 2014년으로 거슬러 올라간다. 당시 콸리는 이스라엘 텔아비브*Tel Aviv* 공연을 취소해 달라는 BDS운동 진영의 요청을 고심 끝에 받아들이면서 운동에 동참하기 시작했다.

콸리의 BDS 참여는 일회적인 것이 아니었다. 그는 2016년에도 팔레스타인 지지 활동이 문제가 되어 독일 라이프치히에서 열릴 예정이던 공연을 취소당한 적이 있었다. 심지어 2017년에는 이스라엘 정부 옹호 입장

---

129 "'반유대주의 가사' 래퍼에 상줬다가 논란…獨 유명 음악상 폐지", 연합뉴스 (2018년 4월 26일), https://www.yna.co.kr/view/AKR20180426003100082?input=1195m.

을 표명한 유대계 미국인 래퍼 레메디*Remedy*와 트위터에서 설전을 벌이고 디스곡을 발표했다. 래퍼들의 수많은 갈등 가운데 정치적 견해 차이가 발단이 된 경우는 흔치 않았다. 로린 힐이나 스눕 독*Snoop Dogg* 같은 다른 유명 힙합 음악인들도 BDS운동에 동참해 달라는 요청에 이스라엘 공연을 취소한 적이 있지만, 콸리처럼 지속해서 운동에 동참하지는 않았다.

눈여겨볼 점은 콸리의 행동들이 아프리카계 미국인이 다른 억압받는 집단과 연대해온 오랜 전통 위에 있으며, 2010년대를 대표하는 흑인운동인 '흑인의 생명도 소중하다' 시작 이후 나타난 새로운 흐름을 보여주기도 한다는 사실이다. 2014년 8월 흑인 청년 마이클 브라운이 경찰의 총격으로 사망한 뒤 퍼거슨시에서 대규모 항의 시위가 발생했는데, 콸리는 이 시위에 가장 적극적으로 결합한 유명인사였다. 그런데 이때 놀랍게도 팔레스타인인들이 온라인 지지에서부터 미국 내 단체를 통한 연대, 학생과 활동가의 미국 방문에 이르기까지 다양한 방식으로 미국 흑인들의 시위에 동참했다.

물론 이 연대의 배경에는 아프리카계 미국인과 팔레스타인인이 미국 도시들과 가자·서안지구에서 비슷한 방식으로 생명을 위협받고 있다는 공통 의식이 있었다. 그뿐만 아니라 팔레스타인인의 운동이 미국의 흑인운동과 맺어온 역사적 관계 역시 중요했는데, 팔레스타인 운동단체들이 2014년 퍼거슨 시위 이후 발표한 지지 성명에서도 이 역사적 관계가 언급됐다. 팔레스타인인의 성명은 "오랫동안 계속해온 여러분의 투쟁과 혁명적 지도자들로부터 우리는 계속해서 영감과 힘을 찾고자 합니다"라고 밝히며, 혁명적 지도자들의 사례로 맬컴 엑스, 휴이 뉴턴, 콰메 투레, 앤절라 데이비스, 프레드 햄프턴, 바비 실의 이름을 언급했다."**130**

이들은 아무렇게나 나열된 게 아니었다. 이들은 모두 1960년대 활동 당시 미국의 유대인과 긴밀하게 협력한 시민권 운동의 노선을 거부하고 미국과 이스라엘 정부를 규탄하며 팔레스타인인과의 연대를 강조해 왔다. 맬컴 엑스는 1964년 막 생겨난 팔레스타인 해방기구*Palestine Liberation Organization*의 대표들을 직접 만났다. 맬컴을 제외한 모든 이가 잠시라도 속했던 블랙팬서당은 1970년을 전후한 시기 알제리 지부를 통해 야세르 아라파트*Yasser Arafat*가 이끈 팔레스타인인의 정당 파타*Fatah*와

---

130   "Palestinians express 'solidarity with the people of Ferguson' in Mike Brown statement," *Electronic Intifada*, August 15, 2014, https://electronicintifada. net/blogs/rana-baker/palestinians-express-solidarity-people-ferguson-mike-brown-statement.

2014년 퍼거슨 시위 당시 "팔레스타인에서 퍼거슨으로, 지금 인종주의를 끝장내자"라
는 피켓을 든 시위대.
출처: Black4Palestine

교류했다. 특히 앤절라 데이비스는 1970년대 초 법정 인질 사건으로 구속됐을 때 팔레스타인 정치범들의 연대 메시지를 받으며 인연을 맺었고, 1973년 동베를린에서 아라파트를 직접 만나기도 했다.[131] 데이비스는 2020년대까지도 쉼 없이 미국 흑인과 팔레스타인인의 연대를 강조하며 활동하고 있다.

아프리카계 미국인과 팔레스타인인의 연대는 2020년 5월 25일 경찰에 의한 조지 플로이드 사망 사건 이후 발생한 대규모 항의 시위에서도 나타났다. BDS 운동을 주도하는 기구인 팔레스타인 BDS 전국위원회 *Palestinian BDS National Committee*는 곧바로 팔레스타인인이 미국의 흑인과 연대하겠다는 내용의 성명을 발표했다. 이 성명에서도 정의보다 질서를 선호하는 온건한 백인들을 비판한 마틴 루서 킹, 미국이 국내에서 저지르는 인종적 억압과 인종주의화한 제국주의가 벌이는 세계 유색인 억압의 연결성을 강조한 맬컴 엑스, 백인의 인종주의는 자신들의 비인간성과 두려움을 드러내는 것이라고 말한

---

131 Angela Y. Davis, "An Interview on the Futures of Black Radicalism" in *Futures of Black Radicalism*, ed. Gaye Theresa Johnson and Alex Lubin (London: Verso, 2017), 244.

작가 제임스 볼드윈 등 미국의 흑인 사상가들이 인용됐다. 또 위원회는 가혹하고 비인간적인 상황에서도 힘을 내어 맞서는 흑인들의 모습이 이스라엘 체제가 자행하는 점령, 정착민 식민주의, 아파르트헤이트에 맞설 투쟁에 영감을 준다고도 언급했다.[132]

　　　팔레스타인인의 연대는 말뿐만이 아니었다. 공교롭게도 조지 플로이드 사망 5일 후인 5월 30일 예루살렘의 한 검문소에서 자폐증이 있던 32세의 팔레스타인인 남성 이야드 알할라크Eyad al-Hallaq가 지시를 따르지 않았다는 이유로 이스라엘 경찰의 총에 맞아 사망하는 사건이 발생했다. 곧 알할라크의 살해에 항의하는 시위가 베들레헴과 예루살렘, 텔아비브 등에서 일어났다. 시위대는 알할라크뿐 아니라 플로이드의 죽음에 대해서도 항의했고, 자연스럽게 "팔레스타인인의 생명도 중요하다Palestinian Lives Matter"라는 구호가 사용됐다.

　　　미국의 흑인운동도 연대에 화답했다. 2015년

132　　　"We can't breathe until we're free! Palestinians stand in solidarity with Black Americans," *Palestinian BDS National Committee*, May 30, 2020, https://www.bdsmovement.net/news/we-cant-breathe-until-we-are-free-palestinians-stand-solidarity-with-black-americans.

미국 흑인과 팔레스타인인의 연대를 강조하는 메시지들
출처: www.facebook.com/BlackPalestinianSolidarity

에는 저명한 학자 앤절라 데이비스와 코넬 웨스트*Cornel West*, 감옥 안의 운동가 무미아 아부자말 등 1,100명이 넘는 인물과 단체가 흑인과 팔레스타인인의 연대를 선언하며 BDS운동에 동참했다. 힙합 음악인 중에서는 늘 사회운동을 열심히 하는 탈립 콸리, 부츠 라일리, 자시리 엑스가 이 명단에 이름을 올렸다.

이 성명 역시 미국의 흑인과 팔레스타인인이 비슷하게 억압받는 집단임을 언급하며 BDS운동을 더욱 발전시켜 공동 투쟁을 이뤄내자고 제안했다. 이들은 공동 투쟁의 대상으로 세계 최대 규모의 민간 경비 회사인 영국의 G4S에 대한 반대 운동을 제안했다. 이스라엘에서 많은 팔레스타인인 정치범 구금 시설을 운영하는 G4S는 미국에서도 민간 소년 교도소를 운영하며 많은 흑인과 히스패닉 청소년을 수용하고 있었다. 더 많은 사람을 가두고 추방할수록 기업이 더 큰 이윤을 얻고, 그런 일들이 안보라는 이름으로 정당화되는 상황에 맞서 싸워야 한다는 것이 이들의 주장이었다.[133]

팔레스타인인과 미국 흑인의 연대는 콸리의 사

133　　"2015 Black Solidarity Statement with Palestine," *Black for Palestine*, http://www.blackforpalestine.com/read-the-statement.html.

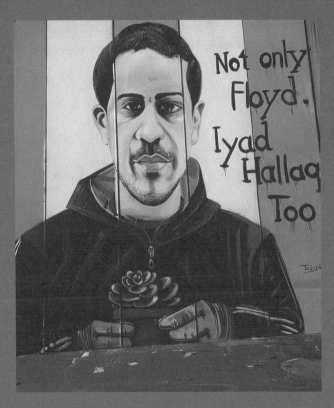

베들레헴에 있는 이야드 알할라크 추모 벽화. "플로이드만이 아니야, 이야드 알할라크도 있어"라는 글이 보인다.
출처: Seka Hamed

건에서 드러나듯 미국 흑인운동에 계속해서 논쟁점을 제기하고 있다. 2019년 1월 미국 버밍엄시의 시민권위원회는 앤절라 데이비스가 받기로 예정된 인권상 수상을 철회했다. 그가 팔레스타인인의 권리를 옹호하고 BDS운동을 열렬히 지지한다는 것이 이유였다. 이후 항의가 이어지면서 위원회는 입장을 번복하고 공개 사과 성명을 발표했다.[134] BDS 지지 입장 때문에 2019년 도널드 트럼프 대통령의 비난을 받고 이스라엘 정부로부터 입국 금지된 미국 민주당 연방 하원의원 러시다 털리브*Rashida Tlaib*와 일한 오마*Ilhan Omar*가 각각 팔레스타인계와 소말리아계라는 점 역시 주목할 만하다. 민주당에서 가장 진보적인 두 사람은 무슬림 여성으로는 최초로 미국 연방 하원의원이 된 이들이다.

시기와 대상, 방법은 다르지만, 아프리카계 미국인 예술가들은 늘 억압받는 집단과 연대해왔다. 물론 유대인도 연대 대상에 속했다. 흑인에 대한 린치를 묘사한 가장 유명한 예술작품으로 재즈 가수 빌리 홀리데이*Billie*

---

134   "Angela Davis to receive civil rights award after museum reverses decision," *Guardian*, January 25, 2019, https://www.theguardian.com/us-news/2019/jan/25/alabama-civil-rights-museum-angela-davis.

*Holiday*가 부르기도 한 "Strange Fruit"(이상한 열매)는 1939년 미국의 유대인 작가 아벨 미어로폴*Abel Meeropol*이 가사와 곡을 썼다. 세계적인 가수 폴 로브슨은 스탈린 시기 소련의 유대인 문인 숙청으로 감옥에 있던 시인 이치크 페퍼*Itzik Feffer*의 구명을 위해 1949년 모스크바에서 러시아어와 이디시어로 유대인 빨치산의 노래 "Zog nit keyn mol"(결코 말하지 마)을 불렀다. 1943년 나치 점령하의 폴란드에서 일어난 바르샤바 게토 봉기에 영감을 받아 만들어진 이 곡은 나치에 저항하는 동유럽의 유대인 빨치산들 사이에서 불리며 대표적인 투쟁가로 자리 잡았다. 로브슨은 이 노래로 아프리카계 미국인인 자신과 소련의 러시아인 및 유대인이 모두 함께 파시즘에 맞서 싸운 동지임을 강조했다. 로브슨의 노력에도 불구하고 페퍼는 1952년 결국 처형당했다.

1964년 몸담았던 이슬람민족을 떠난 맬컴 엑스는 중동과 아프리카 국가들을 방문했다. 이 여행에서 그는 피부색을 넘어선 우애에 대한 큰 깨달음을 얻었고, 이전과는 다른 노선의 해방운동을 시작하게끔 자극받았다. 그가 내린 결론은 아프리카계 미국인의 투쟁을 제3세계의 해방운동과 긴밀하게 연결하는 것이었다. 맬컴의 새로운 운동은 곧 그가 암살당하면서 현실화되지 않았지만, 그가 사망한 지 반세기가 지난 지금 여전히 그의 결론은 설득력이 있다. 그리고 탈립 콸리는 섭외 취소 사건 2달 후 SNS에서 맬컴이 당시 남긴 발언을 인용하며 동감을 표시했다.[135] "우리 자신에게 자유를 가져다줄 유일한 방법은 우리를 세계의 모든 억압받는 민중과 일체화하는 겁니다. 우리는 브라질, 베네수엘라, 아이티, 쿠바 민중과 피를 나눈 형제입니다. 그래요, 쿠바도 말입니다."[136] 콸리는 계속해서 BDS운동에 동참할 것이다.

---

135   Facebook account of Talib Kweli, https://www.facebook.com/talibkweli/photos/yup/10158026348690606.

136   "Cheering Harlem Rally Hears Malcolm X Rip U.S. Racism," *Militant*, June 15, 1964, p.3.

그들이 우리를 바라볼 때

센트럴파크 5인조에서 무죄 5인조로

In the park of Washington Square, locks in my hair

워싱턴스퀘어 공원에서 땋은 머리를 하고

Louder than the bull horns we was locking 'em
there

거기에 둔 확성기보다 크게 떠들었어

Cops would prepare to lock us up

경찰은 우리를 잡아 가두려 벼르고 있었지

They was scared like tales from the dark side

그들은 들어선 안 될 어두운 이야기를 들은 것처럼 두려
워했거든

Summer of the Central Park Five 1989

센트럴파크 5인조의 여름이었던 1989년

Was the number, the year that I started rhyming

그래 바로 그해 난 랩을 시작했지

– 탈립 퀄리, "Rare Portraits"(흔치 않은 초상화), 2013

뉴욕 브루클린 출신 래퍼 탈립 퀄리는 "Rare Portraits"에서 자신이 랩을 시작했을 때의 풍경을 묘사했다. 1989년 당시 15세였던 그는 친구들과 근처 공원에서 랩을 하곤 했는데, 경찰 눈에는 소란스럽게 몰려다니는 흑인 청소년들이 곱게 보일 리 없었다. 다행히 퀄리는 경찰에 체포되는 일 없이 세계적인 래퍼가 되어 지난날을 회고할 수 있었다.

하지만 그해 4월 19일 뉴욕 맨해튼의 센트럴파크에서 몰려다니던 소년들에게는 운이 따르지 않았다. 그날 밤 공원에서 조깅하던 백인 여성이 성폭행당한 후 의식을 잃은 채 방치되는 사건이 발생했고, 곧 인근의 흑인과 히스패닉 청소년 5명이 용의자로 지목됐다. 흑인인 16세의 코리 와이즈*Korey Wise*, 15세의 앤트론 매크레이*Antron McCray*와 유세프 살람*Yusef Salaam*, 14세의 케빈 리처드슨*Kevin Richardson*, 히스패닉인 14세의 레이먼드 산타나*Raymond Santana*였다. 이들은 '센트럴파크 5인조*Central Park Five*'라는 이름으로 알려지며 전국적인 주목 대상이 되었다.

2012년 다큐멘터리 <센트럴파크 5인조> 시사회에 참석한 사건의 주인공들. 왼쪽부터 유세프 살람, 코리 와이즈, 앤트론 매크레이, 케빈 리처드슨, 레이먼드 산타나.
출처: Docnyc

콸리는 한 인터뷰에서 센트럴파크 사건 이후 일어난 일을 생생히 증언했다. 언론은 흑인 청소년 무리를 "이리떼"로 묘사했고, 상점에서는 4명 이상이 함께 다닐 수 없다는 규칙이 생겨났다. 물론 이런 규칙은 백인 청소년에게는 적용되지 않았다. 콸리는 이 사건이 자신의 삶에 큰 영향을 줬다고 언급했는데, 그가 원하든 아니든 체포된 또래 소년들과 자신의 운명이 연결되어 있음을 직감했기 때문일 것이다.[137]

2019년 5월 넷플릭스를 통해 공개된 에바 두버네이*Ava DuVernay* 감독의 미니시리즈 <그들이 우리를 바라볼 때*When They See Us*>는 바로 이 센트럴파크 5인조 사건을 다룬다. 이 작품은 1달 만에 전 세계에서 2,300만 명이 넘는 사람이 시청할 정도로 화제가 됐고, 미국의 방송 시상식인 에미상*Emmy Award*에서 16개 부문의 수상 후보로 오르는 등 비평가들에게도 극찬을 받았다. 평생 인종주의와 미국의 감옥제도를 비판해온 앤절라 데이비스 같

137   Karen Turner, "Talib Kweli on the war on drugs, internet trolls, and how 'woke' has become a meme," *Vox*, June 16, 2017, https://www.vox.com/conversations/2017/6/16/15803992/talib-kweli-interview-war-on-drugs.

은 고참 흑인운동가도 사람들에게 시청을 권할 정도로 이 작품은 특히 미국 흑인 사회에서 깊은 공감을 이끌며 대단한 화제가 됐다.[138] 넷플릭스는 작품의 프로듀서로 참여하기도 한 방송인 오프라 윈프리가 감독과 배우, 사건의 실제 주인공들을 인터뷰한 특별 영상을 공개하기도 했다.

　큰 각색 없이 실화를 충실히 반영한 이 작품의 줄거리는 단순하면서도 대단히 익숙하다. 검사와 경찰은 5명의 청소년에게 거짓 자백을 강요해 이들을 기소하는 데 성공했고, 결국 유죄가 선고되어 이들은 햇수로 최장 14년까지 수감 생활을 해야 했다. 이후 DNA 검사로 진범이 밝혀지면서 센트럴파크 5인조의 결백이 드러났고, 뉴욕시 역사상 최고 금액을 지급하는 배상 합의가 이뤄졌다. 피해자들은 그제야 '무죄 5인조*Exonerated Five*'로 불리게 되었다.

　이 작품은 센트럴파크 5인조로만 기억된 5명 각각의 삶을 재현하면서 미국의 형사사법제도가 개인의

138　Ava Duvernay, "Ava duvernay interviews Angela Davis on this moment—and what came before," *Vanity Fair*, August 26, 2020, https://www.vanityfair.com/culture/2020/08/angela-davis-and-ava-duvernay-in-conversation.

삶을 망가뜨리는 방식을 탁월하게 묘사한다. 교도소의 폭력적인 문화가 재소자들의 심신을 위협하는 상황에서 개인이 자신을 보호할 방법은 같이 폭력적으로 대응하거나 독방에 스스로 격리하는 것뿐이다. 출소 후에도 공권력은 일상생활을 사실상 불가능하게 만드는 제도들로 전과자들을 옥죈다. 그 결과 전과자들은 마약 거래와 같은 불법적인 일의 유혹에 쉽게 노출되고, 이들이 다시 교도소에 갈 가능성은 더욱 커진다. 소송과 옥바라지에 드는 시간과 비용은 재소자의 가족을 경제적으로나 정서적으로 압박하면서 가정을 무너뜨린다.

문제는 수감으로 개인과 그 가족의 삶이 망가지는 경험이 미국 소수인종에게 비정상적으로 빈번하게 나타난다는 점이다. 두버네이는 2016년 발표한 다큐멘터리 <미국 수정헌법 제13조13th>에서 이미 이 문제의 심각성을 지적한 바 있다. 미국 사회는 점점 더 많은 사람을 감옥에 가두는 방향으로 형사사법제도를 발전시켰고, 이 과정에서 민간 기업들은 교도소를 짓고 물품을 공급하며 재소자들을 노동력으로 사용해 이익을 봤다는 것이다. 실제 이 작품에서도 인용하는 미국 사법통계국 BJS 기록에 따르면, 1980년 50만 명이던 미국의 수감자 수가 2007년에는 231만 명으로 급증해 정점을 찍었고, 이후 조금씩 줄어들어 2019년에는 208만 명을 기록했다. 특이하게 2020년에만 169만 명으로 전년에 비해 급감했는데, 이는 코로나19 대유행과 관련 있는 것으로 보인다.[139]

　　늘어난 미국의 교도소 자리를 채운 것은 유색인이었다. 특히 1980년대 레이건 행정부에서 시작한 '마약과의 전쟁'은 대량 투옥 시대를 본격적으로 열었고, 유색인은 집중 단속 대상이 되었다. 두버네이의 다큐멘터리에서 보여주는 이 정책의 결과는 충격적이다. 작품이 만들어질 당시인 2010년대 중반 미국에서 백인 남성은 17명 중 1명이 교도소에 갈 가능성이 있는 반면, 흑인 남성은 3명 중 1명으로 백인보다 6배 가까이 높다. 2020년 기준으로도 흑인 남성은 백인 남성보다 교도소에 갈 가능성이 5.7배 높으며, 특히 18세와 19세에 한정하면 12.5배나 높다.[140] 미국 사회 전반에 만연했던 인종 분리를 불법화한 1964년 민권법 시행으로부터 반세기가 지난 후 미국 사법제도는 점점 더 많은 유색인을 사회에서

139　　　　　Bureau of Justice Statistics Total Correctional Population, https://bjs.ojp.gov/data/key-statistics.

140　　　　　U.S. Department of Justice, Bureau of Justice Statistics, *Prisoners in 2020* (Washington, 2021), 23.

합법적으로 격리하도록 변한 셈이다.

　　<미국 수정헌법 제13조>에 삽입된 애틀랜타 출신 정치적 래퍼 킬러 마이크의 "Reagan"은 1980년대 마약과의 전쟁 이후 진행된 대량 투옥의 문제를 묘사했다. 탈립 콸리와 같은 1975년생인 마이크는 마약과의 전쟁 이후 자신과 같은 젊은 흑인 남성들이 쉽게 교도소로 가는 모습을 바라보며 자랐다. 이 곡에서 마이크는 미국의 대량 투옥 문제를 노예제에 비유했는데, 노예제와 강제 노동 금지를 규정하는 미국 수정헌법 제13조가 교도소 수감자만은 예외로 한다는 점에서 그의 비유는 과장이 아니라 사실이었다.

They declared the war on drugs, like a war on terror
그들은 마약과의 전쟁을 선포했지, 테러와의 전쟁 때처럼
But what it really did was let the police terrorize whoever
하지만 실제로 한 일은 경찰이 누구라도 위협할 수 있도록 한 거였어
But mostly black boys, but they would call us "niggers"
대부분은 흑인 남자애들, 그들은 우리를 검둥이라고 불렀겠지만

[중략]

But thanks to Reaganomics, prison turned to profits

레이거노믹스에 고마워하시게, 감옥은 이제 돈이 되니까

'Cause free labor's the cornerstone of US economics

공짜 노동은 미국 경제의 초석이잖아

'Cause slavery was abolished, unless you are in prison

노예제가 폐지됐지만, 감옥에 있다면 말이 다르지

You think I am bullshittin', then read the 13th Amendment

내가 헛소리하는 것 같으면 수정헌법 13조를 읽어 보시게

Involuntary servitude and slavery it prohibits

헌법이 금지하는 강제노동과 노예제를 가능하게 하는 내용이니

That's why they givin' drug offenders time in double digits

그게 바로 그들이 마약사범에게 10년이 넘는 징역형을 선고하는 이유야

- 킬러 마이크, "Reagan", 2012

<그들이 우리를 바라볼 때>의 배경음악으로도 힙합 음악이 주로 사용됐다. 작품에 쓰인 퍼블릭 에너미,

데드 프레즈, 야신 베이 등 정치적인 래퍼들의 음악은 작품의 배경인 1980년대 말부터 2000년대 초까지의 시대적 분위기를 표현하는 동시에 사건의 주인공들이 품었을 법한 감정을 적절히 대변했다. 마지막에 2019년 3월 총격으로 사망한 래퍼이자 지역 활동가였던 닙시 허슬 *Nipsey Hussle*의 곡을 삽입한 것은 오늘날까지 흑인 사회가 생존과 죽음의 문제에 직면해 있음을 상기시키기에 충분했다.

그런데 이 작품에 힙합 음악이 사용된 것은 단지 그 시기에 유행하던 음악을 가져온 것 이상의 의미가 있었다. 사건이 일어난 1989년은 힙합이 가장 왕성하게 발전하던 시기이자 갱스터 랩이 유행하면서 저속한 랩 가사에 대한 비판도 커지던 시기였다. 공교롭게도 <그들이 우리를 바라볼 때> 주인공들은 힙합 문화를 발전시키는 데 기여한 흑인과 히스패닉 청소년들이었고, 미국 사회가 이들을 바라보는 시각은 당연히 힙합을 비난하는 시각과 동일한 감정에서 나온 것이었다. 그 감정은 바로 젊은 유색인 남성이 폭력적이며, 특히 백인 여성에게 성범죄를 저질러 국가의 안전을 위협한다는 미국 사회에 뿌리 깊은 두려움이었다.

이 작품이 힙합 세대의 문제를 잘 그려낼 수 있었던 데는 감독의 개인적인 이력이 한몫했다. 두버네이는 영화감독이 되기 전 1990년대에 언더그라운드 힙합 듀오 피겨스 오브 스피치*Figures of Speech*의 래퍼로 활동했다. 그의 주요 활동 무대인 LA의 굿라이프 카페*Good Life Cafe*는 1990년대 미국 서부의 대안적 힙합운동을 이끈 곳으로, 프리스타일 펠로우쉽*Freestyle Fellowship*이나 쥬라식 파이브*Jurassic 5*의 멤버들이 무대를 빛낸 곳이다.

두버네이는 영화감독이 된 후에도 제이지의 "Family Feud"(가정불화) 뮤직비디오를 감독했고, 자신이 활동한 LA의 대안적 힙합운동을 다룬 <이것이 삶이야*This is the Life*>나 여성 래퍼의 역사를 다룬 <내 마이크는 좋은 소리를 내지: 여성과 힙합에 관한 진실*My Mic Sounds Nice: A Truth About Women and Hip Hop*>과 같은 다큐멘터리들을 제작하면서 끊임없이 힙합에 대한 애정을 보였다. 그는 트위터를 통해 "힙합을 사랑하는 여자가 되는 것은 때때로 너를 학대하는 사람과 사랑에 빠지는 일이다. 그 음악은 과거에 그랬고 지금도 그러하니까. 그렇지만 그 문화는 우리의 것이다"라는 복잡한 감정을 표현하기도 했다.[141]

<그들이 우리를 바라볼 때>의 여파는 당시 사건

---

141   Twitter account of Ava DuVernay, https://twitter.com/ava/status/632953219824553984.

<그들이 우리를 바라볼 때> 감독 에바 두버네이.
출처: MTV International

을 담당한 이들에게도 미쳤다. 청소년들의 기소를 주도한 검사 린다 페어스타인*Linda Fairstein*은 사건 이후 베스트셀러 작가로 승승장구했고, 뉴욕 경찰 시기 그의 활동을 모티브로 인기 드라마 시리즈 <로앤오더 성범죄전담반 *Law & Order: Special Victims Unit*>이 만들어지기도 했다. <그들이 우리를 바라볼 때> 공개 후 페어스타인에 대한 비난이 쏟아지자 그는 드라마 내용이 거짓이며 감독이 자신을 중상모략한다고 반박했다. 그러나 출판사가 그와의 계약을 해지했고, 그는 자신이 활동하던 여러 위원회에서 사임해야 했다.

하지만 페어스타인은 계속해서 자신이 기소한 5명이 사건의 범인이며 무죄 판결이 난 일부 혐의를 제외한 나머지 혐의는 유죄라는 입장을 고수하고 있다. 결국 그는 2020년 3월 드라마 내용이 자신의 명예를 훼손했다며 제작사인 넷플릭스, 감독 두버네이, 담당 작가를 고소했다. 또한 담당 검사였던 엘리자베스 레더러*Elizabeth Lederer*도 출강하던 컬럼비아대학 로스쿨에서 학생들의 항의 시위로 강의를 포기했다.

그러나 무엇보다도 강한 인상을 주는 것은 무죄 5인조 사건과 관련한 도널드 트럼프의 모습이다. 1989년 사건 당시 그는 신문에 "사형제도를 돌려내라, 우리의 경찰을 돌려내라"는 구호를 내건 전면광고를 냈고,

방송에 출연해 소년들에 대한 사형 판결을 촉구하기도
했다. 진범이 밝혀진 후에도 그는 무죄 5인조가 범죄자
라는 기존 입장을 철회하지 않았고, 2014년 뉴욕시의
배상 합의가 이뤄지자 신문에 글을 기고해 합의 소식을
치욕적이라고 평가했다.**142** 그리고 드라마가 화제가 된
2019년 6월에는 피해자들에게 사과하겠느냐는 기자들
의 질문을 받았다. 트럼프는 결코 그럴 생각이 없다는 답
변과 함께 피해자들은 죄를 인정한 범죄자일 뿐이며, 뉴
욕시가 배상에 합의해선 안 됐다는 입장을 고수했다.**143**

　　2020년 미국 대선에서도 이 문제가 다시 떠올랐
다. 무죄 5인조는 대선 기간 트럼프 대통령을 끌어내리
기 위해 사람들에게 투표할 것을 촉구하는 활동을 펼쳤

142　　　　Donald Trump, "Central Park Five settlement is a
'disgrace'," *New York Daily News*, June 21, 2014,
https://www.nydailynews.com/new-york/nyc-crime/
donald-trump-central-park-settlement-disgrace-
article-1.1838467.

143　　　　Dareh Gregorian, "Trump digs in on Central Park 5:
'They admitted their guilt'," *NBC News*, June 19, 2019,
https://www.nbcnews.com/politics/donald-trump/
trump-digs-central-park-5-they-admitted-their-
guilt-n1019156.

BRING BACK
THE
DEATH PENALTY.

BRING BACK
OUR POLICE!

What has happened to our City over the past ten years? What has happened to law and order, to the neighborhood cop we all trusted to safeguard our homes and families, the cop who had the power under the law to help us in times of danger, keep us safe from those who would prey on innocent lives to fulfill some distorted inner need. What has happened to the respect for authority, the fear of retribution by the courts, society and the police for those who break the law, who wantonly trespass on the rights of others? What has happened is the complete breakdown of life as we knew it.

Many New York families — White, Black, Hispanic and Asian — have had to give up the pleasure of a leisurely stroll in the Park at dusk, the Saturday visit to the playground with their families, the bike ride at dawn, or just sitting on their stoops — given them up as hostages to a world ruled by the law of the streets, as roving bands of wild criminals roam our neighborhoods, dispensing their own vicious brand of twisted hatred on whomever they encounter. At what point did we cross the line from the fine and noble pursuit of genuine civil liberties to the reckless and dangerously permissive atmosphere which allows criminals of every age to beat and rape a helpless woman and then laugh at her family's anguish? And why do they laugh? They laugh because they know that soon, very soon, they will be returned to the streets to rape and maim and kill once again — and yet face no great personal risk to themselves.

Mayor Koch has stated that hate and rancor should be removed from our hearts. I do not think so. I want to hate these muggers and murderers. They should be forced to suffer and, when they kill, they should be executed for their crimes. They must serve as examples so that others will think long and hard before committing a crime or an act of violence. Yes, Mayor Koch, I want to hate these murderers and I always will. I am not looking to psychoanalyze or understand them, I am looking to punish them. If the punishment is strong, the attacks on innocent people will stop. I recently watched a newscast trying to explain the "anger in these young men". I no longer want to understand their anger. I want them to understand our anger. I want them to be afraid.

How can our great society tolerate the continued brutalization of its citizens by crazed misfits? Criminals must be told that their CIVIL LIBERTIES END WHEN AN ATTACK ON OUR SAFETY BEGINS!

When I was young, I sat in a diner with my father and witnessed two young bullies cursing and threatening a very frightened waitress. Two cops rushed in, lifted up the thugs and threw them out the door, warning them never to cause trouble again. I miss the feeling of security New York's finest once gave to the citizens of this City.

Let our politicians give back our police department's power to keep us safe. Unshackle them from the constant chant of "police brutality" which every petty criminal hurls immediately at an officer who has just risked his or her life to save another's. We must crcase our continuous pandering to the criminal population of this City. Give New York back to the citizens who have earned the right to be New Yorkers. Send a message loud and clear to those who would murder our citizens and terrorize New York—
BRING BACK THE DEATH PENALTY
AND BRING BACK OUR POLICE!

Donald J. Trump

Donald J. Trump

도널드 트럼프가 센트럴파크 5인조 청소년들의 사형을 촉구하며
1989년 5월 1일 <데일리뉴스*Daily News*>에 낸 전면광고.
출처: Wikimedia Commons

다.**144** 탈립 콸리도 '거짓말45**45 Lies**'라는 트럼프 반대 프로젝트에 동참해 45초 동안 랩으로 트럼프가 무죄 5인조에게 한 발언들을 비판했다.**145**

후보들이 직접 이 문제를 거론하기도 했다. 10월 22일 열린 2차 TV토론에서 트럼프 공화당 후보는 자신이 에이브러햄 링컨**Abraham Lincoln** 대통령 다음으로 흑인 공동체를 위해 많은 일을 한 사람이라고 주장했다. 또 그는 조 바이든**Joe Biden** 민주당 후보가 1994년의 범죄법 **Violent Crime Control and Law Enforcement Act**을 발의해 흑인 공동체를 위태롭게 만들었으며, 부통령 재임 시절 흑인들이 주장하는 사법정의 개혁이나 감옥 개혁을 해내지 못했다고 공격했다. 바이든이 초안을 작성한 범죄법은 미국 역사상 최대 규모로 경찰력을 강화하는 내용으로, 레이건 행정부의 '마약과의 전쟁'과 마찬가지로 단순 마약 소지 같은 가벼운 범죄를 저지른 사람들을 교도소로 보내 미

---

144   Joe Price, "Members of the Exonerated 5 Call Out Trump and Urge People to Vote Him Out (UPDATE)," *Complex*, Oct 24, 2020, https://www.complex.com/life/2020/10/members-of-exonerated-5-call-out-trump.

145   Instagram account of Talib Kweli, https://www.instagram.com/tv/CF0lwuMjnTj/?hl=ko.

국의 수감자 수를 폭증시키는 데 직접적인 역할을 한 것으로 평가된다. 분명 트럼프는 1994년 범죄법 발의 이력이 바이든을 지지하는 흑인들을 머뭇거리게 할 수 있다는 사실만큼은 잘 알고 있었다.

이에 바이든은 트럼프가 늘 더 많은 사람을 처벌해야 한다고 주장해온 인물이라고 반박하며, 그 사례로 1989년 무죄 5인조에게 사형 집행을 촉구한 트럼프의 이력을 들었다. 바이든은 트럼프에 대해 "센트럴파크 5인조라고 불린 5명의 무고한 흑인 아이들 사건 때 그들을 사형시키라고 계속 압력을 넣은 사람"이라고 설명하며, 그들 중 누구도 유죄가 아니었다고 덧붙였다. 또 자신이 법안을 발의하던 시기의 사정을 변호하면서도 이제는 마약 소지 같은 범죄로 사람을 감옥에 보내서는 안 되며, 대신 치료를 제공해야 한다고 말했다.[146]

바이든 후보는 결국 흑인 유권자들을 설득하며 선거에서 승리했다. 하지만 새로운 미국 행정부가 얼마

---

146 "Debate transcript: Trump, Biden final presidential debate moderated by Kristen Welker," *USA Today*, October 23, 2020, https://www.usatoday.com/story/news/politics/elections/2020/10/23/debate-transcript-trump-biden-final-presidential-debate-nashville/3740152001.

나 인종차별과 사법정의 문제를 개선할 수 있을지 낙관하기는 어렵다. 바이든이 부통령으로 재직하며 흑인 대통령을 보좌한 8년 동안에도 그것은 실현하기 쉽지 않은 문제였고, 결국 2014년 흑인 청년 마이클 브라운의 사망이 촉발한 대규모 시위와 "흑인의 생명도 소중하다"라는 구호를 낳았다. 2020년 코로나바이러스 대유행과 조지 플로이드 사망 이후 발생한 대규모 시위는 인종주의자 대통령을 끌어내리는 데 기여했고, 미국은 변화의 기회를 다시 한번 잡았다. 무죄 5인조는 선거 결과에 기뻐했지만, 이들의 드라마는 미국의 인종문제에 극적인 변화가 이뤄진 후에야 진정으로 끝날 수 있을 것이다.

라타샤 할린스의 죽음과 투팍

그들은 우리가 서로를 미워하도록 하지

미국의 힙합은 살해된 사람들을 기리는 음악이다. 이 특징은 거리의 거친 삶을 주로 묘사하는 갱스터 래퍼의 가사에서만 나타나는 것이 아니다. 오히려 힙합의 역사를 만들어온 위대한 래퍼들 가운데 살해된 사람을 추모하는 가사를 쓰지 않은 경우는 찾기 어렵다. 특히 총격으로 사망한 사람을 기리는 경우가 많은데, 이는 총기 관련 문제가 심각한 미국에서 발전한 예술이 드러내는 독특한 점이라고 할 수 있다. 기리는 대상도 마틴 루서 킹, 맬컴 엑스, 휴이 뉴턴처럼 총격으로 사망한 흑인 지도자들부터 갱 범죄에 관련되어 희생된 가족과 친구, 경찰의 발포로 사망한 흑인 민간인에 이르기까지 다양하다.

중요한 사실은 힙합이라는 예술 장르 전반에 죽음에 관한 추상적인 감상이 아니라 실제로 살해된 사람들에 대한 갖가지 감정이 드리워져 있고, 그 죽음들이 계속 힙합의 발전을 자극했다는 점이다. 에이즈로 사망한 N.W.A의 리더 이지이를 추모한 본 석스 앤 하모니*Bone Thugs-n-Harmony*의 "Tha Crossroads"(십자로)나 노토리어스 비아이지를 추모한 퍼프 대디*Puff Daddy*의 "I'll Be Missing You"(난 널 그리워할 거야)처럼 때로는 동료를 잃은 감정이 대중의 공감을 일으키며 큰 상업적 성공으로 이어지기도 했다.

사실 힙합은 재능있는 음악인들을 총격으로 가장 많이 잃은 예술 장르이기도 하다. 최초의 세계적 랩 스타들인 런 디엠씨*Run-DMC*의 잼 마스터 제이*Jam Master Jay*부터 짧은 활동 기간에도 뉴욕 최고의 재능들로 꼽힌 노토리어스 비아이지와 빅 엘*Big L*, 2019년 세상을 떠난 LA의 존경받는 래퍼 닙시 허슬에 이르기까지 젊은 나이에 살해된 힙합 음악인은 일일이 열거할 수 없을 정도로 많다.

그리고 물론 힙합 최고의 스타 중 한 명인 투팍의 이름을 빼놓을 수 없다. 강도에게 5발의 총을 맞고 겨우 목숨을 건지는 등 투팍의 삶에는 늘 총과 관련된 문제가 따라다녔고, 결국 25세의 나이에 차량을 이용한 총격으로 살해당했다. 그러나 오랜 조사에도 사건의 범인이나 진상은 밝혀지지 않았다. 죽음과 가까운 삶을 살았던 투팍의 음악에서는 자연스럽게 죽음이 가장 중요한 주제로 다뤄졌다. 투팍도 물론 자신의 곡에서 여러 죽음을 추모했는데, 유독 자주 언급한 한 사람이 있다. 1991년 15세의 나이에 총격으로 사망한 LA의 흑인 소녀 라타샤 할린스*Latasha Harlins*다.

할린스는 1991년 3월 16일 LA 사우스센트럴의 한 주류판매점에서 총격으로 사망했다. 발포한 사람은 점주인 한국계 미국인 두순자였다. 할린스는 오렌지 주스 한 병을 가방에 넣고 카운터로 다가왔고, 곧이어 주스 값 계산 여부를 두고 할린스와 두순자 사이에 다툼이 발생했다. 할린스는 두순자를 주먹으로 두 차례 가격해 쓰러뜨린 후 가게를 나가기 위해 돌아섰고, 그다음 두순자가 발사한 총알에 뒤통수를 맞고 즉사했다. 이 모든 장면은 가게의 감시 카메라에 녹화됐다. 법정에서 검사가 두순자에게 최고형을 구형했지만, 1991년 11월 15일 판사는 집행유예 5년을 선고했다.

흑인 사회에서 이 사건은 무례하고 탐욕스러운 한인이 무고한 흑인 소녀를 살해하고도 합당한 처벌을 피한 사건이었다. 할린스가 손에 돈을 들고 있었으나 두순자는 그를 도둑 취급했고, 결국 돌아서 나가는 할린스의 뒤통수에 조준 사격을 가했다는 것이 일반적인 인식이었다. 그리고 흑인들은 미국의 사법제도가 자신들을 보호하지 않는다는 오랜 의심을 재확인했다.

반면 한인과 한국 언론은 이 사건을 다르게 바라봤다. 흑인 거주 지역에서 강도에게 시달리며 어렵게 장사하던 선량한 중년 여성이 공격적인 흑인 소녀에게 구타당한 뒤 정당방위 차원에서 총을 발사한 불행한 사건이라는 것이다. 또 한인들은 허다한 한인 상점의 강도 피해에는 신경 쓰지 않던 지역 경찰과 미국 언론이 선정적인 보도로 한인과 흑인의 갈등을 부추긴다는 불만을 품었다. 양측의 불만은 모두 이해할 만한 근거가 있었고, 원만하게 해결하기에는 문제가 너무 복잡했다.

할린스의 죽음은 미국 전역에 널리 알려지며 대중의 관심을 받았지만, 투팍만큼 이 사건에 큰 영향을 받은 래퍼는 없다. 1993년 투팍이 할린스 사망 이후 처음으로 발표한 앨범 <Strictly 4 My N.I.G.G.A.Z...>(오로지 흑인을 위해)에서는 곳곳에서 할린스에 관한 언급을 찾아볼 수 있다. 그는 흑인 여성에게 바치는 자신의 대표곡 "Keep Ya Head Up"(고개를 들어)의 뮤직비디오를 할린스에게 헌정했다. "Something 2 Die 4"(죽을 만한 일)에서는 할린스가 고작 주스 한 병 때문에 죽었다며 슬픔을 표현했는데, "2 Die 4"라는 문신을 오른쪽 가슴에 새길 정도였다.

Latasha Harlins, remember that name...

라타샤 할린스, 그 이름을 기억해야 해

Cause a bottle of juice... it's not something to die for

주스 한 병 때문에... 죽어야 할 정도로 대단한 게 아니잖아

- 투팍, "Something 2 Die 4", 1993

투팍은 이 앨범에서 할린스의 죽음을 차분하게 추모했는데, 그것이 그가 느낀 감정의 전부는 아니었다. 그의 사후에 공개된 곡들에서는 정제되지 않은 분노를 확인할 수 있다. 그는 성난 목소리로 참을 수 없는 부정의를 성토했고, 심지어 한국인에 대한 흑인의 공격을 정당화하기도 했다.

Dear Lord if ya hear me, tell me why

주님 듣고 계시면 말씀해주세요

Little girl like Latasha, had to die

라타샤 같은 소녀가 왜 죽어야 했나요?

She never got to see the bullet, just heard the shot

그 아이는 총알을 보지도 못한 채 총소리를 들었을 뿐이지

Her little body couldn't take it, it shook and dropped

그 작은 몸이 버틸 수 없어서 흔들리고 쓰러졌네

And when I saw it on the news how she bucked the

투팍. 출처: John Seb Barber

girl, killed Latasha

뉴스에서 그 여자가 라타샤에게 맞서고, 그 아이를 죽이
는 모습을 봤을 때

Now I'm screamin' fuck the world, in the end

난 결국 엿 같은 세상이라고 소리 지를 수밖에 없었어

– 투팍, "Hellrazor"(말썽꾼), 1997

Korean motherfuckers was crooked

한국인 새끼들은 정직하질 않아

So niggas had to burn and loot 'em

그러니 흑인들이 불태우고 약탈했던 거야

[중략]

Lickin off shots for Latasha, that's proper

라타샤를 위해 총알을 갈겨, 지당한 일이지

– 투팍, "N.I.G.G.A.–Never Ignorant Getting Goals
Accomplished"(흑인–목표 달성에 대해선 무지하지 않은), 2004

할린스의 죽음과 판결은 이듬해 발생한 LA 폭동
의 한 배경이 되었다. 사우스센트럴 출신 래퍼 아이스 큐
브가 1991년 10월 발표한 "Black Korea"의 "흑인의 주
먹을 존중하지 않으면 너희 가게를 완전히 불태워 버릴
거야"라는 가사는 마치 몇 달 후 일어날 사건을 예견하

는 듯했다. 큐브의 곡을 들은 한인 상인들은 큐브의 앨범과 그가 출연한 광고의 불매운동에 나섰고, 큐브에게 사과를 받아냈다. 그러나 큐브의 사과만으로 한인과 흑인의 감정을 모두 해소할 수는 없었다. 물론 한인과 흑인의 갈등이나 일개 래퍼의 노래가 폭동의 근본 원인은 결코 아니었지만, 이 사례들이 폭발하기 직전인 인종관계의 일면을 드러낸다는 사실은 분명했다.

이런 상황에서 흑인 운전자 로드니 킹*Rodney King* 구타 사건의 판결이 나왔다. 킹은 1991년 3월 3일 현대 엑셀 자동차를 타고 음주운전을 하다가 경찰을 피해 도망갔다. 당시 그는 한인 가게 강도죄로 징역을 살다가 형기 도중에 석방된 상태였고, 음주 단속에 걸리면 다시 교도소로 돌려보내질 수 있었다. 킹을 멈춰 세운 LA 경찰국 소속 백인 경관들은 그를 잔인하게 구타했다. 이 모습은 목격자의 비디오에 촬영되어 뉴스를 통해 전파됐다. 그리고 1992년 4월 29일 킹을 구타한 혐의로 기소된 경관 4명에게 배심원의 무죄 평결이 내려졌다. 바로 그날 흑인들의 분노는 폭동으로 번졌고, 방화와 약탈이 시작됐다. 한인들이 "사이구"라고 부르는 폭동은 6일 동안 계속되며 LA 코리아타운의 거의 모든 곳에 피해를 입혔다. 두순자의 가게도 불탔다.

법이 흑인을 보호하지 않는데 흑인이 법을 존중

할 이유는 없었다. 시위대는 N.W.A의 "Fuck tha Police"를 크게 틀고 따라 부르며 곳곳을 파괴하고 약탈했다. 당시 폭동 현장에 나가 보기도 했던 투팍은 다음 해인 1993년 발표한 "I Wonder If Heaven Got a Ghetto"(천국에도 게토가 있을까)에서 킹과 할린스의 이름을 언급하며 그 분위기를 묘사했다. 투팍은 여기서 방화와 약탈이 더 이상 부당함이 고쳐지지 않는 현실을 참을 수 없는 흑인들의 의사 표현이라고 말한다.

> Ask Rodney, Latasha, and many more
> 로드니, 라타샤, 그리고 다른 많은 사람에게 물어봐
> It's been going on for years, there's plenty more
> 다년간 계속된 일이지, 훨씬 더 많은 일이 있었어
> When they ask me, "When will the violence cease?"
> 그들이 내게 물어, "언제 폭력이 멈출까요?"
> When your troops stop shootin' niggas down in the street
> 그건 너희 무리가 거리에서 흑인을 쏴 죽이는 일을 멈출 때겠지
> Niggas had enough, time to make a difference
> 흑인들은 충분히 기다렸어, 변화를 만들어낼 시간을
> [중략]

I'm takin' from them 'cause for years they would
take from me

오랫동안 그들이 내 것을 빼앗았으니 나도 그들의 것을
빼앗아야지

Now the tables have turned around

이제 전세가 역전됐어

You didn't listen, until the niggas burned it down,
huh

너희는 흑인들이 다 태워버릴 때까지 들으려 하지 않았고

And now Bush can't stop the hit

이제 부시도 충돌을 멈출 수 없지

– 투팍, "I Wonder If Heaven Got a Ghetto", 1993

LA 카운티 콤프턴 출신 래퍼 켄드릭 라마는 2012
년 발표한 "County Building Blues"(카운티 빌딩 블루스)에
서 1992년의 상황을 투팍과 비슷하게 묘사했다. 당시 4
살이었던 그는 약탈한 텔레비전을 실은 차에서 물건을
마음대로 가져가도 되냐고 아버지에게 물었다. 놀랍게
도 아버지는 약탈이 나쁜 일이 아니라는 듯 대답하며 아
들의 입단속을 시킨다. 물론 이 대화는 실제라기보다는
라마가 재구성한 것이겠지만, 폭동 당시 흑인들의 감정
을 묘사하기에는 충분했다.

1992년 LA 폭동으로 파괴된 건물.
출처: Mick Taylor

"Papa, you really telling me we can just get some more of it If we run out?"

"아빠 우리가 부족한 게 있으면 더 가져가도 된다는 게 정말인가요?"

He said, "Lil' nigga, today the poor is rich

아버지께서 말씀하셨지, 꼬맹아 오늘은 가난한 사람이 부자야

Don't tell your mom that you seen a Molotov bomb

엄마한테 화염병 봤다고는 말하지 말고

If she ask just know you have to lie

만약에 엄마가 물으면 거짓말해야 해

[중략]

And one day you'll put money in the ghetto when you got it

언젠가 네가 돈을 벌면 게토에 써야 한단다

Rather than having to hustle off these Rodney King riots

로드니 킹 폭동 같은 이런 상황에서 빨리 떠나려고 하기 보다는 말이야

– 켄드릭 라마, "County Building Blues", 2012

많은 인명과 재산 피해를 낳은 폭동에서 사람들이 전혀 교훈을 얻지 못한 건 아니었다. 라마는 이어지는 가사에서 아버지 말을 빌려 가난한 동네에서 자라 성공한 사람들은 그곳을 탈출하는 대신 더 나은 곳으로 만들어야 한다고 주장했다. 힙합 역사상 가장 큰 사회적 논란을 일으킨 곡인 "Cop Killer"(경찰 킬러)로 경찰 살해를 선동한다는 비난을 한몸에 받던 서부 갱스터 랩의 거물 아이스티는 소수인종의 연대를 촉구했다. 폭동 이듬해인 1993년 발표한 "Race War"(인종 전쟁)에서 그는 미국에서 백인이 아닌 인종은 모두 억압받고 있으며, 그들이 모두 흑인이라고 선언한다. 미국의 모든 소수인종이 백인의 분열책을 거부하고 오해를 극복한 뒤 단합한다면 변화를 일으킬 수 있다는 것이 그의 결론이었다. 인종을 넘어선 연대와 저항을 촉구하는 이런 주장은 사람들이 악명 높은 갱스터 래퍼에게서 흔히 예상하는 모습이 아니었다.

Korean people live down in the hood
한국인은 흑인 동네에서 있었던 문제를 풀어냈지
A little mis-fuckin-understood
약간 지랄맞은 오해였어

켄드릭 라마. 출처: Fuzheado

Orientals were slaves too

동양인도 노예였지

Word to this fuckin red white and blue

이건 이 망할 성조기에 하는 말

[중략]

The system wanna keep us at each other's throats

시스템은 우리가 계속 서로의 목을 노리기를 원하지

While we're payin the tax notes

그러면서 세금도 내고

Cause bein black ain't no fuckin minority

흑인은 사실 소수자가 아니라

It's the fuckin majority

대단한 다수니까

So they gotta make us hate each other

그래서 그들은 우리가 서로를 미워하도록 하지

– 아이스티, "Race War", 1993

　　로드니 킹은 폭동이 한창이던 5월 1일 더 이상 상황을 악화시키는 행동을 그만두고 모두 잘 헤쳐나가자는 성명을 발표했다. 아이스 큐브는 한인에게 사과했고, 2018년 내한해 자신의 잘못된 옛 곡을 무르고 싶다고 말했다. 투팍의 결론은 결국 분노와 파괴였을까? 그의 사후에 발표된 "Thugz Mansion"(불량배를 위한 저택)에서도 할린스의 이름이 등장하는데, 천국의 모습을 묘사하는 이 곡의 어조는 다른 곡들과 다소 달랐다. 투팍을 잃은 후에야 이 가사를 확인하게 된 것이 안타까우면서도 반갑다.

> Little Latasha sho' grown
> 어린 라타샤가 많이 컸어
> Tell the lady in the liquor store that she's forgiven, so come home
> 주류 가게 아주머니한테 당신은 용서받았다고, 그러니 집으로 돌아오라고 말하네
>
> – 투팍, "Thugz Mansion", 2002

후기

"흑인 아이들은 트럼펫을 불 생각은 꿈에도 하지 않으면서 잘 나가는 랩 그룹에는 들어가고 싶어 한다. 내 생각에 랩이라는 음악 형식은 음악적으로도 시시하고 문학적으로도 조잡한 엉터리 시에 불과하다. 사실 랩은 블루스라는 위대하고 심원한 예술의 정반대 편에 있는 음악이다. 여기에는 그럴 만한 충분한 이유가 있겠지만 어쨌든 랩은 재즈의 뿌리와는 관계가 없다. 색소폰을 어떻게 게토 블래스터(휴대용 대형 라디오)와 비교할 수 있겠는가?"

– 에릭 홉스봄*Eric Hobsbawm*, 『재즈 풍경*Jazz Scene*』 서문, 1992

힙합은 무시당하고 공격받아온 예술이다. 이 특징만큼은 힙합이 뉴욕 브롱크스 구석에서 탄생했을 때부터 세계적으로 유행하게 된 오늘날까지 크게 변함이 없다. 가난한 흑인들이 지껄이는 불평불만, 무절제한 생활과 폭력 미화, 여성혐오, 경찰과 공권력에 대한 도전 등 힙합에는 늘 부정적 이미지들이 따라다닌다.

　미국의 보수적 정치인, 백인 학부모, 흑인 중년층뿐 아니라 역사가 에릭 홉스봄조차 힙합에 대한 편견에서 자유로울 수 없었다. 재즈 평론가로도 활동한 그는 1930년대 스윙 재즈가 당대의 좌파와 가까웠던 민중의 음악이라고 평하는 등 예술과 사회의 관계에 각별한 관심을 가진 관찰자였지만, 반세기 후 유행한 힙합에 대해서는 예술 문외한과 그리 다를 것 없는 피상적인 이미지만을 가지고 있었다. 저 글이 나온 1992년은 뉴욕과 LA 양쪽에서 힙합이 대중의 열광과 사회와의 불화를 동시에 겪으며 양적으로나 질적으로나 엄청난 속도로 발전해 나간 시기였고, 시간이 지난 후 힙합의 황금기라는 이름을 얻었다. 심지어 한국에서도 퍼블릭 에너미의 플레이버 플래브 목소리가 삽입된 서태지와 아이들의 "난 알아요"가 대히트를 기록하지 않았던가?

　홉스봄의 힙합 폄훼에 대해 자세히 논할 필요는 없겠지만, 한 가지는 지적해야 한다. 힙합이 탄생하고 발전하기 위해서는 이전의 모든 아프리카계 미국인의 음악 전통이 필요했다. 재즈는 흑인 영가와 랙타임*ragtime*,

블루스를 받아들였지만, 그것들이 아닌 재즈가 되었다. 힙합은 재즈와 소울, 펑크의 막대한 유산을 마음대로 자르고 붙이고 비틀며 고유한 형식을 만들었다. 따라서 힙합에서 옛 흑인 예술의 흔적을 발견하는 것은 자연스럽다. 재즈의 즉흥연주와 힙합의 프리스타일 랩이 유사해 보이는 것은 오히려 사소한 부분이다. 색소폰을 연주하곤 했던 위대한 래퍼 라킴은 존 콜트레인의 연주에서 영감을 얻어 랩을 진화시켰고, 누구도 들어보지 못한 비트를 만들어낸 우탱 클랜의 르자는 델로니어스 몽크 *Thelonious Monk*의 뭔가 엇나간 피아노 연주에서 영감을 얻었다. 그렇지만 이들은 재즈의 계승자가 아니라 힙합의 창조자들이었다. LP 레코드로 남아 있는 아프리카계 미국인의 모든 유산은 트럼펫과 색소폰이 아닌 턴테이블과 샘플러라는 새로운 악기로 연주되어야 했다. 같은 맥락에서 힙합은 마커스 가비, 맬컴 엑스, 휴이 뉴턴의 사상을 필요로 했고, 그들의 사상은 책이나 연설이 아닌 랩으로 표현됐다.

힙합은 분명 많은 오해를 받아온 예술이지만, 그 모든 비판에 무죄를 주장할 순 없을 것이다. 적어도 흑인에 대한 부정적 이미지를 상품화한 음악이 지나치게 많이 생산됐다는 사실을 어떻게 부인할 수 있겠는가? 힙합을 사랑하는 사람이라면 누구나 절대 가치를 인정할 수 없는 시시하고 형편없는 힙합 음악에 대해 쉬지 않고 떠들 수 있을 것이다. 하지만 분명한 것은 힙합에 대한 편견 중 상당수가 흑인에 대한 편견과 관련이 있다는 사실이다. 재즈가 1930년대 독일에서 금지된 이유가 그것이 열등한 인종이 만들고 향유하는 음악이기 때문이었던 것처럼 말이다. 따라서 힙합에 대한 비판을 반박하는 것은 많은 경우 차별받아온 소수집단에 대한 편견을 반박하는 것에서 시작한다. 미국에서 흑인 남성이 교도소에 가장 많이 가는 인구 집단인 현실을 지적하지 않고서는 랩이 마약과 폭력을 이야기하고 경찰을 적대시하는 반사회적 문화라는 비판을 반박할 수 없다.

어쨌든 힙합은 아무것도 모르는 사람들을 순식간에 팬으로 만들 정도로 매력적이었고, 이제는 세계인이 만들고 소비하는 문화가 되었다. 이제 힙합과 사랑에 빠진 사람은 좋든 싫든 힙합에 따라다니는 부정적 이미지에 맞서 힙합을 끊임없이 변호해야 한다. 어떤 힙합 음악인과 팬도 이 숙명을 피해 갈 수는 없다. 왜 경찰을 죽이자고 말하느냐는 공격에 아이스티는 그저 노래의 캐릭터를 연기했을 뿐 실제 경찰을 죽인 적이 없다고 답했고, 투팍은 여성비하적 가사를 지적받자 자신은 욕먹을 만한 여성에게 욕하는 것이지 결코 여성 전체를 비하하지 않는다고 답했다. 설득력 있는 변명이든 궤변이든 힙합을 사랑하는 사람은 힙합에 대한 공격을 계속해서 방어해야 하고, 그것은 자신이 왜 힙합을 사랑하는지를 계속해서 확인하는 과정이기도 하다.

이 책 또한 힙합을 위한 수많은 변론 중 하나다. 이 글을 처음 쓸 때는 한국의 몇몇 래퍼들이 비판받아 마땅한 언행으로 논란이 되던 때였다. 나는 마땅히 힙합을 변호해야 할 의무를 느꼈지만, 돈 자랑과 여성비하는 힙합의 본 모습이 아니라며 그 래퍼들을 준엄히 꾸짖는 글을 쓰고 싶지는 않았다. 대신 많은 사람이 안다고 생각하지만 실제로는 전혀 모르는 힙합의 어떤 측면을 소개하기로 마음먹었다. 힙합이 사회를 더 나은 곳으로 만드는 데 얼마나 관심이 있었는지, 특히 억압받는 사람을 해방시키기 위해 혁명을 말한 사람들의 이야기를 얼마나 열심히 했는지에 관한 것이었다.

이 책에 등장하는 음악인들은 힙합이 배출한 최고의 예술가들이다. 잠깐이라도 이름이 등장하는 래퍼들 중 그저 그런 재능을 가진 사람은 거의 없고, 수많은 사람의 마음을 사로잡으며 이후의 힙합에 심대한 영향을 미친 이들이 대부분이다. 사실 정치적 이야기를 하는 것은 기술적으로 가장 뛰어난 극소수의 래퍼들만이 누릴 수 있는 특권이기도 하다. 그리고 이들이 사회를 변화시키기 위한 과거와 현재의 사상과 운동에서 얼마나 깊은 영향을 받았는지를 보여주는 것은 힙합의 혁명적 성격이 결코 주변적이지 않았음을 증명하는 것이었다. 이들은 모두 힙합을 이용해 사회를 더 나은 방향으로 만들 수 있다고 생각하는 점에서 의견이 일치했다. 그리고 물론 더 나은 사회를 만드는 것은 그들이 소환한 과거와 현재의 사람들이 염원했던 것이기도 하다.

래퍼 큐팁은 "Jazz(We've Got)"(재즈)에서 "소생술사의 일은 죽은 사람을 깨우는 것"이라는 가사를 썼다. 이 책을 쓰면서 가장 많이 떠올렸던 구절이다. 숨겨져 있는 랩 가사를 발견하고 잊힌 사람들의 일생을 되짚으면서 나는 그들이 남긴 이야기를 되살리려 했는데, 그 과정은 사실 그들이 아닌 나를 깨우는 과정이었다. 힙합은 가볍고 즐거운 예술이자 심원하고 혁명적인 예술이다. 이 책이 힙합의 매력을 이해하는 데 조금이나마 도움이 되었으면 한다.

참고문헌

김정욱. "영웅에서 악한으로", 「미국사연구」 제45집 (2017), 31-65.

김정욱. "잭 존슨(Jack Johnson)과 가변적인 백인의 경계, 1905-1913", 「미국사연구」 제48집 (2018), 207-247.

독고현. "랭스턴 휴즈의 음악시: 블루스와 재즈를 통한 흑인미학의 구현", 한국외국어대학교 대학원 영어영문학과 박사학위 논문 (2007).

류광철. 『아프리카의 극과 극: 만델라와 무가베』, 북스타, 2016.

문성호. 『미국, 아직도 노예제 국가? 안젤라 데이비스 인터뷰 모음집』, 사람소리, 2013.

박형주. "2차 세계대전 시기 미국의 동원 정책에 대한 흑인의 반응", 고려대학교 대학원 사학과 석사학위 논문 (2012).

유재명. 『에티오피아의 역사』, 아딘크라, 2018.

이석호. 『범아프리카주의 이론과 실천의 계보학』, 아프리카, 2018.

이찬행. "1992년 로스앤젤레스 폭동에 대한 미주 한인들의 멜로드라마적 상상 만들기", 「미국사연구」 제37집 (2013), 135-168.

이찬행. "두순자-할린스 사건에 관한 연구", 「미국사연구」 제39집

(2014), 191-220.

이춘입. "미국의 블랙파워운동과 제3세계 - 블랙팬더당과 흑인 여성을 중심으로", 「서양사론」 제128호 (2016), 321-350.

이춘입. "블랙파워시대 급진적 흑인들의 맑스-레닌주의 변주: 블랙팬서당을 중심으로", 「미국학논집」 제50호 (2018), 143-170.

이춘입. "휴이 뉴튼과 엘드리지 클리버", 「미국사연구」 제44집 (2016), 103-137.

이희수. "리비아 내전에서 지역적 종족성 문제", 「한국중동학회논총」 제37권 제3호 (2017), 77-114.

하상복. "파농과 비코 이후", 「코기토」 제80집 (2016), 375-415.

하영준. "일본제국과 범아프리카주의의 '트랜스-퍼시픽 커넥션': W.E.B. 듀보이스와 C. L. R. 제임스의 동아시아 담론을 중심으로", 「호모 미그란스」 제18집 (2018), 159-170.

한양환. "아프리카합중국, 그 신화적 함의와 현실적 한계", 「국제지역연구」 제19권 제1호 (2010), 133-164.

황혜성. "다시 보는 부커 워싱턴과 윌리엄 두보이즈", 「미국사연구」 제44집 (2016), 67-102.

황혜성. "마틴 루터 킹과 말콤 엑스", 「미국사연구」 제14집 (2001), 75-99.

Baldwin, James. "Many Thousands Gone", *Partisan Review* 18:6 (1951), 665-680.

Baldwin, James. *Notes of a Native Son*, Boston: Beacon Press, 1984.

Belafonte, Harry. *My Song: A Memoir of Art, Race, and Defiance*, New York: Vintage Books, 2011.

Biko, Steve. *I Write What I Like: A Selection of His Writings*, Edited by Aelred Stubbs. Oxford: Heinemann, 1987.

Bloom, Joshua. and Waldo E. Martin. *Black against Empire: The History and Politics of the Black Panther Party*, Berkeley:

University of California Press, 2013.

Carew, Joy G. "Translating Whose Vision? Claude McKay, Langston Hughes, Paul Robeson and the Soviet Experiment", *Intercultural Communication Studies* 23:2 (2014), 1-16.

Carmichael, Stokely. and Michael Thelwell, *Ready for Revolution: The Life and Struggles of Stokely Carmichael (Kwame Ture)*, New York: Scribner, 2005.

Chang, Jeff. *Can't Stop Won't Stop*, New York: Picador, 2005. 유영희 옮김, 『힙합의 역사: 멈출 수 없는 질주』, 음악세계, 2014.

Collins, Patricia H. *From Black Power to Hip Hop: Racism, Nationalism, and Feminism*, Philadelphia: Temple University Press, 2006.

Cronon, E. David. *Black Moses: The Story of Marcus Garvey and the Universal Negro Improvement Association*, Madison: University of Wisconsin Press, 1969.

D, Chuck. and Yusaf Jah. *Fight the Power: Rap, Race, and Reality*, New York: Dell Publishing, 1998.

D, Chuck. *Chuck D Presents This Day in Rap and Hip-hop History*, New York: Black Dog & Leventhal Publishers, 2017.

Davis, Angela Y. and Ice Cube. "Nappy Happy", *Transition* 58 (1992), 174-192.

Davis, Angela Y. et al. *Abolition. Feminism. Now*, Chicago: Haymarket Books, 2022.

Davis, Angela Y. *Angela Davis: An Autobiography*, New York: International Publishers, 1988.

Davis, Angela Y. *Freedom Is a Constant Struggle: Ferguson, Palestine, and the Foundations of a Movement*, Chicago: Haymarket Books, 2016.

Du Bois, W.E.B. "The African Roots of War", *Atlantic Monthly* 115 (May 1915), 707-714.

Essien-Udom, E. U. *Black Nationalism: A Search for an Identity in America*, Chicago: University of Chicago Press, 1962.

Fanon, Frantz. *Les damnés de la terre*, Paris: La Découverte, 2002. 남경태 옮김, 『대지의 저주받은 사람들』, 그린비, 2004.

Fanon, Frantz. *Peau noire, masques blancs*, Paris: Éditions du Seuil, 1998. 이석호 옮김, 『검은 피부 하얀 가면』, 인간사랑, 2003.

Fedele, Valentina. "Singing the Revolution: North African Rap and the Story of the Arab Uprisings", *European Journal of Research on Social Studies* 1:1 (August 2014), 24-28.

Foner, Philip S. ed. *The Black Panthers Speak*, Chicago: Haymarket Books, 2014.

Fritze, Ronald H. *Invented Knowledge: False History, Fake Science and Pseudo-religions*, London: Reaktion Books, 2009. 이광일 옮김. 『사이비역사의 탄생: 거짓 역사, 가짜 과학, 사이비종교』, 이론과실천, 2010.

Früuhwirth, Dominik. "'Ethiopia, Thou Land of Our Fathers!': From Ethiopianism to Pan-Africanism", *Vienna Journal of African Studies* 20:38 (2020), 33-54.

Garvey, Marcus. *The Marcus Garvey and Universal Negro Improvement Association Papers, Volume XIII The Caribbean Diaspora, 1921-1922*, Edited by Robert A. Hill. Durham: Duke University Press, 2016.

Garvey, Marcus. *The Philosophy and Opinions of Marcus Garvey: Africa for the Africans*, Edited by Amy Jacques Garvey. London: Routledge, 2013.

Gerard, Emmanuel. and Bruce Kuklick. *Death in the Congo: Murdering Patrice Lumumba*, Cambridge: Harvard University Press, 2015. 이인숙 옮김. 『누가 루뭄바를 죽였는가』, 삼천리, 2018.

Glickman, Harvey. ed. *Political Leaders of Contemporary Africa South of the Sahara: A Biographical Dictionary*, New York: Greenwood Press, 1992.

Goldsmith, Melissa U. D. and Anthony J. Fonseca. eds. *Hip Hop around the World: An Encyclopedia*, Santa Barbara: Greenwood, 2019.

Guglielmo, Thomas A. *Divisions: A New History of Racism and Resistance in America's World War II Military*, Oxford: Oxford University Press, 2021.

Haas, Jeffrey. *The Assassination of Fred Hampton: How the FBI and the Chicago Police Murdered a Black Panther*, Chicago: Lawrence Hill Books, 2010.

Hansberry, Lorraine. *A Raisin in the Sun: Expanded 25th Anniversary Edition and the Sign in Sidney Brustein's Window*, New York: Plume, 1987. 박정근 옮김, 『태양속의 건포도』, 동인, 2011

Hansberry, Lorraine. *To Be Young, Gifted, And Black: Lorraine Hansberry in Her Own Words*, Edited by Robert Nemiroff. New York: Vintage Books, 1995.

Hilliard, David. and Donald Weise. *The Huey P. Newton Reader*, Boston: Seven Stories Press, 2002.

Horne, Gerald. *Paul Robeson*, London: Pluto Press, 2016.

Horne, Gerald. *Race War: White Supremacy and the Japanese Attack on the British Empire*, New York: New York University Press, 2004.

Horne, Gerald. *W.E.B. Du Bois: A Biography*, Santa Barbara: Greenwood Press, 2010.

Hughes, Langston. *The Collected Poems of Langston Hughes*, Edited by Arnold Rampersad and David Roessel. New York: Vintage Books, 1994.

Hughes, Langston. *The Collected Works of Langston Hughes*, Edited by Arnold Rampersad. 16 vols. Columbia: University of Missouri Press, 2001~2003.

Jennings, James. ed. *Blacks, Latinos, and Asians in Urban America: Status and Prospects for Politics and Activism*, London: Praeger, 1994.

Johnson, Gaye Theresa. and Lubin, Alex. ed. *Futures of Black Radicalism*, London: Verso, 2017.

Keeper, Tom. and Chris Harris. "It's Bigger than Hip Hop: An Interview with Mutulu Olugbala (M1) of Dead Prez", *Upping the Anti* 6 (2009), 35-46.

King, Coretta S. *My Life with Martin Luther King, Jr,* New York: Holt, Rinehart and Winston, 1969.

Lewis, David L. *W.E.B. Du Bois: Biography of a Race 1868–1919*, New York: Henry Holt and Co., 1993.

Lincoln, C. Eric. *The Black Muslims in America*, Grand Rapids: W.B. Eerdmans, 1994.

Malone, Eddie. "Long-Lost Brothers: How Nihilism Provides Bigger Thomas and Biggie Smalls With a Soul", *Journal of Black Studies* 46:3 (April 2015), 297-315.

Mandela, Nelson. "Nelson Mandela's Address to the US Congress, June 26, 1990", *Alternatives* 15:4 (October 1990), 453-458.

Marable, Manning. *Malcolm X: A Life of Reinvention*, New York: Viking, 2011.

Marqusee, Mike. *Redemption Song: Muhammad Ali and the Spirit of the Sixties*, New York: Verso, 1999. 차익종 옮김. 『알리, 아메리카를 쏘다』, 당대, 2003.

Meltzer, Milton. *Langston Hughes*, New York: Crowell, 1968. 박태순 옮김.『랭스턴 휴즈』, 실천문학사, 1994.

Mexal, Stephen J. "The Roots of "Wilding": Black Literary

Naturalism, the Language of Wilderness, and Hip Hop in the Central Park Jogger Rape", *African American Review* 46:1 (Spring 2013), 101–115.

Michael, George. "Louis Farrakhan's Outreach to Muslims in Africa and the Middle East", *The Journal of Social, Political and Economic Studies* 40:1 (Spring 2015), 69–96.

Newton, Huey P. *Revolutionary Suicide*, London: Writers and Readers, 1995.

Newton, Huey P. *To Die for the People: The Writings of Huey P. Newton*, New York: Vintage Books, 1972.

Perry, Imani. *Looking for Lorraine: The Radiant and Radical Life of Lorraine Hansberry*, Boston: Beacon Press, 2018.

Robeson Jr., Paul. *The Undiscovered Paul Robeson: An Artist's Journey, 1898-1939*, New York: John Wiley & Sons, 2001.

Robeson Jr., Paul. *The Undiscovered Paul Robeson: Quest for Freedom, 1939-1976*, Hoboken: John Wiley & Sons, 2010.

Robinson, Jackie. and Alfred Duckett. *I Never Had It Made*, New York: HarperCollins. 2013.

Schlesinger, Arthur. *Robert Kennedy and His Times*, New York: Houghton Mifflin Harcourt, 1978.

Shakur, Assata. *Assata: An Autobiography*, Chicago: Lawrence Hill Books, 2001.

Universal Negro Improvement Association. *Universal Negro Catechism: A Course of Instruction in Religious and Historical Knowledge Pertaining to the Race*, Edited by George Alexander McGuire. New York: Universal Negro Improvement Association, 1921.

Vijay, Prashad. *Everybody Was Kung Fu Fighting: Afro-Asian Connections and the Myth of Cultural Purity*, Boston: Beacon Press, 2001.

Woods, Donald. *Biko*, New York: Henry Holt and Company, 1978. 최호정 옮김. 『아자니아의 검은 거인, 반투 스티브 비코』, 그린비, 2003.

Wright, Richard. *Native Son*, New York: Harper & Brothers, 1940. 김영희 옮김. 『미국의 아들』, 창비, 2012.

X, Malcolm. *Malcolm X Speaks: Selected Speeches and Statements*, Edited by George Breitman. New York: Grove Weidenfeld, 1990.

Yunxiang, Gao. *Arise, Africa! Roar, China!: Black and Chinese Citizens of the World in the Twentieth Century*. Chapel Hill: The University of North Carolina Press, 2021.

검은 턴테이블 위의 영혼들

2022년 11월 17일 초판 1쇄 발행

지은이	박형주
편집	조정민 최인희
디자인	이경란
인쇄	도담프린팅
종이	페이퍼프라이스

펴낸곳	나름북스
등록	2010.3.16. 제2014-000024호
주소	서울 마포구 월드컵로15길 67 2층
전화	(02)6083-8395
팩스	(02)323-8395
이메일	narumbooks@gmail.com
홈페이지	www.narumbooks.com
페이스북	www.facebook.com/narumbooks7

ISBN 979-11-86036-75-4 03300
값 17,000원

이 도서는 한국출판문화산업진흥원의 '2022년 우수출판콘텐츠 제작 지원'
사업 선정작입니다.